Wilhelm Zimmermann

Geschichte der Poesie aller Völker

Wilhelm Zimmermann
Geschichte der Poesie aller Völker
ISBN/EAN: 9783743365452
Hergestellt in Europa, USA, Kanada, Australien, Japan
Cover: Foto ©Thomas Meinert / pixelio.de

Manufactured and distributed by brebook publishing software (www.brebook.com)

Wilhelm Zimmermann

Geschichte der Poesie aller Völker

Geschichte

der

Poesie aller Völker.

Für Leser aller Stände.

Von

W. Zimmermann.

Zweite Ausgabe.

Stuttgart.

Hallberger'sche Verlagshandlung.

1856.

ספר מחזיקי הדת.

קונטרס אזהרת המשפט.

Vorrede.

Ich bitte, wie bei meiner Geschichte der deutschen Literatur, auch bei dem vorliegenden Werke Zweierlei zu beachten, den Leserkreis, für den es geschrieben ist, und den Raum, der für die Darstellung der Poesie aller Völker und Zeiten zugemessen war. Soll so ein Buch in die Hände Vieler kommen, so muß die Darstellung volksthümlich, gedrängt, mehr durch die Thatsachen als durch Worte beredt, fest und klar seyn, das Buch selbst aber leicht ankaufbar, also der Preis mäßig, und darum die Bogenzahl begränzt. Darüber, welche Theile weitläufer oder kürzer abzuhandeln seyn möchten, wohin dieser oder jener Dichter zu stellen wäre u. s. w., kann man streiten: aber ehe man abspricht, sollte man wenigstens voraussetzen, daß der, welcher das Buch schrieb, und zuvor die ganze Fläche, die er beschrieb, geistig durchpflügt und alle Furchen überschaut hat, mit Bedacht sein Feld gerade so angebaut hat, wie es jetzt die Früchte zeigen. Auch in diesem Buche ruht fast Alles auf Selbstanschauung. Von jedem Dichter hat der Verfasser theils Alles, theils das Meiste, theils Einiges, welches als das Beste desselben gilt, gelesen und in sich aufgenommen. Die Urtheile der ausgezeichnetsten Männer sind verglichen worden, und aus eignem und angeeignetem Urtheil wurde diese Geschichte der Poesie. Mit Liebe wurde sie geschrieben: möge sie mit Liebe aufgenommen werden, und zu weiterer Erkenntniß beitragen, wie schöner und tiefergehend, als durch jede andere Vermittlung, göttliche und menschliche Wahrheit aus dem Munde der Poesie spricht, und Gott kein Land und kein Volk ohne diese Himmelsgabe gelassen hat.

Dettingen bei Urach, den 27. August 1847.

Dr. W. Zimmermann.

Inhalt.

                                                                    Seite
Orientalische Poesie 3
  1. Hebräische Poesie 3
  2. Chinesische Poesie 19
  3. Indische Poesie 21
  4. Persische Poesie 30
  5. Arabische Poesie 33
Altklassische oder antike Poesie . . . 37
  1. Altgriechische Poesie 38
      Homer 40
    Lyrische Poesie 45
    Dramatische Poesie 54
      Aeschylus 55
      Sophokles 62
      Euripides 81
      Aristophanes 87
  2. Altrömische Poesie 100
Mittelalterlich-romantische Poesie . . . 111
  A. Ausserchristliche Romantik . . . 112
  B. Christliche Romantik 121
    1. Altfranzösische Romantik . . . 121
    2. Italienische Romantik . . . 124
    3. Spanische Romantik 135
      Cervantes 135
    4. Portugiesische Romantik . . . 152

		Seite
5.	Altenglische Romantik	156
6.	Slavische Poesie	173
	Volkspoesie der Serben und anderer Südslaven .	174
7.	Neugriechische Volkspoesie	192
8.	Czechische (altböhmische) Volksdichtung . .	195
9.	Volkspoesie der Polen und Russen . . .	197
10.	Kaukasische Poesie	209
11.	Volkslieder der Nordslaven, Letten und Finnen .	227
12.	Scandinavische Poesie	241

Die Poesie der Neuzeit 246
  Englische Poesie 246
    Shakespeare 256
  Verlauf der englischen Poesie bis gegen Ende des achtzehn=
      ten Jahrhunderts 286
    Milton 288
  Französische Poesie 303
    Moliere 308

Schluß 317

Die Poesie, das Dichten, ist so alt als die Menschheit, so alt als die Quellen des Dichtens, und diese sind das Gemüth und die Fantasie im Menschen. Das Dichten, das heißt, das freie Spiel der schaffenden Fantasie und des empfindenden Gemüthes begann, sobald der Mensch die Kraft und den Drang in sich verspürte, das, was er in sich fühlte und dachte, was sein Herz bewegte, in Bild und Schall, in Wort und Form zu äußern, in schöner Anschaulichkeit darzustellen. Die Fantasie theilt aber mit der zweiten Quelle des Dichtens, mit dem Gemüth, die Unveränderlichkeit, das ewig Sichgleichbleiben nicht. Das letzte Menschenherz schlägt und empfindet in Freud' und Leid wie das erste, ohne Unterschied der Zeiten und Weltalter, ohne Unterschied der Völker, der Sprachen und der Himmelsstriche. Aber die Fantasie der Menschheit ist nach Ländern, Völkern und Zeiten eine andere; es lassen sich aber nicht nur Unterschiede der Fantasie überhaupt, sondern auch noch bestimmte Abschnitte in der geschichtlichen Entwicklung der Fantasie der Menschheit nachweisen, ja sie springen, scharf von einander sich abscheidend, in die Augen. Und so hat das von der Fantasie geschaffene Dichterisch=Schöne, es hat die Poesie ihre Geschichte, wie die Menschheit selbst.

Es sind vier Hauptabschnitte, in welchen sich die Fantasie der Menschheit und eben damit die Poesie, je nach Verschiedenheit der Zeit, des Landes und des Bodens, des Staatslebens und sonstiger Einflüsse, als eine andere zeigt: nämlich die Poesie des Morgenlandes; der Griechen und Römer;

des Mittelalters und der Neuzeit; und so bietet sich zur Betrachtung zuerst die Geschichte der orientalischen oder morgenländischen Dichtung; dann der altgriechischen und altrömischen, die man gewöhnlich die antike oder altklassische Dichtkunst nennt; darauf die der mittelalterlichen oder romantischen, und zuletzt die der neuen Poesie, in der sich romantischer Gehalt und klassische Form verschmelzen.

Orientalische Poesie.

Man hat mit Recht die orientalische Poesie die Vorhalle zu dem Tempel genannt, welchen als vollendeten Tempel der Schönheit die altgriechische Poesie bewohne. Die Dichtung des Morgenlandes ist reich und erhaben, aber sie erreicht nirgends die Höhe der Kunstvollendung. Ihr Gehalt ist größer als ihre Form schön ist. Sie geht vielmehr auf die Wahrheit, auf Tiefsinn und Weisheit aus, als auf Schönheit der Form. Der Gedanke ist ihr die Hauptsache, den sie überall reich und prächtig behängt mit morgenländischen Bildern, aber die Bilder hängen nur an dem Gedanken: selten findet sich das, was allein wahrhaft schön ist, Bild und Gedanke wie Leib und Seele in Eine schöne Anschauung verschmolzen, ganz Eins geworden, ganz ideale Form. Die orientalische Poesie ist die Poesie der Kindheit der Welt bis zum Eintritt in die Jugendblüthe. Sie führt uns an die Wiege des Menschengeschlechts zurück, und läßt uns hören und schauen, wie das Menschenherz der Natur entgegenschlug im Anfang der Weltgeschichte, unter dem Morgenroth der Zeiten. Ueber mehr als vier Jahrtausende herüber vernehmen wir zuerst als die ältesten Stimmen der Völker die Poesieen der Hebräer, die Sagen und Lieder der Altväter des jüdischen Volkes.

1. Hebräische Poesie.

Die Gegend, in welcher die ältesten Sagen der Hebräer wurzeln, läßt sich so wenig angeben, als der früheste Sitz des

Menschengeschlechts. Gewöhnlich nimmt man an, der ursprüngliche Wohnsitz der ältesten Geschlechter seyen die Gebirge des mittleren Asiens gewesen, und diese Geschlechter, als sie sich weiter über die Erde ausgebreitet haben, seyen den großen Strömen gefolgt, die von diesen Gebirgen ihren Lauf nach Ost und Süd nehmen, nämlich ostwärts dem Strom des Hoangho, der nach China strömt; südlich den Strömen des Ganges, der nach Indien, und Indus, der nach Indien und Persien führt; und China, Indien und das Land von Caschmir gelten als die Heimath der ältesten Sagen und Poesien. Die ältesten Aufzeichnungen aber dieser Sagen und Poesieen finden wir bei den Hebräern. Obgleich diese Sagen in ähnlicher Gestalt bei Indiern und Persern sich finden, so sind die Aufzeichnungen der letztern Völker doch viel später als die der Hebräer. Die Hebräer sind entweder von den Gebirgen Mittelasiens herab westwärts des Indus gezogen, weiter durch die Ebenen Persiens hin zum Eufrat, und über diesen Strom hinüber bis zu den Küsten des mittelländischen Meeres, oder, was die neueste Vermuthung ist, sie kamen aus dem hintersten Asien hervor, herüber aus dem früher mit Asien vereinigten und später erst durch eine große Erdveränderung abgerissenen Amerika, da die Sitten und Sagen der Hebräer bei den Ureinwohnern Amerika's, besonders der Inseln, in überraschender Aehnlichkeit sich finden, wie manches von der Schöpfungssage, von der großen Fluth, von der Sprachverwirrung, von der Erfindung des Weinbaus und der ganzen Geschichte des Weinerfinders. Später hieß man dasjenige Volk, welches in Palästina wohnte, im engeren Sinne das hebräische, unterschieden von allen andern Völkern durch Gottesdienst und Sitten, obgleich eigentlich die hebräische, phönizische, arabische und chaldäische Sprache im Grund nur Eine Sprache bilden.

Man nimmt gewöhnlich drei Abschnitte der hebräischen Poesie an. Den ersten Abschnitt bildet das, was als Wahrheit im Gewande der Dichtung von den ältesten Zeiten bis zum Beginn des Königthums in den heiligen Schriften der Juden uns verblieben ist, theils aber auch im Strome der Zeiten unterging, und uns nur dem Namen nach bekannt wurde. Die zweite Blüthe der hebräischen Poesie, sehr verschieden von der ersten, begann mit und unter dem königlichen Sänger David und schloß sich schon mit den Poesien seines Sohnes Salomo und der salomonischen Zeit. Die dritte, wiederum den ersten zweien nicht gleichende Blüthe hebräischer Poesie ist die prophetische. Sie begann mit dem Verfalle des Volkes, sie schließt in sich Alles, was die Propheten von Begeisterung im Wort ausströmten, und endet mit den Gesichten des Sehers, der das letzte Buch des neuen Testamentes, die Offenbarung des Johannes, schrieb, und der das neue Paradies, das Paradies des Himmels schildert, wie der Anfang der hebräischen Poesie, das erste uns aufbewahrte Blatt derselben, das Paradies der Erde im Anfang der Zeiten malt.

Was von Anfang bis zu Ende die hebräische Poesie vor der aller andern Völker ganz eigenthümlich und scharf unterscheidend auszeichnet, das ist ihre durch und durch und fast ausschließlich religiöse Richtung: Gott ist ihr Grundton, der in allen ihren Theilen regierende Geist, und zwar der Eine unsichtbare Gott, der Gott des Himmels und der Erde.

Gleich das erste Blatt der heiligen Schriften der Hebräer beginnt mit Gott, mit der Welt= und Menschenschöpfung durch Gott, und diese Gemälde sind die älteste Naturpoesie, wenigstens die ersten Umrisse einer Naturpoesie, die wir haben, kindlich schön, Wahrheit in die sinnlichen Farben des Morgenlandes und der Urwelt gekleidet; denn die Kindheit, die Urwelt und das Morgenland denken und sprechen sinnlich. Die ganze Erhabenheit hebräischer Poesie zeichnet sich schon hier in diesem ältesten Denkmal groß und lebendig in den Worten ab: Gott sprach, es werde Licht und es ward Licht. Dann kommt das Gemälde des Paradieses mit der Unschuld und Liebe der ersten Menschen, wie sie unter schattigen Bäumen wandeln, Gespräche mit den Thieren halten wie mit Gott; und wie inmitten des Gartens der Baum des Lebens und der Baum der Weisheit stehen; und wie sie das Paradies verlieren und hinaus getrieben werden auf's Feld zur Arbeit, um im Schweiß des Angesichts ihr Brod zu essen, und wie ihnen ein Cherub mit blankem Schwert die Rückkehr in den Garten der ersten Unschuld und Glückseligkeit wehrt: die Schlange hat sie verführt, sie wollten überklug werden.

Es ist alles so kurz und so schön, und so zart, und so voll Einfalt und Wahrheit in diesem Gemälde, und es spiegelt sich darin die Geschichte des Menschenherzens: die goldene Traumzeit und die Unschuldliebe der Jugend, die nur zu bald verloren und vertauscht wird mit der Tageshitze und Mühe des Alltaglebens, und immer durch Schuld. Es spiegelt sich aber auch darin ab die Geschichte aller Völkerherzen. Auch wo unter Völkern, sagt Herder schön und wahr, hie und da ein Geschlecht der Erde Unschuld, Ruhe und Paradies genießt, da schleicht bald die Schlange hinein, da verscherzt es seine Glückseligkeit durch selbsterrungenes Leiden, durch falsche Weisheit.

Es folgt der Tod Abels; das im Herzen des Menschen schlafende Böse tritt hervor als erster Mord, der Bruder erschlägt den Bruder und das vergossene Blut schreit zu Gott von der Erde empor und die Stimme des Fluches schallt herab: verbannt und flüchtig sollst du seyn auf Erden! Dieser Tod Abels ist in der Geschichte der Poesie die erste Ballade des Schrecklichen, des Schauderhaften, die Ahnfrau jener zahlreichen Lieder des Grausens, die seitdem durch alle Völker wiederhallten, eine düstere blutrothe Blume der Urwelt. Weiter treffen wir auf die heilige Sage von der Sündfluth, die wenig verändert bei Perſern, Indiern, Arabern und Tartaren ſich wieder findet, und eine Reihe heiliger Sagen aus den Zeiten der Erzväter mit eingewobenen Segensſprüchen und Poeſieen des Fluches, und Helden= und Siegeslieder, die ſich auf die Züge dieſes Volkes durch die Wüſte und auf ſeine Eroberungskämpfe beziehen, auf ſeine Geſetzgebung und ſein erſtes Volksleben.

Das Alter der meiſten dieſer Poeſieen iſt unbeſtimmbar; auch ihre Verfaſſer ſind unbekannt. Zu den herrlichſten dieſer Stücke gehören die Geſänge des Moſes, ſein Lied vor ſeinem Ende an's verſammelte Volk, ſein Geſang am rothen Meer, ſein Geſang auf die Siegeszüge Gottes und ſein Lied auf Gott, den Ewiggleichen, und auf des Menſchen Vergänglich= keit. Daran ſchließt ſich ein zwar ſpäterer, aber nach Geiſt und Sprache dieſen Liedern naher Geſang, aus der Helden= geſchichte Iſraels, unter den Pſalmen der hundert und vier= zehnte.

Mitten hinein zwiſchen dieſe erſte Blüthe hebräiſcher Poeſie und ihre zweite unter David und Salomo fällt ſei= nen urſprünglichſten und Hauptteilen nach das größte und vollendetſte Gedicht in hebräiſcher Sprache, das Buch Hiob.

Dieſes Gedicht, abermals Wahrheit und Geſchichte im Gewand der Poeſie, iſt übrigens nur der Sprache nach he= bräiſch, ſeinem Urſprung nach arabiſch. Es kam aus Idu= mäa (Edom) an der Schwelle Arabiens. Stoff, Farbe, Bil= dung, Sitten und Gebräuche, der ganze Schauplatz ſind ara= biſch, von moſaiſchen Geſetzen weiß das Buch gar nichts, es weiß viel Egyptiſches, aber das iſt nur fernher gewonnene Kenntniß, gelehrte Kenntniß des Landes Egypten, der Geiſt des Buchs iſt durchaus nicht egyptiſch.

Eben wegen dieſer Kenntniß egyptiſcher Dinge und we= gen der arabiſchen Farbe, die das Ganze trägt, hat man ſchon in alten Zeiten für ſeinen Verfaſſer Moſes gehalten, weil

dieser in Egypten und Arabien lebte. Andere hielten es für
eine Uebersetzung aus dem Arabischen. Gewiß ist, daß es
spät erst in Palästina bekannt wurde, denn die jüdischen Dich=
ter hätten es sonst früher als sie thaten nachgeahmt. Viel=
leicht hat es David, wahrscheinlicher noch ein viel Späterer
erst unter die Juden gebracht.

Daß Moses sein Verfasser nicht seyn kann, hat Herder,
der fein wie keiner die Eigenthümlichkeiten der Dichter und
Gedichte aller Zeiten herausfühlte, mit offenem Aug' und
Ohr auch hier erwiesen. Hiobs Dichtkunst, sagt er, ist kurz,
sinnreich, stark, heroisch, immer auf dem höchsten Punkt des
Ausdrucks und Bildes. Die Dichtkunst des Moses ist auch
in den erhabensten Stellen verflossener, sanfter; ja gerade die
Eigenheiten im Styl des Moses und in der Stellung seiner
Bilder sind diesem Buche fremd. Die Stimme, die im Hiob
tönt, schallt rauh und abgebrochen zwischen den Felsen hervor,
und kann sich unmöglich in dem flachen, platten Egypten ge=
bildet haben, wo Moses alle die Zeit lebte, in der sich die
Fantasie eines Dichters nach den Eindrücken zu bleibenden
Grundstrichen bildet. Die ganze Denkart, die Lebensweise
im Gedicht waren dem Moses völlig fremd: es ist die Den=
kungsart und die Welt des Arabers, des Idumäers, sowohl
im Umkreise der Bilder, als in jenen kleinen Lieblingszügen,
die eben am meisten kennzeichnen.

Der Geist des Buches Hiob ist durchaus ein erhabener:
an die zu Anfang und zu Ende des Gedichts erzählte Ge=
schichte Hiobs ist eine Theodicee, in dichterisch philosophischem
Geist eine Rechtfertigung Gottes in Bezug auf seine Zulassung
des Uebels und des sittlich Bösen in der Welt angeknüpft. Das
Gedicht Hiob ist der älteste Versuch dieser Art. Das Gedicht
spielt im Himmel und auf der Erde. Das Vorspiel ist im
Himmel, der Schauplatz des Hauptgedichts ist die Erde, der
Gegenstand desselben ist ein unschuldig an Leib und Seele

Leidender, der aber leidet, weil es Gott im Himmel so beschlossen hat. Das Räthsel dieses Leidens, die Ausgleichung des Bösen und des Verhältnisses der Tugend zum Glück in der Welt, ist der Gegenstand des Streites zwischen Hiob und seinen Freunden. Der Leidende, mitten in seinen Schmerzen und Klagen, bewährt sich durch treuen Glauben an Gottes Macht und Weisheit. Die menschliche Weisheit, die auf der Erde das Räthsel lösen will, wird zu Schanden vor dem Glauben des Dulders, der die Lösung im Himmel sucht, und Gott, der am Ende selbst im Gewitter erscheint, entrollt in gewaltigen Zügen zeichnend ein Gemälde der Natur vom Crokodil bis zum Raben, zeigt die Güte des Schöpfers und Erhalters, und macht vor dieser göttlichen Weisheit und Güte in der Schöpfung, die für das Ungeheuer des Meeres und für den Raben am Bache sorgt, die Menschenweisheit verstummen, die seine Weltregierung und Menschenschicksal hofmeistern und richten will. Hiob wird wieder glücklich, der Dulder erhält den Kranz.

Das Gedicht hat zwar Bestandtheile, die unverkennbar spätere, ja tief späte Erweiterungen und Einschiebungen sind, aber der größte Theil desselben klingt wie uralte Poesie mit dem Schwung des Adlers, der in seinem Flug Erde und Himmel verknüpft, mit der granitartigen Größe der Vorzeit und ihrer erhabenen Einfalt. Es ist der Form nach auch der älteste Versuch, der erste Anfang des Drama. Denn es hat nicht nur Prolog und Epilog mit wechselnder Scene und handelnd auftretenden Personen, sondern auch das Ganze ist in dialogischer Form abgefaßt, und es ist bei aller Eintönigkeit der Reden nicht blos eine Steigerung, eine gewisse Spannung und zuletzt überraschende Entwicklung, sondern auch eine gewisse mit Licht und Schatten zeichnende Charakteristik unverkennbar. Es ist ein Schatz arabischer Weisheit und voll der Pracht asiatischer Farben. Manches Wort und manche Klage Hiob's, womit er stets seine Reden schließt, als mit allgemeinen Sprüchen, klingen wie die Vorläufer des griechischen Chors, der auch so gern allgemein menschlich wird, und auch der Eindruck, den der Leser mitnimmt, ist so groß, als der bei irgend einem alten Trauerspiel: es ist die Wahrheit, daß männliches Dulden und der Glaube an Gottes Weisheit und Güte Alles überwindet, das härteste Geschick und die Welt.

Gar sehr verschieden, schon glänzender und sinnreicher erscheint die Poesie unter den Königen David und Salomo. Eine uns erhaltene Blumenlese der Gesänge dieser Zeit sind die Psalmen. Es sind hundert und fünfzig lyrische Gedichte. Nur durch den Inhalt, wenig durch die äußere Form unterscheiden sie sich von einander. Theils sind es Lieder zum Preis Gottes, theils überhaupt Lieder des Glaubens und des Vertrauens, sittlich religiöse Lieder; theils Gebete, Klage = und Bußlieder, und zwar solche, in denen ein Einzelner, theils solche, in denen das ganze Volk klagt und betet; theils geradezu erzählende Gedichte; auch an Gelegenheitsgedichten, bei Tempelfeierlichkeiten und Thronbesteigungen, fehlt es nicht. Von vielen sind die Verfasser unbekannt; von vielen wird König David als Verfasser genannt. Assaph und die Söhne Korah's dichteten mehrere, und auch König Salomo, Heman und Ethan werden als Psalmdichter genannt. Nur ein paar ausgenommen, die älter sind, fallen die meisten in die Zeit David's und Salomo's, nicht wenige aber, und darunter mit die schönsten, in die Zeit der Gefangenschaft und nachher. Sie sind sehr verschieden an poetischer Schönheit und an Gedankengehalt; einzelne nehmen den höchsten lyrischen Schwung. Sie wurden bei'm Gottesdienst gesungen unter Begleitung des Saitenspiels. Voll schöner Einfalt und Natur sind die Bücher Samuel's, eine Geschichte in der Form epischer Dichtung.

Diese Zeit zeigt schon mehr Bildung und einen Reichthum lebensweiser Sprüche und gewählter Worte. Das Lehrgedicht, die Spruchweisheit, das Sinnreiche drängen sich vor. Aber zwischen diesen sittlich religiösen und sinnreichen Gedichten blüht und duftet mächtig hervor der süßeste und farbenreichste Strauß der ganzen morgenländischen Poesie, das Lied der Lieder, das Hohelied Salomo's.

Es ist zugleich das älteste und schönste Gedicht der Treue unschuldiger Liebe. Das Hirtenmädchen Sulamith, jung und schön, lebt auf dem Lande, und ein Schäfer ist von ihrer Kindheit an ihre Liebe. Sie weidet mit ihm eines Tages auf schöner Flur die Heerde, ein königlicher Wagen fährt vorbei, König Salomo sieht die schöne Schäferin, liebt sie so, daß er sie zur Königin seines Pallastes machen will und entreißt sie mit Beihülfe ihrer habsüchtigen Stiefbrüder mit Gewalt der ländlichen Flur. Entführt, am Königshofe umgeben mit aller Pracht, widersteht sie Bitten, Schmeicheleien, den höchsten Liebkosungen wie den Ränken. Eingedenk ihrer ersten Liebe, bewahrt sie ihre Unschuld und verachtet des Königs Verführungskünste. Wachend und träumend ist sie bei ihrem ersten Geliebten, dem Hirten; sie seufzet Liedchen an ihn, der eben so sehr nach ihr sich sehnt. Sie verschmäht es, um den Preis der Untreue eines Königs Liebe und eine Krone umzutauschen, der König muß sie wieder ziehen lassen in ihre ländliche Flur von Engedi, sie wirft sich ihrem geliebten Hirten in die Arme unter eben dem Apfelbaum, der von Anfang an Zeuge ihrer Unschuldliebe gewesen war, und ihre Herzen besiegeln den Bund ewiger Treue, mit dem unsterblichen Wort: „Stark wie der Tod ist Liebe, ihr Eifer hart wie die Hölle, sie ist eine Flamme von Gott. Viel Wasser mögen sie nicht auslöschen und Ströme sie nicht ersäufen; und böt' ein Mann auch Haus und Gut um Liebe, Verachtung wird ihm, nur Verachtung."

Auch dieses Gedicht, bei dem man die gänzlich verfehlte lutherische Uebersetzung völlig aus dem Auge lassen muß, ist dramatisch, und noch weit mehr als Hiob, es ist an lebenvollster Handlung reich. Die Personen, die handelnd auftreten, sind: Sulamith das Hirtenmädchen, die lieblichste Naturstimme der Unschuldliebe und Treue, die Lilie des Feldes; Salomo in seiner Königspracht mit allen Künsten der Verführung; die Bürger Jerusalems als Zuschauer; der Hirtenjüngling, Sulamith's Geliebter; Frauen des königlichen Pallastes; Hirten des Feldes als Chor.

Es lassen sich vier Akte nachweisen und die drei ersten Akte enden jedesmal mit einem wiederkehrenden Schlußvers. Es ist in diesem Gedichte mehr, als sonst in einem hebräischen, feinere, festere Charakteristik, und der Grundgedanke entfaltet sich lebendig dramatisch in der Fortbewegung der Gesänge. Es ist die Jugendblüthe dramatischer Kunst, und wir haben leider keine weitere aus dem alten Morgenlande.

Das Gedicht selbst weist darauf hin, daß es im Norden Palästina's gedichtet wurde, nahe der schönen Stadt Thirza, dem Hofhalt der israelitischen Könige bis 918 vor Christus. Die milde Luft von Palästina's lieblichster Gegend weht durch dasselbe, mit Weinbergen, Gärten und Gewürzbau. Weil das Gedicht nicht eben zu Salomo's Ehren ist, so wird geschlossen, daß es weder von Salomo selbst, noch zu seiner Zeit gedichtet seyn müsse, etwa um's Jahr 920 vor Christus. Salomo zeigt überhaupt in dem, was ihm sonst Dichterisches zugeschrieben wird und wenigstens theilweise von ihm ist, wie Vieles aus dem Buch der Sprüche, mehr Gabe zum Lehrgedicht als lyrischen Schwung; das Hohelied aber wird selbst von Göthe als das Zarteste und Unnachahmlichste erklärt, was uns von Ausdruck leidenschaftlicher anmuthiger Liebe in lyrischer Form zugekommen. Warum sollte es nicht eine wahre Geschichte aus Salomo's Leben behandeln, die zur

Volkssage geworden war, und warum sollte nicht Sulamith's Geliebter der Dichter seyn? War nicht auch David, der große Lyriker, ein Hirtenknabe? Und waren nicht die großen Lyriker der Griechen auch Hirten? Herrlich hat Herder, genauer haben Umbreit und Ewald dieses Gedicht verdeutscht, das nach Herder Rosenduft athmet und Turteltaubengesang tönt.

Ein kleines episches Stück, das Buch Ruth, aus eben dieser Zeit, unter David's Königthum, ist eine liebliche Idylle, auch die älteste Idylle der Welt, wenn man nicht manches Stück der erzväterlichen Sage auch schon Idyllen nennen will. Ruth, sagt Göthe, hat seinen unbezwinglichen Reiz, das Büchlein ist in seiner Kürze und Natureinfalt unschätzbar.

Der dritte Abschnitt der hebräischen Dichtkunst, die Zeit des Verfalls des jüdischen Volkes, zeigt uns in den Propheten noch großen lyrischen Schwung, doch ist der dichterische Werth der Einzelnen unter sich sehr ungleich. Der reichste an erhabenen und schönen Stellen, mit einem großen Herzen voll Vaterlandsliebe und Gottesfurcht ist Jesaias. Dieser majestätische und geniale Sänger der Vaterlandsliebe lebte im achten Jahrhundert vor Christus. Nach der Mitte desselben fällt sein großes Wirken; und seine Fantasie ist gleich groß und kühn, wenn er das Verderben seines Volkes straft und seinen politischen Untergang voraussagt, wie wenn er die goldene Zeit der Zukunft malt, wo die Völker der Erde, von Gott zur Wahrheit und Freiheit erzogen, in einem neuen Lichte wandeln werden. Die prophetische Poesie war überhaupt Vaterlandspoesie, politische Poesie, und bezog sich auf die Zustände des jüdischen Volks und der angränzenden Staaten. Es sind die ältesten politischen und patriotischen Gesänge von Lehrern, Warnern und Wächtern ihres Volkes, auch Tröstern desselben im Unglück. Als ein solcher sitzt Jeremias auf den Trümmern seines Vaterlandes. Ein halbes Jahrhundert vor der Zerstörung Jerusalems geboren, als Jüngling schon ein Verfechter des Volks gegen das entartete Priester= und Königthum, sang er frühe Trauer= und Todtengesänge am Grabe des Königs Josias, und als er für seine Vaterlandsliebe in Banden gelegt wurde, sang er die düsteren Trauergesänge des Patriotismus, jene Elegieen, zwischen deren Schauer hindurch Blitze leuchten, und die wir unter dem Namen seiner „Weissagungen" noch haben. Sein Haupt war ergraut, als Nebucadnezar im Jahre 586 v. Chr. die heilige Stadt verwüstete und den Tempel, das Nationalheiligthum, zerstörte. Vom eigenen Volk verkannt, in Ketten geworfen, und im Kerker noch Patriot, ward er vom Zerstörer seines Vaterlands, von Nebucadnezar, als Dichter hoch geehrt. Als sein ganzes Volk in die Gefangenschaft abgeführt wurde, stellte der Sieger ihm frei, zu wohnen wo er wolle. Da wählte der Sänger seines Vaterlandes die Trümmer des gestürzten Tempels zu seiner Behausung, und sang hier über dem Schutt seines untergegangenen Volkes jene schauerlich rührenden Elegieen, die wir unter dem Namen seiner „Klagelieder" kennen.

Jesaias mit dem majestätischen Flug des Königsadlers, mit den großartigen Farben und den kühnsten Bildern, dem gedrungenen gewaltigen Ausdruck, ist der Sänger der Kraft, die noch bessere Zeiten geben: er gehört noch dem goldenen Zeitalter an, wenn man blos zwei der hebräischen Poesie annehmen will, ein goldenes und ein silbernes; Jeremias Harfe tönt schon an der Schwelle des silbernen Zeitalters. Unter den morschen Pfeilern seines Vaterlandes, die er, lange ehe sie zusammenstürzten, im Geist voraus krachen hörte, war sein Herz weicher geworden, und die Stimme seiner Lieder ist sanfte Trauer, die Schwermuth wirft über den Strom seines Gesanges düstere Schatten; sein Herz ist groß wie das des Jesaias, aber ist jener ein Adler, so ist er der klagende

Schwan; sanft fließen seine Bilder in einem gegen die andern sehr verlängerten Tonmaaß, wie es die Klage liebt. Aber die Zeit der freudig kühnen, der großartigen Lyrik war vorbei: Jeremias ist nur noch der sanfte Dichter des Trosts und der Hoffnung. Ein Opfer seiner Vaterlandsliebe, hatte Jesaias, der größte Meister des prophetischen Gesangs, unter dem König Manasse auf dem Blutgerüst verblutet: Jeremias, im höchsten Greisenalter, starb ein Flüchtling im Sande Egyptens; unweit Cairo zeigt man noch heute sein Grab. Da schrieb er, das Auge nach dem zerstörten Vaterland gewendet, seine Gesänge auf einzelne Rollen nochmals ab, und die Egypter übersetzten, die Juden überlieferten sie bis auf uns.

Von den andern Propheten zeichnen sich noch manche, vorzüglich Joel, durch eine herrliche poetische Sprache aus, aber die Verarmung an Erfindung, da schon ein prophetischer Dichter vom andern seine Bilder borgte und der Kreis der Anschauungen immer enger ward, die Regellosigkeit, das ungebundene Durcheinander ihrer Dichtungen und die Verirrung in's Groteske, in's Ueppigwuchernde zeigen deutlich den Verfall der hebräischen Poesie. Nach der babylonischen Gefangenschaft erhielt selbst die Sprache fremde Färbung, sie wurde ein Mischmasch, man dichtete nur das längst Dagewesene nach, es ward alles ganz lehrdichterisch und endete in vollendeter Geschmacklosigkeit.

In den heiligen Schriften des neuen Bundes erhob sie sich wieder zu hoher Schönheit; aber diese Schönheit ist nicht irdisch sinnlich, sondern überirdisch; und ist von da an christlich, nicht mehr hebräisch. Denn zum Hebräischen gehört das in sich Abgeschlossene, das Enge; die Weite der Welt, wie sie in dem im Hebräischen wurzelnden Christenthum sich aufschloß, ist Gegensatz des Hebräischen.

So war der Ausgang der hebräischen Dichtung, nach=

dem sie von den Sagen der Väter und dem Hirtengedichte durch die religösen Gesänge hindurch bis zur Poesie des Volks und des Vaterlands sich erhoben hatte. Es war gleich zu Anfang hier bei dem Volk, von dem wir die ältesten Poeteen haben, derselbe Fall, wie später bei den Griechen und andern Völkern: wo die Flamme der Poesie als patriotischer Dichtung am höchsten loberte, da beleuchtete sie auch vom Gipfel des Volkes aus das Hinabsinken desselben bis zu seinem schnell und schneller eintretenden Untergang. Merkwürdig ist, daß auch hier schon, in dem so lyrisch gestimmten Morgenland, der Vorzeit, die Poesie, so bald sie politisch wurde, den rednerischen Schmuck, das Rhetorisch=Pathetische, anlegte, wie später überall; und daß auch hier nur die Poesie in ihrer reinsten Schönheit vor's Auge kam, wo sie das Herz, das Leben im tiefsten Innern, das Leben in der Liebe darstellt.

Die hebräische Sprache ist sehr arm gegen andere Sprachen an Bezeichnungen und Beziehungen, aber ihre Sprache, weil ihre Worte kurz sind, und sie mit wenigen Lauten viel sagt, ist gerade durch ihre Einsylbigkeit, durch ihre Kürze vorzüglich poetisch, da ihre Sylben so wohl lauten. Fünf deutsche Worte gibt der Hebräer oft mit vier Mitlauten und drei Vokalen in Einem Wort. Arm ist sie auch an Gattungen der Poesie; denn sie ist nur lyrisch, und selbst die Anfänge dramatischer Kunst, die wir in ihr fanden, sind überwiegend lyrisch, ob sie gleich Episches, Lyrisches und Dramatisches in sich vereinigen, und man irrt ganz, wenn man nicht weiß, daß diese drei Gattungen der Poesie im kleinsten Gedicht zusammen wirken können, wie in der Ballade, in der Romanze, selbst im romanzenartigen Lied. Nur ein künstlerischer Bildungstrieb, nicht vollendete Kunst zeigt sich in ihrer Lyrik, sie ist nur ungebundener Rythmus nicht Melodie, der Ton hebt sich und senkt sich einförmig, in regelmäßigen Abschnitten; es ist vielmehr dem Gesang sich nähernde Rede, als wirklicher Gesang; nur ein paarmal finden sich Reime im Hebräischen; sonst sind es überall nur ungebundene Rythmen: eine Welle folgt der andern, eine Perlenschnur von Bildern hängt der andern gegenüber. Noch sind nicht, wie im wahren kunstgemäßen Gedicht, die Worte und Töne zu Einem Kranz verflochten. Ueberdieß ist ihre Lyrik auch arm an Gattungsarten, doch ist die Hymne, die Ode, das Lied, die Elegie und das Lehrgedicht, selbst Ballade und Idylle vorhanden. Freilich ist vieles von der althebräischen Poesie verloren gegangen.

Aber obwohl schwächer in der Form, welche richtig zu beurtheilen, man Himmel, Land und Sitte des Morgenlands kennen muß, steht die hebräische Poesie um so höher durch ihren Inhalt. Es ist eine Poesie voll Einfalt und Herzlichkeit, der älteste Ausdruck des innern Lebens der Menschheit, reich an Bildern und Enthusiasmus, wenn auch nicht an Innigkeit der Empfindung; sie ist heilig und edel, sie ist erhaben und erhebend, sie erweitert das Herz und weckt Theilnahme an der ganzen Schöpfung; sie ist gottvoll, kräftigend, Zutrauen=stärkend, voll Wahrheit und Leben. Alles lebt und handelt in ihr, jedes Wort ist belebt und beseelt, lauter Gang und Bewegung; ihr lebt die ganze Natur, die Winde sind ihr Gottes Boten, sein Diener ist ihr der flammende Blitz, die Sterne sind Töchter Gottes, die um seinen Thron frohlocken, in jauchzendem Gang Musik und Tanz; Gott ist's, der die Blumen kleidet, der die Pflanzen nährt, der den Thau erzeugt, der täglich den Himmel wieder ausspannt wie am Tage der Schöpfung, zu seinem Zelt, das er befestigt an den Gebirgen, des Himmels Säulen, und täglich dem Morgenroth ruft wie am ersten Tage. So kindlich diese Fantasie ist, so schön und gottvoll ist sie, und dabei so sinnlich anschaulich. Das Licht, die Nacht, der Tod, die Vernichtung, Alles ist ihr belebt, beseelt, eine Person: die tiefe Dunkelheit, die irren Wolkenzüge haben in dieser Poesie Verstand von Gott; die Blitze bringen ihm, der sie aussendet, Antwort zurück, und er tröstet die Wanderin der Nacht am Himmel, die bleiche Sternenmutter, die ihre verlorenen Kinder sucht, untergegangene Sterne.

In Schilderungen des Schrecklichen hat die hebräische Poesie Stellen, wie sie nur der Riese der Dichtkunst Shakspeare hat. Schrecklich ist die Schilderung der alten Nacht, in die Hiob den Tag seiner Geburt verwünscht, von der er flucht: „sie sey einsame Nacht, kein Freudengesang soll in ihr aufkommen, sie soll nie die Wimper des Morgenroths schauen, sie soll auf's Licht hoffen und kein Licht soll kommen, und selbst die, die den Tag verfluchen, daß er nicht aufgehe und sie in ihrem Verbrechensgang störe, selbst die sollen sie verfluchen." Oder ist nicht ganz shakspearisch die Schilderung im Buch Hiob, wo der Nachtgeist erscheint? „Es ist, sagt Herder, Bild und doch kein Bild: ein vorüber lispelnder Hauch, ein Murmeln wie die Sprache des Windes; aber auch Kraft des Windes, Geisteskraft: er richtet die Haare empor, er erregt alle Schrecken der Seele."

Der Tag hat in der hebräischen Poesie ein schönes Auge, die aufgehende Morgenröthe hat eine reizende Wimper, der Morgenstern ist ein schöner Sohn der Dämmerung, und die Millionen Thautropfen sind glänzende Kinder der Morgenröthe. Der Himmel ist Gottes Palast, und sein Azur der Fußboden seines Palastes, und die Decke der Menschen-Wohnung. Und diese frühere Vorstellung erweiterte sich später in die große Anschauung, nach welcher der Himmel sein Stuhl ist und die Erde seiner Füße Schemel. Die Erde selbst ist der hebräischen Poesie ein grüner Berg Gottes, den er aus den Wassern hob, und die Ceder lebt ihr und der Weinstock und die Palme und der Oelbaum und jedes Gewächs der Erde. Sonne, Mond und Sterne haben ihre Zelte am Himmel, aber ohne abgöttische Verehrung, sie sind alle nur Diener und Dienerinnen Gottes, die, wenn Gott in seinem Glanz vorüber fährt, in ihren Gezelten unter der Thüre stille stehen, und wenn sie sehen, wie seine Geschosse, die Blitze, fliegen, bergen sie sich beschämt vor seiner Majestät; die Berge zittern, die Tiefe ächzt, die Höhe erhebt die Hände.

Diese Bilder alle sind eben so wahr als schön; sie sind naturgetreu. Die hebräischen Dichter sahen mit einem Aug in die Natur, das sie nicht blos wahrnahm, sondern durchfühlte: von der Natur nahmen sie ihre lebendigen Farben. Viel geschadet hat es der hebräischen Poesie, daß man gerade das, was Poesie war, einfachste Naturpoesie, nicht verstand und wunderbare, übersinnliche Dinge hineinklügeln wollte. Auch das schadete ihr, daß sie abgeschlossen, vereinsamt für sich stand, weil das hebräische Volk auch für sich abgeschlossen blieb. So konnte sie nicht vielseitig werden.

2. Chinesische Poesie.

Wo möglich noch abgeschlossener erscheint China und die chinesische Poesie. Sie hätte jedenfalls so alte Gedichte als die hebräische Poesie aufzuweisen, wären die ältesten Schriften nicht von Kaiser Schihoang-ti verbrannt worden, 247 v. Chr. Doch finden sich noch sehr alte Gedichte, welche Kong-futsen 484 v. Chr. sammelte. Diese Sammlung heißt das Schi-king, das ist Buch der Lieder. Es sind darin lauter alte lyrische Gedichte, edler und einfacher Art, sie bewegen sich theils im Familienleben, theils preisen sie die Tugenden der Fürsten und lehren Ehrfurcht vor dem Gesetz, theils verherrlichen sie die großen Männer der Vorzeit. Es sind drei hundert und eilf an der Zahl. Die berühmtesten Dichter darin sind Ta-ya und Siao-ya. Ernst, Empfindung und kühne Bilder rühmt man an diesen Gedichten, und die ältesten der Sammlung sollen fast zwei Jahrtausende v. Chr.

gedichtet seyn. Auch diese Blumenlese hatte Schihoang=ti vernichten wollen, aber eine Abschrift war gerettet worden.

Die neuere Poesie der Chinesen begann ihre Blüthe im siebten Jahrhundert nach Chr. und der berühmteste Dichter derselben ist Li-taipe, er lebte im achten Jahrhundert n. Chr. Viel weiß man noch immer nicht von der chinesischen Poesie, epische Gedichte hat sie nicht, denn es gab keine Heldenthaten zu besingen, das Leben und die Geschichte der Chinesen boten nichts dafür. Aber novellistische Romane hat sie, die ihren Stoff aus dem gewöhnlichen Leben nahmen und in Versen geschrieben sind. Auch an Lehrgedichten fehlt es nicht, eben so wenig an beschreibenden, an Naturgemälden. Auch chinesische Schauspiele sind bekannt geworden, und eine Art Satyren, und was davon bekannt worden ist, ist nicht unmerkwürdig, wie das Schauspiel die Waise von Chao. Selbst Göthe lobt die rührende Darstellung dieses Schauspiels, und von einer chinesischen Blumenlese mit dem Titel: „Gedichte hundert schöner Frauen", sagt er, sie geben uns die Ueberzeugung, daß es sich trotz aller Beschränkungen in diesem sonderbar=merkwürdigen Reiche noch immer leben, lieben und dichten lasse. Ihre Schauspiele übrigens zeigen wenig Kunst: es sind dialogisirte Lebensbeschreibungen mehr als Handlungen. Leidenschaftliche Stellen werden von den Schauspielern nicht mehr deklamirt sondern gesungen. Eine Schönheit des chinesischen Verses ist es, daß jeder Vers seinen Gedanken abschließt, der Gedanke darf nicht in einen folgenden Vers theilweise hinüber gelegt werden: in den goldenen Reif Eines Verses eingeschlossen liegt der Edelstein des Gedankens, wenn es einer ist, vor Augen. Die spätere Poesie dient ganz dem Reim: die frühere war nur rythmisch. Bei viel Abgeschmacktem hat die chinesische Poesie doch auch Zierliches und Artiges, jedoch mehr Verstand als Einbildungskraft. Desto reicher zeigt die Einbildungskraft sich in Indien.

3. Indische Poesie.

Die chinesische Poesie hat ihre Farblosigkeit und Einförmigkeit theils von dem Klima des Landes, theils von der Staats- und Lebensweise. Unter solchem Despotismus und unter solcher Religion, wie die chinesische, kann das Menschenherz die Blume Poesie nicht fein und schön hervortreiben. Wie ganz anders ist das in Indien! Man muß Indien nicht nach dem bemessen, wie sich sein Volksleben in der Entartung zeigt: Indien hatte in seinem Staats- und Volksleben eine goldene Zeit, und die Natur seines Landes war von Anfang an üppigreich, erhaben und wunderbar, es war das Land der herrlichsten Naturerzeugnisse, der Edelsteine, der Gewürze, des Goldes, des edeln Holzes, der Südfrüchte aller Art, der mancfaltigen Thierwelt, vom Elephanten bis zum Affen, von der Riesenschlange bis zur Natter, mit seinen herrlichen Thälern und den erhabenen Alpen des Himelaya, mit seinen großartigen Strömen und zauberhaften Ufergrotten, mit seinen wundersamen Pflanzen und seinen schönen stillseligen Menschen. Da kamen sie von selbst her, die Fremden, zu bewundern und zu handeln, Indien trat frühe in Verbindung mit einer Welt. Der Staat wurde durch Priester regiert, aber so, daß das Volk harmlos und glücklich unter ihnen lebte; ihre friedselige Regierung und ihre allbelebende Religion mußten der Entfaltung der Poesie so günstig seyn, als das Klima, „diese üppige Brautnacht der Natur." „Der Indier, sagt Jean Paul, ist wie eine Biene im honigvollen Tulpenfeld ruhend vom lauen West gewiegt; er ruhet aus im süßen Schwanken." Und so sind besonders Indien's Dichter, so ist ihre Poesie, eine Romantik voll dunkeln Wohlduftes, fast überblühend und fast berauschend, bezaubernd lieblich und innig, meist zart und oft erhaben. Natürlich gilt das nur von dem Ausgezeichneten der indischen Poesie.

Wann sie angefangen, wie sie sich stufenweise entwickelt

hat, weiß man nicht. Noch ist die Geschichte Indien's viel zu wenig erforscht und die Angaben über das Alter der einzelnen bis jetzt bekannt gewordenen Gedichte schwanken sehr: dasselbe Gedicht wird oft in's erste Jahrhundert v. Chr. und von Andern wieder in's neunte Jahrhundert v. Chr. gesetzt. Sehr alt zeigt sich die indische Poesie jedenfalls auch nur aus den uns erhaltenen Dichtungen; denn alle Arten der Poesie sind in denselben bereits sehr ausgebildet vertreten, das Epos, die Lyrik, das Schauspiel; alle haben sich bereits mannchfaltig entwickelt.

Das Epos ist natürlich auch hier die älteste Dichtart. Valmikis, der Verfasser des Heldengedichts Ramayana, gilt als der älteste bekannte Dichter, wiewohl in den heiligen Schriften der Indier noch ältere Hymnen und andere poetische Stücke sich finden. Das zweite große Heldengedicht, als dessen Verfasser Vyasas genannt wird, heißt Mahabharata. Es ist dieses große indische Heldengedicht seinem Hauptinhalt nach eine Schilderung des Bürgerkriegs zwischen den Fürsten und Helden vom Stamm der Mondskinder. Dazwischen ist eine große Menge anderer Dichtungen eingeflochten. Diese Episoden enthalten theils allerlei Abentheuer, theils Religionsphilosophie. Die berühmteste Episode letzterer Art ist die Bhagavadgita, d. h. die Unterredung des Gottes Krischnas, nach Andern der göttliche Gesang. Die Bhagavadgita ist ein eigentlich religiös-philosophisches Gedicht. Um es zu genießen, muß man absehen von Allem, was das alte und neue Europa an Poesie geliefert hat, von aller europäischen Sitte, Gefühls- und Glaubensweise; man muß sich ganz zum Indier umdenken, um nicht durch Dunkelheit, Ungereimtheit, barbarische Bräuche und Sitten abgestoßen zu werden. Es hat dieses Gedicht in Indien den Ruhm, das Allgemeinste der indischen Religion, die eine Geheimlehre für die Priesterkaste ist, dem übrigen Volk vorzutragen. Die Art, wie das

Gedicht seinen Helden einführt, kennzeichnet die Stufe der poetischen Kunst, auf der es steht. Der Held Ardschunas im Krieg mit seinen Verwandten, an der Spitze seines Heeres, den Gott Krischnas zu seinem Wagenlenker, vor sich das zur Schlacht aufgestellte feindliche Heer, unter der Schlachtmusik der Hörner, Muscheln, Trompeten und Pauken, die vom Himmel zur Erde fürchterlich wiederhallt, unter'm Fliegen der Geschosse, fragt zaghaft den Gott Krischnas um Rath. Das Gespräch, das hiedurch veranlaßt wird, giebt ein vollständiges philosophisches System in achtzehn Gesängen. Das ist nun freilich gar nicht einem Heldengedicht gemäß, aber der lehrdichterische Werth ist bedeutend; von Handlung kann hier nicht die Rede seyn, aber in altmorgenländischer Kraft und Kühnheit der Bilder kleidet sich hier die abgezogenste Weisheit ein. Die volksthümlichste Episode in sechs und zwanzig Gesängen heißt der Nalas, eine poetische Sage, von welcher der im Alter von der indischen Poesie übrigens mehr als billig eingenommene Wilhelm Schlegel rühmt, sie werde an hinreißender Gewalt der Leidenschaften wie an Hoheit und Zartheit der Gesinnungen schwerlich übertroffen werden; sie spreche den Kenner der Kunst und den Laien gleich an.

Berühmt durch seinen reichen poetischen Schmuck und mehrfach in's Deutsche übersetzt ist die Episode, Ardschuna's Reise zu Indras Himmel. Ardschunas, ein Heros, besucht seinen göttlichen Vater Indras in dessen himmlischem Wohnsitze. Der Wagen des Gottes führt ihn im Flug empor zu der dem menschlichen Auge unerreichbaren Stätte. Chöre himmlischer Wesen empfangen ihn am Thore der Götterstadt, wo der nördliche Weltelephant Wache hält, und geleiten ihn die Sternenstraße hinan zu dem Thron des erwartenden Vaters. Ein Götterfest wird angestellt, der Held empfängt von den Welthütern die himmlischen Waffen; die schönste der Nymphen, Urwasi, versucht ihn, er aber widersteht ihren Reizen und zieht dadurch ihren Zorn und Fluch sich zu.

Die Symbolik der indischen Poesie zeigt sich in ihrer vielfachen und tiefen Bedeutsamkeit in diesem Gedicht gleich da, wo Indras als der Gott des Luftkreises verdeutlicht werden soll. Wie der Zeus Homers auf dem Olymp, sitzt Indras auf seinem Wolkensitz. Den Wagen des Gottes, den er dem Ardschunas sendet, ziehen zehntausend lichtgelbe Rosse. Wolken und Nacht entweichen, wo er sich zeigt. Ein Laut wie der des Donners folgt ihm. Glänzende Waffen, vor allen der Donnerkeil, nebst einer Menge Blitze, Schlangen mit Flammenköpfen, Feuerkugeln und anderer Meteore sind auf den Wagen gehäuft, und über ihm weht weithin die blaue Standarte. Indras selbst sitzt, von himmlischen Wesen umringt, auf einem Thron; über ihm ragt ein gelber Sonnenschirm mit goldenem Stab; ein Fächer umweht ihn mit Wohlgerüchen. Das Schwingen des Donnerkeils hat ihm in die Hand ein Mal eingedrückt. Viel sind der niederen Götter in der himmlischen Stadt Amaravati und in dem Götterhain Nandanam beisammen, bei himmlischen Tänzen und Gesangsweisen; auch die sind hier, die auf Erden edle Thaten vollbrachten, die aus dem irdischen Leben verklärt Hervorgegangenen. Sie führen in diesem Himmel des Indras ein seliges Leben, und sie in ihrem Glanz sind das, was man unten auf der Erde als Sterne sieht.

Es ist das keine Form, die den Schönheitssinn befriedigt, es ist asiatische Poesie, aber doch eine Art Plastik, die mehr auf den Sinn, auf die Bedeutung, als auf Form, auf Schönheit geht. Süßen Duftes voll ist die Episode Savitri, in welcher die treue Liebe einer Gattin durch strengen gottgefälligen Wandel das Leben des Gatten dem Todesfürsten abgewinnt. Wie alt das Epos Mahabharata ist, bleibt durchaus dahingestellt; sehr alt ist es; die alte heilige Sprache der Bramanen erscheint darin, wo nicht in ihrer ältesten, doch in einer sehr alten Gestalt. Das Versmaaß ist der einfache Sylbenfall der Slokas, das heißt in ungebundener Rede, die aus zwei sechszehnsilbigen Versen besteht.

Diese beiden ältesten Heldengedichte hatten auf die spätere Entwicklung der indischen Poesie entschiedenen Einfluß; die erhabene Einfalt der ältesten Gesänge wurde jedoch nicht beibehalten. Wir übergehen die späteren Heldengedichte und wenden uns zur Lyrik.

Der größte Lyriker der Indier ist Kalidasas. Er lebte jedoch schon spät, im ersten Jahrhunderte v. Chr., am Hofe des kunst= und wissenschaftehrenden Königs Vikramatitya, der von den Gangesländern bis Kaschmir hinauf herrschte. Berühmt ist von ihm die Elegie Meghaduta (der Wolkenbote), mit einem von Schiller benutzten Grundgedanken: ein von der Heimath verbannter Jüngling erzählt den Wolken seinen Schmerz und beschreibt ihnen den Weg, den sie nach Norden nehmen sollen, um seiner dort zurückgebliebenen Gattin seine Grüße zu bringen. Berühmt sind auch des Amara hundert Sprüche der Liebe. Die schönsten lyrischen Gedichte aber, sagen die Indier, hat Jayadevas gedichtet. Die Idylle Gitagovinda ist ein Kreis von Liebesliedern; sie enthalten die Liebe des Gottes Krischnas zu der schönen Schäferin Radha, und selbst Göthe hat die Farbengluth und die Fülle, in welcher hier die indische Natur erscheint, als Etwas bewundert, das ganz außer europäischen Begriffen liege. Die Liebe wird darin als der schönste Traum des Menschenlebens gefeiert, und sie hat später nur in Shakspeares Dichtungen eine ähnliche wundersüße Musik für ihre Gefühle gefunden.

Die lyrische Poesie der Indier nahm bald den Reim an, verfiel aber auch wenige Jahrhunderte n. Chr. schon in's Gekünstelte, in Schwulst und Unnatur. Hoch aber über Epos und Lyrik ragen die S c h a u s p i e l e des Kalidasas.

Die Anfänge des indischen Schauspiels waren Tänze mit Chorgesängen. Bharata gründete es. Jedes Schauspiel hat ein Vorspiel, eine Art Einleitung. Das Schauspiel selbst ist in Akte und Scenen eingetheilt. Die Helden und Heldinnen des Schauspiels sind theils aus der indischen Götterlehre, theils aus der indischen Geschichte und dem gewöhnlichen Leben genommen. Als Zweck des Schauspiels geben die Indier Rührung und Belehrung an. Die Schauspiele sind größtentheils in Prosa geschrieben. Nur wo die Rede in die Tiefe geht oder einen höhern Flug nimmt, treten Verse ein, Verse oft von unendlicher Länge. Auch die Sprache der höhern und der untergeordneten Charaktere ist wie bei Shakspeare verschieden, die Helden sprechen Sanscrit, die niederen Figuren Pracrit, einen gemeineren Dialekt; ja jeder spricht sogar noch beides unterschieden nach seinem Stand bis zum Jargon herab.

Von Kalidasas, nicht dem ältesten, aber dem größten Schauspieldichter der Indier, und einem der größten Dichter der Welt, sind uns drei Schauspiele bis jetzt bekannt geworden: Sakontala, Vikramurvasi, und Malavika und Agnimitra.

Von der Sakontala sagt Friedrich Schlegel, sie gebe den besten Begriff von der indischen Dichtkunst und sey das sprechendste Beispiel von der Schönheit, die dem indischen Geist in seinen Poesieen eigenthümlich sey. Und auf Göthe machte die Sakontala einen solchen Eindruck, daß er sein Entzücken darüber in Verse ausströmte.*) Herder sagt davon: „das einfache Mährchen des entscheidenden Ringes (das Stück heißt nämlich Sakontala oder der entscheidende Ring) bietet in der größten Manchfaltigkeit eine Reihe Scenen dar, die von der

---

*) Willst du die Blüthe des frühern, die Früchte des späteren Jahres,
Willst du, was reizt und entzückt, willst du, was sättigt und nährt,
Willst du den Himmel, die Erde mit Einem Namen begreifen,
Nenn' ich Sakontala dir, und so ist Alles gesagt.

sanftesten Idyllenanmuth im Hain der Einsiedler zum höchsten Epos eines Paradieses über den Wolken reichen. Mit Blumenketten sind alle Scenen gebunden, jede entspringt aus der Sache selbst, wie ein schönes Gewächs, natürlich. Eine Menge erhabener sowohl als zarter Vorstellungen finden sich hier: ich zweifle, ob menschlich zartere Ideen gedacht werden können. Das Epische darin ist unübertrefflich und zugleich allenthalben das Wunderbare höchst natürlich. Hier sprechen und fühlen Pflanzen, Bäume, die ganze Schöpfung ist Erscheinung des und des Gottes in dieser und jener Verwandlung. Nah und fern wirken Geister auf Geister, die sie umgebenden, darstellenden Hüllen und Formen sind Maja, eine liebliche Täuschung. Das große Drama der Welt wird ein wechselndes Spiel für die Sinne; der innere Sinn, der es am innigsten genießt, ist Ruhe der Seele, Götterfriede."

Wie in der hebräischen Poesie, so findet sich auch hier ein früheres Zeitalter der Unschuld, wo Götter mit Menschen leben und himmlische Geister die Sterblichen besuchen. Ueberhaupt ist das ganze Gedicht der Sakontala von Anfang an darauf angelegt, die Begebenheiten einer höheren göttlichen Ordnung unterzuordnen; die Begebenheiten gehen nicht wie in dem europäischen Drama in einer durchaus natürlichen Entwicklung vor sich, sondern es ist Alles von Anfang bis zu Ende auf einen heiligen, göttlichen, wunderbaren Zusammenhang der Begebenheiten angelegt. Das indische Schauspiel überhaupt, und auch die Sakontala, hatte nicht das hohe Ziel des griechischen Trauerspiels, durch Furcht und Mitleid eine Reinigung der Leidenschaften zu bewirken. Veredeln wollte der griechische Dichter, in's Ideale den Menschen erheben; nur vergnügen, nur in's Angenehme entzücken wollte der indische Dichter sein harmlos vergnügliches, friedfertiges Volk. Süß ist das Wunderbare, und so mischte der indische Dichter eben gar viel Wunderbares in seine Dichtung ein.

Aber ohne dieses Wunderbare darin, sagt Herder, „wäre der Idyllengeist der ersten, der höchste epische Geist der letzten Scenen der Sakontala von der Erde verbannt, und sie gehören gewiß zum Ersten ihrer Art, was je der menschliche Geist hervorbrachte". Man sieht aber schon aus diesem Urtheil, das von Idyllengeist und epischem Geist der Scenen spricht, daß man mehr ein dramatisirtes Epos, oder wenn man lieber will, ein episches Drama vor sich hat, als ein Schauspiel, nach den hohen, strengen Kunstgesetzen der Griechen gedichtet. Mit dem shakspearischen und deutschen Schauspiel hat es vorauseilend das gemein, daß es sich nicht an die Einheit von Zeit und Ort bindet, sondern die Auftritte bald im Wald, bald am Hof, bald im Himmel, bald auf der Erde vor sich gehen läßt. Eine tiefe Verwandtschaft zwischen dem frühen Indier Kalidasas und dem späten Britten Shakspeare zeigt sich darin, daß jener wie dieser Komisches und Tragisches in einem und demselben Gedicht vereinigt. Auch in der zarten und doch festen Haltung der mit Menschenkenntniß angelegten Charaktere; im feinen Schürzen und Lösen des Knotens; im Verfolg der Handlung und der Handelnden durch die feinsten Verwicklungen; in dem reichen und doch nicht übertriebenen Blumenschmuck der Sprache, die im höchsten Schmuck voll edler Einfalt bleibt; in der Klarheit bei großer Fülle, die nie Ueberladung wird; in der Vertrautheit mit dem Geiste der Natur, und in der Liebe, in dem Liebevollen, das durch jeden Theil der Dichtung athmet und lebt — hat der Geist Gottes in Kalidasas nur einen älteren Bruder Shakspeare's der Welt voraus geschenkt. Diejenige Schärfe, wie sie die shakspearischen Charaktere haben, suche man bei den Charakteren des Kalidasas nicht: sie sind, wie bei Schiller, auch bei Kalidasas zu idealisch, um in scharfer Zeichnung sich auszuschneiden, um plastisch im höchsten Sinne zu seyn. Selbst was in der späteren Poesie Europa's Reize der Oper sind, hat die Sakontala des Kalidasas an und in sich: neben dem Wunderbaren nämlich die Reize der Musik, die zart und zierlich hie und da zwischen hinein klingt.

Das andere Schauspiel des Kalidasas, Bikramas und Urvasi oder der Held und die Nymphe, ist gleichfalls voll Leben, innig, zart und zierlich, und die Entwicklung natürlicher. Auch dieses ist wie die Sakontala dem Stoff nach aus dem Sagenkreis des Mahabharata genommen, wie die griechischen Dramatiker ihre Stoffe aus Homer nahmen.

Bhavabhuti, im achten Jahrhundert nach Chr., ist durch seine Schauspiele sehr berühmt: wie weit aber die Poesie schon damals gesunken war, zeigt sich an ihm darin, daß seine Verse gekünstelt sind, seine Darstellung unklar und breit und voll philosophischer Redensarten ist. Noch hat aber auch er viel Schönes. Bei den späteren Dichtern nimmt die Begeisterung immer mehr ab und die Künstelei zu, sie übertreiben und übersprudeln in Wortbildungen und Bildern, Farben sind da, aber kein Feuer, und nachdem die dramatische Poesie der Indier durch eine Zeit der Eleganz und des Geschmacks hindurch gegangen war, endete sie damit, daß sie nur noch allegorische Personen, abgezogene Begriffe, wie die Vernunft, das Wissen, die Freundschaft, die Zufriedenheit u. s. w. auftreten ließ, zumal in ihren satyrischen Schauspielen. Es verlor sich auch, was die alte Poesie auszeichnete, das Vorwalten religiöser Ideen: das Leben zeigte sich später nicht mehr innig durchdrungen von dem Glauben an die übersinnliche Welt, und die Charaktere verschwimmen in allgemeinen Zügen; selbst den Naturschilderungen fehlt es durchaus an bestimmter Gruppirung.

Auch Fabeln und Novellen, die auch vielfach Stoff für die dramatischen Dichter abgaben, hat die indische Poesie.

4. Persische Poesie.

Die indische Poesie blieb namentlich nicht ohne Einwirkung auf die persische. Aus den allerältesten Zeiten der Perser ist kein poetisches Bruchstück übrig. Auch aus der späteren Zeit, aus dem goldenen Zeitalter der persischen Poesie, das unter die Herrschaft der Sassaniden gesetzt wird, namentlich unter der Regierung Nuschirwans (530—580 n. Chr.), ist bis jetzt wenigstens nichts aufgefunden worden. Die Zerstörungswuth der muhamedanischen Araber, die Persien unterjochten, vernichtete die altpersischen Poesien. Und nach langem Druck unter der Herrschaft der Araber trat ein neues poetisches Leben um die Mitte des 10ten Jahrhunderts in Persien wieder hervor, und zwar in reichster Entfaltung.

Als der größte aller epischen Dichter der Perser wird Ferdusi genannt, der Sohn eines Gärtners aus Tus in Chorasan. Als ein Bauer begann er, und als er dem Sultan Mahmud seine ersten Verse, ein vaterländisches Heldengedicht, überreichte, gab ihm dieser den Auftrag, das ganze Schahname zu vollenden und verhieß ihm für jeden Doppelvers einen Dukaten. Schahname heißt das Buch der Könige, und enthält in 60,000 Versen die Geschichte Persiens von Nuschirwan bis auf Jezdejerd; vierzig Jahre lang schrieb Ferdusi daran. Mahmud hatte ihm für die ersten tausend Doppelverse eben so viel Goldstücke gezahlt: da er jetzt dem bei ihm als Freigeist verläumdeten nur 60,000 Silberstücke zahlte, verschenkte Ferdusi diese auf der Stelle, und gab allein dem Ueberbringer 20,000 als Botenlohn davon; er schrieb satyrische Verse gegen den Sultan, floh, lebte lang in Dürftigkeit, der Sultan gedachte endlich wieder seiner, und schickte ihm zwölf beladene Pferde als Geschenk, aber als diese zu dem einen Thor von Tus einzogen, ging der Leichenzug Ferdusi's zum andern Thore hinaus, im Jahre 1030 n. Chr. Das Schahname knüpft an die sagenhafte Urzeit an, durchläuft den

Sagenkreis der Heroenzeit und die Thatsachen der Geschichte. Die Abentheuer Asfendias und die Abentheuer des Helden Rusthem sind die berühmtesten Stücke darin, und sowohl der persische Volksglaube als das persische Helden- und Ritterthum sind darin verherrlicht. Fantastisch schön und gewaltig sind die Thaten und Züge Alexanders des Großen gezeichnet. Mit dem Ende des Schahnames, mit dem letzten Theil erbleichen Ferdusi's Farben. Man hat ihn den persischen Homer genannt: natürlich kann man beide nicht vergleichen. Was Ferdusi in den Augen seiner Landsleute besonders groß machte an Namen und Einfluß, das war das, daß er leidenschaftlich am Alten, Aechtnationalen hielt.

Hatte Ferdusi die Nationalgeschichte durch seine Poesie verherrlicht, so sank schon in Enweri, der 1152 nach Chr. starb, die persische Poesie zur Hofpoesie herab: Fürsten und Große des Hofes wurden zum Gegenstand der poetischen Lobpreisung genommen. „Enweri, sagt Göthe, fand, daß kein besser Handwerk sey, als mitlebende Menschen durch Lob zu ergötzen. Auf Fürsten, Vesire, edle und schöne Frauen, Dichter und Musiker, auf jeden wußte er etwas Zierliches zu sagen." Dieser lyrische Dichter heißt darum auch der persische Horaz.

Als Dichter der Liebe machte sich Nisami berühmt durch seine romantischen Dichtungen, ein zarter hochbegabter Geist, der 1180 n. Chr. starb. Die Liebe Medschnun's und Leila's, Chosru's und Schirin's, Klänge und Sagen, die durch die ganze Poesie des Muhamedanismus fortklingen, sind seine beliebtesten Gedichte, das letztere wirklich ausgezeichnet schön.

Eine Reihe persischer Dichter arbeitete sich an einer mystischen Poesie ab, wie man sie nicht vermuthen sollte bei einem Volke, wie das persische, das artige Geselligkeit, Musik und Wohlleben so sehr liebte und so leichter genießender Natur war. Von dem, was man so Poesie im wahren

Sinne heißt, ist freilich wenig in jenen überschwenglichen Versen; desto mehr in dem Rosengarten Sadi's, ob er gleich hauptsächlich Lehrdichter ist.

Sadi war im Jahre 1193 geboren zu Schiras. Sein Leben fiel in unglückliche Zeiten seines Vaterlandes, da von der einen Seite die Kreuzzüge, von der andern die Türkenanfälle es heimsuchten. Eine unglückliche Ehe verdarb ihm, wie er selbst sagt, all seines Lebens Süßigkeit. Durch die Kreuzzüge war er in harte Sclaverei der Christen gekommen, aber der Verkehr mit den Europäern mag seinen Dichtungen genützt haben; sie stehen dem Geschmack des Abendlandes nicht ferne. Hundert und zwei Jahre lebte er, bald Derwisch, bald Kriegsmann, in den letzten zwölf Jahren erst schrieb er seine Dichtungen nieder. Sein Gulistan, das heißt Rosengarten, sein Bostan beweisen, wie tief er die Sitten der Menschen und ihre Leidenschaften kennen gelernt hat. Seine Poesie ist die Rose orientalischer Lehrdichterei. Er ist, selbst wo er von der Liebe singt, stets innerhalb strenger sittlicher Schönheit. Das letztere gilt jedoch nicht von seinen kleineren Gedichten der Liebe und von seinen Schwänken. Seine kleineren Gedichte halten die Perser am höchsten.

Hundert Jahre nach ihm kam der größte Lyriker der Perser, Hafis. Er wurde auch in dem schönen Schiras geboren wie Sadi und starb, wie er, daselbst, im Jahre 1389 n. Chr. Man muß seine leichten zauberhaft hinfließenden Lieder genießen, um sie schätzen zu können. Aus jenen, sagt Göthe, strömt eine fortquellende mäßige Lebendigkeit. Im Engen genügsam, froh und klug, von der Fülle der Welt seinen Theil dahin nehmend, so sang er.

Sein Divan, die Sammlung seiner Lieder, feiert meist nur Liebe und Wein. Die frommen Muhamedaner drangen mehrmals auf das Verbot seiner Lieder, ja sie wollten ihm, als er starb, das ehrliche Begräbniß verbieten: aber die Süß-

ſigkeit und Zierlichkeit ſeiner Lieder war ſo groß, daß die
Feinde gegen ſie und ihren Verfaſſer nicht aufkommen konnten.

Nach Hafis kam kein großer perſiſcher Dichter mehr: es
war alles nur noch Nachklang und Nachahmung derſelben
Stoffe und derſelben Weiſen. Die Tochter hörte vor der
Mutter auf zu blühen; denn die perſiſche Poeſie iſt eine Tochter der arabiſchen.

5. Arabiſche Poeſie.

Die arabiſche Poeſie hat eine Hauptrolle in der Welt
geſpielt, ſie iſt reich an Schönheit der Formen und hat eine
entſchiedene Eigenthümlichkeit. Das Volk, aus dem ſie kam,
hat ſich rein in derſelben abgedrückt mit ſeinem Aeuſſern und
Innern, und ihre Blüthe dauerte über ein Jahrtauſend lang.
Herder, der Verehrer der hebräiſchen Poeſie, ſagt ſelbſt, die
Poeſie der Hebräer ſtehe gegen die der Araber wie ein Kind
da. Die Hebräer gingen als Nation zu früh unter, und
ihre Poeſie, ſagt Herder, iſt nicht anders zu betrachten, als
ein früh verblühtes Kind, die Tochter der Jugend eines zer-
ſtreuten Volkes, das ſeitdem nie ſeine Sprache hat fortbilden
können. Das arabiſche Volk, das Volk der Wüſte, nachher
Ueberwinder und Beſitzer der Welt, wurde auch in ſeinen
Bildern reich, ſtolz und heftig; ihre Beſchreibungen ſind
prachtvoll und glänzend, ihre weiſen Sprüche gedrängt, künſt-
lich, andächtig und erhaben.

Dem Raume nach war das Reich arabiſcher Poeſie von
Bagdad, wo die Kalifen einen glänzenden Hofhalt hatten, durch
Egypten, die ganze Nordküſte Afrika's entlang bis Marocco
und über Spanien hin ausgedehnt: in Spanien beſonders
blühte lange die arabiſche, die ſaraceniſche Kunſt. Das Ly-
riſche und das Phantaſtiſche überwiegt darin, und mit der
Feinheit kontraſtirt die Rohheit, mit der Zartheit die Wild-

heit, wie der Städtebewohner mit dem Beduinen, der Sarazenenritter mit dem Räuber.

Das Hauptbuch für jeden Araber und Muselmann überhaupt ist der Koran des Muhammed, die heilige Schrift der zu Allah Betenden. Muhammed hatte viel poetischen Geist und ein Auge für die Wunder der Natur. Man lese nur, wie er darin das Jenseits, Paradies und Hölle, malt und vor Augen stellt, und man wird Muhammed's außerordentliche Einbildungskraft nicht bestreiten. Seine Gedanken sind ernst und erhaben, seine Sprache ist frisch und blühend, voll Adel und Kraft. Aelteste arabische Dichtungen haben wir nicht, doch einige Volkslieder aus der Zeit vor Muhammed. Die unter dem Namen Moallakat, das heißt die am Tempel zu Mekka aufgehängten, uns bekannt gewordenen, sind sieben Preisgesänge von sieben Dichtern, die in dichterischen Wettkämpfen den Preis gewonnen hatten. Die Namen der Dichter sind Amaru, Hareth, Tarafah, Antara, Zohair, Lebid und Amralkais. Die Gedichte sind sehr verschieden, das eine zeichnet sich durch Pracht, das andere durch Erhabenheit, jenes durch Weisheit und Scharfsinn, diese durch Zartheit, Weichheit und Anmuth aus.

Eine zweite Sammlung alter Volkslieder heißt die Hamasa oder das Heldenbuch, obgleich darin Heldengedichte, Trauerlieder, Lehrgedichte, Liebeslieder, Spottlieder und Naturbeschreibungen beisammen sind. Zur Zeit Harun al Raschid's, zu Anfang des neunten Jahrhunderts n. Chr., sammelte Asmai aus mündlicher Ueberlieferung alte arabische Abentheuer, romantische Erzählungen unter dem Namen: die Abentheuer des Antara. Aus Muhammed's Zeit hat man auch düstere, glühende, rachelustige Lieder, deren Mark recht der Geist Muhammed's ist. Der größte arabische Dichter aber ist Montenebbi. Er wurde 915 n. Chr. zu Cufa geboren und starb 965. Die Morgenländer nennen ihn den

Sultan der Dichtkunst, und sein Divan besteht aus zweihundert Lob=, Helden=, Schlacht= und Liebesgedichten. Er ist glücklich in Schilderungen, reich an eigenthümlichen Bildern, vollendet im Ausdruck, sorgfältig und kunstvoll in Versmaaßen, doch oft bis zur Spielerei.

Ein merkwürdiges Werk arabischer Dichtung sind die allbekannten Erzählungen tausend und eine Nacht. Sie sind nicht ursprünglich arabisch, sondern persischen Ursprungs. Das Werk der tausend Mährchen wurde aus dem Persischen in's Arabische übersetzt; die arabische Einbildungskraft, die sich in einer solchen seltsamen Mährchenwelt über Alles gefiel, dichtete daran so selbstständig und in so reichem Flusse fort, daß das ursprünglich Persische gar nicht mehr in Betracht kommt gegen das von den Arabern Umgeschaffene oder neu hinzu Gedichtete.

Eigenthümlich in ihrer Art sind die Makamen oder Unterhaltungen des Hariri, der 1121 n. Chr. zu Basra starb. Rückert hat diese Makamen in freier Nachbildung in's Deutsche übertragen. Sie sind theils Prosa, theils Vers, haben aber weniger Poesie als Witz, Sprachgewandtheit und anziehende Bilder des arabischen Lebens.

Sehr Schade ist es, daß wir von der Poesie der Sarazenen in Spanien fast Nichts haben, daß wir aus den ins Spanische übergegangenen maurischen Balladen und Romanzen nur schließen können auf die Höhe der Blüthe, welche die arabische Poesie unter Spaniens Himmel gehabt haben muß. Unter den Türken konnte die Poesie nicht sehr gedeihen. Doch hat auch die Türkei ein goldenes Zeitalter ihrer Poesie. Dieses fällt zusammen mit der Höhezeit ihrer politischen Macht, unter Suleiman dem Großen und Selim II. im 15. Jahrhundert. Beide Sultane waren nicht nur Freunde und Gönner der Dichtkunst, sondern selbst Dichter, wie auch Selim's vier Brüder. Joseph von Hammer hat eine „Blu=

menlese aus 2,200 osmanischen Dichtern" für uns Deutsche veranstaltet.

Die türkische Poesie ist ganz abhängig von der arabischen und persischen; sie ist ein Ableger von beiden; meist ist sie unangenehm wortreich. Baki und Lamii, dieser als Epiker, jener als Lyriker, haben wirklich Bedeutung. In ihren Geschichtsbüchern finden sich manche Sagen eingewoben, von wahrhaft poetischem Werth, wahre Romanzen. Und bei ihren Dichtern begegnen wir einzelnen Liedern süßester und tiefster Art, wie man sie, nach unserer gewöhnlichen Vorstellung von türkischem Wesen, von Türken nicht erwartet.

Altklassische oder antike Poesie.

Wir haben gesehen, daß die orientalische Poesie es bis zum Drama gebracht hat, daß ihre Formen aber noch etwas Unvollkommenes sind, daß das Epische selbst im Drama vorherrscht, daß sie in der Charakteristik es noch nicht zur Meisterschaft gebracht hat, daß das Lehrdichterische überwiegt, weil es im Morgenland nicht dahin kam, daß die Philosophie von der Poesie sich ausschied und besonders bearbeitet wurde; endlich, daß sie ganz subjektiv blieb, oft phantastisch. Gerade was ihr Erhabenheit gab, schadete ihrer Schönheit, ihrer Kunstform. Dem Uebersinnlichen zugewandt und dieses besingend war sie zu wenig auf der Erde; und doch ist es die Erde, sagt Herder, welche allen Gestalten Umriß, mithin auch Schönheit verleiht. Im Durchschnitt gewogen und geschätzt muß sie sich doch das Urtheil gefallen lassen, sie sey die Poesie des religiösen Gehalts, aber auch der Formlosigkeit oder wenigstens einer nicht reifen, dem Schönheitssinne genügenden Form.

Im Morgenlande war Despotismus und Knechtschaft. Das Leben ging in tausend Fesseln des Staats und der Religion, Priester herrschten und banden den Geist und die Krämpfe religiöser Streitigkeiten verzerrten das Gemüth. Das Alles war nicht, von dem Allem war das Gegentheil auf dem Boden Griechenlands, unter dem Himmel des alten Hellas. Griechenland lebt in der Erinnerung der Menschen als dasjenige Land, worin die Freiheit am schönsten geblüht hat, und wo die Schönheit in jeder Form der Kunst auf's freieste zur Erscheinung gekommen ist; und es ist nicht zu übersehen, daß selbst auf griechischem Boden, wo sonst Alles, was die Blüthe der Poesie begünstigt, sich zusammen fand, die Poesie in ihrem tieferen Gehalt unterging mit dem Untergang der bürgerlichen Freiheit. Obgleich alles Andere blieb, was man sonst als Bedingungen eines glücklichen Geisteslebens annimmt, so starb dieses doch, als ihm der Athem der Freiheit entzogen ward: so sehr ist dieser wesentlich dazu in Griechenland gewesen.

1. **Altgriechische Poesie.**

Die Poesie der Griechen, die epische, lyrische und dramatische, ging ganz auf natürlichem Wege aus der griechischen Religion hervor, aus den Tempeldiensten, deren Verherrlichung die Kunst diente. Der Dichter kann freilich überall geboren werden, aber sehr viel hat die Gelegenheit und die Kunstübung gethan, und besonders der schöne Apollodienst war wie gemacht, dichterische Anlagen zu entwickeln und zu nähren. Die Religion der alten Griechen durchdrang ihr ganzes Leben, das öffentliche wie das häusliche; diese Religion aber war durchaus Kunstreligion, die Religion des Sinnlich-Schönen. Die Poesie wurde früh theils frei geübt von den Fähigsten, theils als Erbtheil bevorrechteter, auf einen mythischen Stammvater zurückgeführter Geschlechter. Dahin gehören die Namen Orpheus, Musäus und Linus, fabelhafte Dichternamen, an die religiöser Dienst mit Musik und Poesie sich knüpfte. Außer diesen Dichternamen ist Nichts aus der ältesten Zeit auf uns gekommen. Die Wiege dieser religiösen Dichtkunst war der Norden Griechenlands. In Thrazien, auf den Bergen und in den Thälern Thessaliens und Böotiens zeigte sich zuerst den Griechen die Poesie. Dort sind die Musensitze, der Parnaß und Helikon, auf deren weißen Gipfeln in dem reinen Wolkenschleier Apollo und die Musen ihre lieblichen Weisen sangen und den himmlischen Reigen tanzten; dort war das Nationalheiligthum Delphi, dort die zum Gesang begeisternden Quellen Hippokrene und Kastalia. Aber keiner der großen Dichter Griechenlands, an deren Werken sich die Menschheit bildet, ist dort geboren; die Poesie entwich aus den Thälern ihrer Kindheit, als fremde Völker von Asien hervor diese Gegenden überschwemmten, kam nie wieder zurück und blieb in anderen glücklicheren Landschaften griechischer Zunge. Wie Völker aus Asien hervor die alten Bewohner Nordgriechenlands verdrängten, gingen diese nach den Küsten Vorderasiens hinüber, und bald blühte hier, in diesen Kolonien, Ackerbau, Handel, Kunst und Wissenschaft. Die Volksfreiheit schlug hier früh feste Wurzeln. Kein Herrscher, kein Tyrann beschränkte hier, in der goldenen Zeit dieser Pflanzstädte, Geist und Leben. Da saßen rechts und links gebildete Völker, heiter wie nirgends war der Himmel, der Boden üppig fruchtbar, der Arm des Menschen nicht viel in Anspruch genommen, die Lage so günstig, daß Schifffahrt und Reichthum sich von selbst verstanden. Das war eine Erde und ein Himmel für den an sich schon lebhaften griechischen Geist. Was von Strenge und Herbigkeit, von Zwang und Beengung noch zurück war, das verlor sich aus der griechischen Religion unter diesem heiteren Himmel: hier wurden die Götter menschlicher und die Menschen göttlicher. Jonien umgürtete mit den zwei Flüssen Hermos und Mäander an der schönen Küstenstrecke Kleinasiens zwölf kleine demokratische Republiken: Fokäa, Erythrä, Klazomenä, Lebedos, Kolophon, Ephesos, Teos, Priene, Myos, Miletos, Samos und Chios.

Die griechischen Hymnen, nämlich ihrer Form nach, nicht die uns erhaltenen, sind natürlich älter als das Epos Homer's. Unter dem Erhaltenen ist dieses aber die erste und höchste Blüthe, welche die griechische Poesie hervorgebracht hat; dem Einsichtigen ist sie zugleich das Höchste, was die bildende Dichtkunst im Epos leisten kann. Ja es ist hier, als wie in der Jugend des einzelnen Menschen: die Poesie in ihrer höchsten Schönheit scheint. nur in der Jugend der Menschheit und zwar in der Jugend des griechischen Volkes zur lebendigen Erscheinung gekommen zu seyn.

An einen Krieg, den die Pflanzstädte Griechenlands auf kleinasiatischem Boden mit den ältesten Bewohnern Kleinasiens führten, an den trojanischen Krieg knüpfte sich die große epische Dichtung der Griechen an. Viele Dichter behandelten diesen Stoff, da er ein nationaler war: ihre Dichtungen sind untergegangen gegenüber den großen Dichtungen des Homeros: Ilias und Odyssee.

Homer.

Lange nahm man an, Homer habe etwa um das Jahr 900 v. Chr. gelebt; neuere Untersuchungen rücken ihn viel höher hinauf, bis auf die Gränze, welche die mythische und die geschichtliche Zeit Griechenlands scheidet. Sieben Städte stritten sich im Alterthum um den Ruhm, Homer geboren zu haben. Simonides, Pindar und Thukydides sprechen diesen Ruhm dem schönen Chios zu, sie nennen Homer geradezu den Mann von Chios, und ihre Untersuchungen sind wohl die genauesten. Stimmen die Nachrichten über die Vaterstadt Homers auch nicht überein, so weist doch alles auf Jonien als sein Vaterland. Sein Leben hat die Sage mit Abentheuern, Seereisen, Wanderungen im Bettlerkleid, mit Blindheit und anderem ausgeschmückt. Daß derjenige, welcher die Umrisse aller irdischen Dinge so scharf zu zeichnen vermochte, den größten Theil seines Lebens sehr sehend gewesen seyn muß, versteht sich von selbst. Möglich, daß er im Alter erblindete, möglich auch, daß die Blindheit später nur auf ihn übergetragen wurde von Demodokos, den Homer selbst in seinen Gesängen als blinden Sänger gezeichnet hat. Femios und Demodokos werden von Homer als Sänger genannt, die nicht nur vor ihm gesungen, sondern vor ihm auch namentlich Begebenheiten des trojanischen Krieges besungen haben.

Es waren epische Dichter vor Homer, wohl viele; und Homer war nur der größte, der genialste unter ihnen, der die Reihe der alten epischen Dichter abschloß, und die Gesänge, sowohl seine eigenen, als die anderer vor und neben ihm, welche das Nationalunternehmen, den trojanischen Krieg besangen, zur Höhe epischer Vollendung ausbildete.

Denn die Ilias und die Odyssee, die Gesänge des Kampfes und der Heimkehr, die beiden großartigen Epen, die jetzt Homers Namen tragen, sind nicht von einem und demselben Dichter. Gleich ist in beiden Epen die reine Objectivität, die Klarheit, die Ruhe, die Wahrheit, die Sprache, die lebenvollen Umrisse, das Ebenmaaß der Schilderung. Aber in der Odyssee sind Gestalt, Costüm, Farbe der Götter, das Schattenreich, der Olymp und der Götterbote anders als in der Ilias; die Odyssee zeigt eine fortgerückte Lebensart, fortgerückte Sitten und Begriffe, Künste und Kenntnisse der Menschen, gegenüber demjenigen, was davon die Ilias zeigt. Der Geist, die Weltanschauung ist in beiden Epen nicht durchgängig gleich; nur der epische Kunstbau in beiden ist gleich.

Ja nicht einmal die Ilias für sich selbst ist so, wie wir sie haben, von Einem Dichter; eben so wenig die Odyssee. Jedes dieser Gedichte scheint aus einigen großen für sich Bestand habenden Stücken zusammengesetzt, und diese scheinen wieder, wo Lücken blieben, durch kleinere eingeschobene Stel=

len aneinander gefügt. Die Ilias und die Odyssee erhielten ihre zusammengesetzte Länge durch die Zeit.

Die einzelnen zerstreuten Gesänge, wie sie allein zuerst von Homer vorhanden waren, pflanzten sich fort nicht schriftlich, sondern mündlich, durch Absingen. Jahrhunderte lang zogen solche umher, welche homerische Gesänge absangen. Sie hießen Rhapsoden, und diese trugen nicht blos rythmisch das Gegebene vor, sondern dichteten selbst daran fort. Lykurg wird als der erste genannt, der etwa um das Jahr 890 v. Chr. die homerischen Gesänge gesammelt habe. Er nahm sie auf aus dem Munde eines oder mehrerer Rhapsoden, lernte sie auswendig, und brachte sie von Jonien aus ins übrige Griechenland zu allgemeiner Verbreitung. Nach ihm wurden durch Solon, durch die Brüder Hipparchos und Peisistratos, die zuerst das Ganze der Ilias und Odyssee niederschreiben ließen, durch Aristoteles, den großen Philosophen, Ueberarbeitungen, Zusammenordnungen, Ergänzungen und Fortführungen mit diesen Gedichten vorgenommen: zuletzt erhielten sie durch die Philosophenschule zu Alexandria eine kritische Sichtung und diejenige Gestalt, in der wir sie jetzt haben.

Demnach hat sich der künstlerische Ausbau des homerischen Epos erst mit der fortrückenden griechischen Bildung gemacht, was um so leichter war, weil ein lebendiger Zusammenhang der einzelnen Rhapsodien oder Gesangstücke schon durch die Sage gegeben war, aus der sie die Fäden ihres Gewebes gewonnen hatten. Homer selbst rühmt am Gesange als die wesentlichen Vorzüge Maaß, Verhältniß und Ordnung. Diejenigen Stücke, an denen man diese Vorzüge noch bis in die kleinsten Theile hinaus gewahrt, gehören gewiß Homer an, und er ist dadurch das Urbild alles reinen vollendeten Gesanges für die Griechen geworden. In ihm stellen sich schon die vier Grundtugenden, welche die altklassische

Poesie auszeichnen, rein vor's Auge. Die erste dieser Grundtugenden ist das Plastische oder Objektive. Alle Gestalten erscheinen bei ihm voll Körper und Bewegung auf der Erde, ihre Umrisse zeigen die schärfste Bestimmtheit bei weichster Zartheit: da ist weder Hartes, Eckiges, noch Verschwimmendes und Zerfließendes. Des Dichters Auge hat Alles lebendig aufgefaßt, und was er in's frische, feurige Auge aufgenommen hat, das giebt er so wieder, die Sache, Nichts als die Sache, niemals sich selbst. Der Dichter verliert sich ganz an seinen Gegenstand, nichts Subjektives mischt er ein, niemals spricht er, nur die Sache spricht; es ist reine unmittelbarste Darstellung. Die zweite Haupttugend ist die Idealität seiner Gestalten, der Adel, mit dem das Reinmenschliche erscheint. Die dritte Haupttugend ist die heitere göttliche Ruhe, die über Homer's Gedichten liegt, wie der blaue, selig stille Himmel Joniens über der bewegten Welt. Mit ruhiger Besonnenheit ordnet der Dichter die Personen und Dinge, die niemals ruhen, sondern immer in lebendiger Bewegung und im Fortschritt sind. Und die vierte und letzte Grundtugend ist die sittliche Grazie, mit der Homer, nach Jean Paul's Ausdruck, ein zartes scharfes Licht auf jeden Auswuchs, auf jeden Frevel, so wie auf jede heilige Scheu und Sitte fallen läßt.

Musik, Silberlaut ist Homer's Vers: kein Vers der Welt hat diesen übertroffen oder nur erreicht. Alles ist in seinem Gedicht durchsichtig und doch so fest, so greiflich, so lebendig gegenwärtig vor Augen. Form und Gehalt sind in so reiner Harmonie, wie kaum noch bei einem späteren Dichter, ausgenommen Sophokles und Shakspeare, Dante und Göthe, wiewohl von allen diesen keiner den alten Homer in Demjenigen ganz erreicht hat, was man im eigentlichsten Sinn plastisch und objektiv nennt, keiner läßt so rein und kräftig die Gestalten vor's Auge treten.

Freilich durfte er nur sehen und was er sah wiedergeben, das große Dichterauge vorausgesetzt. Denn das Land, das er vor seinem poetischen Auge hatte, ganz Griechenland war poetisch in Himmel, Erde und Meer, in der Schönheit des Menschen, des Baumes und der Blume. Griechenland, das alte glückliche Griechenland, war gerade zwischen Nord und arabischem Süden dasjenige Land, von dem Jean Paul unübertrefflich sagt, daß es begeisterte, ohne zu berauschen, und daß seine Zauberthäler weiche Wiegen der Dichter gewesen seyen, von denen ein leichtes Wehen und Wogen an das süße Jonien geleitet habe, in den schaffenden Edengarten des Dichteradams Homer.

In diesem Klima wuchs auch die Phantasie weder nordisch noch arabisch auf, sondern in jenem schönen Maaß, welches so erquicklich wohl thut an Homer und an aller griechischen Kunst.

Man hat die altgriechische Religion, die homerische Götterlehre Unvernunft genannt, aber mit Recht hat W. Schlegel entgegnet, diese Unvernunft sey über Alles reizend, sie habe Homer's Dichtung mit der blühendsten Manchfaltigkeit bereichert, und Nichts sey für die Poesie günstiger gewesen, als diese lebendig geglaubte, unwillkürliche Dichtung der kindlichen Menschheit, wodurch sie die Natur zu vermenschlichen strebte. Allerdings, da mußte und konnte allein die Poesie durchaus plastisch seyn, wo die Götter selbst rein menschlich gedacht und geglaubt wurden, und Homer's eigene Religion war vor, mit und nach ihm Jahrhunderte lang Volksglaube. Und dieser Volksglaube war eine so heitere Religion, so heiter für Aug' und Herz; Tänze und Spiele und alle schönen Künste waren Götterdienst und den größten Theil des Jahres füllten Feste.

So trat jeder Gott im Gedicht auf, wie er vom Herzen des Volks geglaubt wurde; und hinwieder wurde der Gott so vom Volke geglaubt, wie ihn der Dichter ihm vor's Auge führte.

Waren Homer's Götter menschlich, so waren seine Helden göttlich, und gleich groß war in ihnen die Heldenkraft und die Anmuth der Sitte. Achilles in Zorn und Schlacht furchtbar, hat die zärtlichsten Regungen der Liebe und der Freundschaft, er liebt süße Gesänge, weint am Busen der Mutter, und weint, wie der alte Priamos vor ihm kniet, dem er den Sohn erschlagen; selbst da, wo er in der Schlacht den Jüngling, der um sein Leben fleht, niederstößt, bleibt er menschlich und spricht Worte, die mit ihm versöhnen. So gießt Homer durch die Adern aller seiner Heldengestalten die Harmonie und die sittliche Anmuth, die ihm selbst in der Seele waren. Ebenso, was man nur zu oft mißkannt hat, faßte Homer das Bild der Weiblichkeit rein und wahr, und stellte es dar in den schönsten Zügen. Der Orient und die orientalische Poesie faßten das Weib zu unwürdig, zu materiell: die griechische Poesie ist auch dadurch vorzüglich so schön, daß sie reine Ideale der Weiblichkeit aufstellt, und daß auch hierin Homer allen vorangeht. Natürlich jene krankhafte Sentimentalität, womit spätere Poesieen abendländischer Völker das schöne Geschlecht zum Mittelpunkt nahmen, und das Liebesunglück und die Vergötterung der Damen das Alles in Allem der Poesie und des Lebens wurden, darf man von Homer und den Griechen, wo alles Wahrheit und Natur war, und Fülle der Gesundheit, nicht erwarten. Aber eine Frau, die schöne Helena, ist die Veranlassung zu dem Kriege, welcher die Grundlage von Homer's Epos abgibt. Helena und Penelope sind nicht blos schöne würdige Gestalten, sondern sie sind das innerste Motiv der beiden homerischen Gedichte: um sie läßt Homer sich die Götter- und Heldenwelt bewegen; sie sind das Ziel der Sehnsucht und der Kampfpreis. Helena's Schönheit entzündet eine Welt, sie ist die Weiblichkeit, um die sich der Kampf dreht: Penelope ist das Weib der Häuslichkeit, der Treue, der siegenden weiblichen Tugend. Stellt sich in Helena der Triumph der Schönheit dar, so triumphirt in Penelope, wie sie ihre Hoffnungen und ihre Sehnsucht und ihren Gram um den so lange fernen Mann ihres Herzens und ihrer Jugend Tag und Nacht in ihr Gewebe einwebt, der sittliche Adel der Weiblichkeit; sie ist das Weib im züch= tigen Schleier. Und Nausikaa, neben dem Ideal eheweibli= cher Reinheit und Tugend, neben Penelope das Ideal jung= fräulicher Unschuld und häuslicher Thätigkeit — wo ist was Zarteres, als wie Homer die ersten Gefühle der Liebe, die in Nausikaa's Herzen sich regen, nicht ausmalt und beschreibt, sondern andeutet und mit ein paar Zügen Alles sagt? wo was Naiveres? Und eben so herrlich, mit wenigen Strichen gemalt, ist der Auftritt, wo der vielgeprüfte Dulder Odys= seus seine treue Gattin endlich wiedersieht und von ihr er= kannt wird. Wo ist was Edleres und Schöneres, als die Schilderung der Freude dieses Wiedersehens, in ein paar Worten? Und hat Homer in diesen Gestalten, so wie in der liebenden und starken, in der hohen Andromache das Weib geschildert in seiner Freiheit und Selbstständigkeit, wie in seiner Fügsamkeit und Aufopferungsfähigkeit, in seiner Stärke und seiner Zartheit, in seiner Größe und seinem Lieb= reiz, und zwar überall nur in wenigen Zügen, aber eben so voll Kunst und Natur zugleich, daß in diesem Wenigen das Ideal der Weiblichkeit, in solchen kleinsten Zügen, die Kraft, die Zartheit, die Schönheit des ganzen Charakters erkannt und empfunden wird: so besingt er auch eben so schön die göttliche Kalypso und die dunkle Zaubermacht der Circe, die Weiblichkeit in der gefährlichen Macht des sinnlichen Genusses.

Hoch poetisch ist auch Homer's Sprache, überall ist bild= licher Ausdruck und durch ein einziges Beiwort malt er oft eine ganze Gestalt; dabei ist sie ganz volksthümlich, ganz kunstlos, aller Welt mundgerecht. Der Vers ist der Hexameter, der fortan das heroische Versmaaß blieb.

Nach dem Namen Homer's nannten sich die nachfolgenden epischen Dichter Homeriden, seyen diese nun ein Geschlecht oder eine Schule, oder keines von beiden: die meisten gebar Chios. Ton und Geist ihrer Gesänge hat noch viel von der Poesie Homer's: sie sind es, von denen die Hymnen stammen, die auf Götter gedichtet sind und die den Namen Homer's tragen. Herrlich ist der alte, wohl nicht lange nach Homer gedichtete Hymnus auf den delischen Apoll, voll Tiefsinn und Anmuth der auf die Demeter, reizend der auf die Aphrodite. Auch das gemeine Leben behandelten sie episch: dahin gehört das drollige Gedicht von dem Kriege der Frösche und Mäuse. Manches, dessen hohen poetischen Werth die größten späteren Dichter und Philosophen bewunderten, wie das scherzhafte Epos Margites, ist für uns bis jetzt nicht wieder aufgefunden.

Hesiod, der jedenfalls über ein Jahrhundert jünger als Homer ist und im neunten Jahrhundert v. Ch. lebte, ist nur bedeutend als Lehrdichter, aber ohne Schönheit und Eigenthümlichkeit der Poesie: Großes ist in seinen Lehrgesängen, aber das Große selbst ist roh. Er besang die Geburt der Götter und der Welt und den Kampf der Titanen. Nach ihm kamen die sogenannten cyklischen Dichter, welche die Stammsagen besangen, mehr geschichtlich als dichterisch nach den erhaltenen Spuren; auch sie sind verloren gegangen. Es waren ihrer viele. Die Lehrdichterei, die unter dem Namen Orphischer Hymnen sich bekannt machte und uns theilweise erhalten ist, gehört in diese Zeit. In der Fabel zeichnete sich Aesop, der als Sclave zu Samos lebte, im sechsten Jahrhundert v. Ch. aus. Dann folgten die Lehrgedichte der pythagoräischen Schule; es kamen des Xenophanes, des Parmenides und des Empedokles Lehrgedichte über die Natur der Dinge, Alles für uns verloren, bis auf Bruchstücke.

Lyrische Poesie.

Die Anfänge der Lyrik sind natürlich so alt wie die Anfänge des Epos: aber die Entwicklung der Lyrik zur Kunst trat in Griechenland erst ein, als die Blüthe des Epos schon vorüber war. Die Lyrik der Griechen ist ganz Musik: die lyrischen Gedichte wurden auch unter Begleitung musikalischer Instrumente vorgetragen. War das Epos Homer's ganz objektiv, so war die Lyrik ganz subjektiv, der Dichter sang sein eigenes Herz, was er jeden Augenblick lebendig fühlte, seine Freude, seine Sehnsucht, seinen Genuß, oder auch, und zwar noch mehr, seine Vaterlands=, seine Freiheitsbegeisterung, denn ein großer Theil der griechischen Lyrik ist politisch und dient zur Verherrlichung der Nation oder ausgezeichneter Männer derselben und ihrer Thaten.

Die reichste Einbildungskraft, die klarsten wie leidenschaftlichsten Bilder zeigten die jonischen Lyriker. Kalinos aus Ephesus wurde um's Jahr 777 v. Ch. der Vater der Elegie. Tyrtäus, um's Jahr 680, aus Milet in Jonien, später Bürger in Athen, ist durch seine Kriegslieder berühmt. Ueberaus schön sind die Elegieen des Mimnermos aus Kolophon, des Sängers unglücklicher Liebe. Mit Weinreben und Rosen das Haupt bekränzt, besingt Anakreon aus Theos, auch in Jonien, die flüchtige Lust des Augenblicks in leichten süßen Liederbildern. Leider sind uns nur ein und siebzig Lieder und Ueberschriften davon erhalten, in Anakreon's Geist, wenn auch nicht alle von ihm. Er lebte zur Zeit und theilweise am Hofe des Polykrates, des Fürsten von Samos, auch zu Athen bei Hipparch, dem Fürsten, den die zuvor und nachher freien Athener Tyrann nannten. Das Epigramm wurde frühe ausgebildet, bald fröhlichen, bald ernsten Sinnes; eben so das Spruchgedicht. Im letzteren berühmt ist Theognis. Das Epigramm lebte so recht im Leben, wie überhaupt die lyrische Poesie jetzt Alles aussprach, was den Menschen nicht nur als Menschen, sondern auch als Glied des Staats und der Gesellschaft bewegte. Die Form des Epigramms, wie der meisten späteren Elegien, war das Distichon aus Hexameter und Pentameter bestehend. Der größte darin ist Simonides. Er bildet durch seine höchst geistigen, auf politische Männer und Thaten gedichteten Epigramme eine wahrhaft großartige Erscheinung.

Die äolische Lyrik zeichnet sich vor der jonischen durch Tiefe und Gluth des Gefühls aus. Zu Lesbos vorzüglich blühte die äolische Poesie frühe auf, dort wurde sie an den Festen geübt und war dadurch heilig, selbst Mädchen und Frauen nahmen daran Theil, namentlich der Sapphonische Verein. S a p p h o lebte, ein weiblicher Genius der Poesie, um das Jahr 600 v. Chr. Man verwechselt diese größte Dichterin Griechenlands und wohl aller Zeiten gewöhnlich mit einer sentimentalen Sappho, welche aus Eressos war, auch dichtete, aber viel später lebte und aus Liebe zu einem gewissen Faon ins Meer sich stürzte. Der großen Sappho Lieder waren nach dem Urtheil der größten Griechen einzig in ihrer Art durch Tiefe und Leidenschaftlichkeit der Empfindung, durch Gluth und Schwärmerei der Liebe und durch den Zauber des Wohllauts ihrer Versmaaße, die sie neu erfand, durch Begeisterung, zarte Hoheit und süßeste Klage der Sehnsucht bei gesundester Kraft. Warum hat das Schicksal diese herrlichen Gesänge der Nachwelt nicht gegönnt? Nur durch den Zufall, daß ein Grammatiker der späten Zeit die Musik des Versbaus daran erläutern wollte, ist uns eine Ode von ihr ganz erhalten, und ein Redner hat uns den Anfang einer andern als ein Beispiel des Erhabenen überliefert. Mit und neben ihr hatte Ruhm in der Dichtkunst ihre Freundin Erinna, und der große Dichter Alkäos, ihr Freund; so wenig als von Erinna, ist von Alkäos etwas auf uns gekommen, nur die Zeugnisse der Griechen und Römer, die den Alkäos wegen seiner herrlichen Lieder preisen.

Der dorische Stamm der griechischen Nation hat an Alkmann, der um 670 von Sardes in Lydien, wo er geboren war, nach Sparta kam, seinen ältesten Dichter: er ist der Schöpfer des Chorgesangs. Der schon genannte Simonides, aus Keos, der von 559 bis 469 v. Chr. lebte, war auch groß, ja der hinreißendste in der Elegie; noch haben wir von ihm ein Bruchstück, den Klagegesang der Danae: Ausgestoßen von den Ihrigen, weil sie sich dem Vater der Götter in Liebe hingab, treibt sie im Kasten auf wild empörtem Meere, ihren schlummernden Knaben mit einem Arm umschlingend, und strömt ihre Klage, bezauberndste Töne des Schmerzes, aus der Seele in die See hinaus.

Die Dichterinnen Prarilla, Telesilla, Korinna, die Dichter Arifron und Timokreon und der große Dithyrambendichter Lasos sind bis auf ihren Namen und wenige Reste untergegangen. Selbst von dem größten Odendichter der Griechen, von dem Schüler der Korinna, von Pindar ist nur Weniges uns geblieben. Pindar, zu Theben geboren, lebte von 520 v. Chr. bis gegen 490. Pindar hat viele Werke höchsten poetischen Gehaltes gedichtet, im dorischen Dialekt, und er war groß in allen Formen der Lyrik, nur in der Elegie war er kalt. Der größte Theil auch seiner Gesänge ist für uns verloren, wir haben nur noch fünf und vierzig Siegeshymnen von ihm, und einige Bruchstücke.

Pindar dichtete diese Hymnen zunächst zur Verherlichung der Sieger bei den Kampfspielen zu Olympia und anders wo. Diese Kampfspiele waren religiöse Volksfeste und der Gott, zu dessen Ehren sie gefeiert wurden, gab dem Sieger den Sieg, und so feierte Pindar mit dem siegbekränzten Sterblichen auch den siegverleihenden Gott. Pindars Hymnen beginnen darum meist mit Adlerflug in die Höhen des Gött=

lichen, mit Gebet, mit religiöser Erhebung, und der feierliche
Ton des Eingangs bleibt Grundton des ganzen Gesanges.
Er besingt den einzelnen Sieger, dessen Haus, Ahnen, Vater=
stadt, und schwingt sich dann wieder plötzlich vom Einzelnen in
das Allgemeine und Ideale auf, dann wieder herab auf seinen
Sieger, und da Ein Ton durch das Ganze geht, so ist trotz der oft
gewaltsamen Uebergänge jede seiner Oden ein in sich ge=
schlossener Kranz von sattestem Laub und herrlichsten Blumen,
ein vollendetes Kunstwerk. Ueberaus großartig und kühn
sind seine Bilder und scharf umschnitten; seine Sprache wie
seine Gedanken, seine in den Kranz künstlich eingeflochtenen
Sittensprüche und allgemeinen Sätze, sind voll Kraft und
Gedrungenheit. Oft ist er dunkel, aber nur für uns durch
seine häufigen kurzen Anspielungen, nicht für seine griechischen
Zeitgenossen, denen alles, was uns jetzt fremd und unbekannt
in seinen Anspielungen ist, lebendig vor Augen oder vor der
Erinnerung stand. Was man gemeinhin in neuerer Zeit
Pindarisch nennt, einen dunkeln, gemachten Dithyrambenton,
ein wildes, Ruh und Ordnung verhöhnendes Thun und
Brausen in Bildern, Gedanken und Worten, was Begei=
sterung und erhabener Schwung seyn soll: von dem allem
weiß Pindar nichts. Feierliche Ruhe mitten im Schwung,
und in großer Kraft ein sanfter Geist und Helle und Heiter=
keit sind Eigenschaften seines Liedes. Ueber seinen Tod schwan=
ken die Angaben; die einen lassen ihn sechs und sechzig, die
andern achtzig, einige neunzig Jahre alt werden. Von sei=
nem Leben ist fast nichts bekannt: er lebte in der schönsten
Zeit Griechenlands, wo das öffentliche Leben blühte, ge=
gründet auf Glauben und Tugend, auf Vaterlandsliebe, Na=
tionalgefühl und Ehre, auf edle Kunst und Wissenschaft. In
so regem öffentlichem Leben trat das Privatleben auch des
größten Einzelnen von selbst zurück. Sein Vater war ein
Flöten= und Leyerspieler, und die Sage dichtete im Mund

des griechischen Volkes, als es seine süßen Gesänge vernahm, eine Biene habe dem Kinde Honig in den Mund getragen. Nicht berühmt, fast heilig gehalten war sein Name bei den Griechen nach seinem Tode. Das Haus, worin Pindar seine heiligen Gesänge gedichtet und so oft sich bis zu leuchtenden Ahnungen des Göttlichen erhoben hatte, wurde nie von einem Sieger angetastet, weder von den Spartanern, als sie alles umher plünderten, noch von dem Macedonier Alexander; als er ganz Theben zerstörte, sorgte er, daß die ehemalige Wohnung Pindars unversehrt blieb als ein Heiligthum.

Noch Pindars Zeitgenosse, wiewohl nur wenige Jahre noch, ist Bakchilides, von der Insel Keos, ein Verwandter des Simonides. Seine Muse ist voll Heiterkeit und gefälliger Anmuth, noch immer groß in Bildern, wiewohl er Pindars hohen Flug nicht erreicht. Von seinen Siegesliedern und andern Gesängen sind nur Bruchstücke auf uns gekommen. Er steht an der Neige der dorischen Kunst, als der letzte große Lyriker. Von da an verliert sich die Einfalt und Hoheit ins Schwülstige und Uebermachte.

So wurde die Hymne, der Dithyramb, die Ode, der Sieges= und Trauergesang, wie das Lied der Liebe von der griechischen Lyrik gepflegt. Man hat gesagt, das eigentliche Lied habe bei den plastischen Griechen im klassischen Alterthum nicht recht zur Blüthe kommen können, weil das Wesen des Liedes die Innigkeit sey. Aber wenn wir die verlorenen Lieder der Sappho hätten, die verlorenen Lieder so vieler anderer, so würde das Urtheil wohl anders ausfallen. Selbst an das Neueste und Herrlichste gehalten, haben die wenigen erhaltenen Liederlaute der Sappho an Zartheit, Seelengluth, Feuer des Worts, Musik und Idealität gegen nichts zurück zu stehen. Anders auch würde man urtheilen, wenn uns der große Reichthum des altgriechischen Volksliedes erhalten wäre.

Denn neben der Kunstlyrik der Griechen gab es eine reiche Volkslyrik, was sich bei einem so durch und durch poetischen Volke eigentlich von selbst verstünde, wenn wir auch nicht durch ausdrückliche Zeugnisse und Anführungen der alten Grammatiker es wüßten. Ganz Griechenland sang, gesungen wurde im Pallast und in der Hütte, im Zelt des Kriegers, auf dem Felde, auf dem Schiff, an der Wiege, wie im Tempel und bei religiösen Festen. Wie uns ausdrücklich die Grammatiker berichten, so gab es viele berühmte Lieder, die bei Tisch, bei Gastmahlen gesungen wurden; Ammen= und Wiegenlieder, welche die Zärtlichkeit sang, die Kinder in Schlummer zu singen; Herbstlieder, welche die Winzer sangen beim Traubenlesen und Keltern; Hirtenlieder, die der Hirte sang im Schatten der Bäume auf der Waide; Erndtelieder, die der Schnitter sang beim Schneiden und der Drescher in der Scheune. Es sang sein Volkslied der Tagelöhner; sein Volkslied sang der Matrose an der Ruderbank, beim Landen und beim Scheiden; es klangen die Lieder in der Mühle beim Mahlen, im Backhaus beim Brodbacken. Der Grieche sang sein Badelied, wenn er sich zu baden, in den Strom stieg oder in die Badwanne. Es sangen die griechischen Frauen und Mädchen am Webstuhl beim Weben; sie sangen beim Spinnen der Wolle und des Leins; sie sangen beim Wasserholen, wenn sie schöpften oder das Rad am Brunnen drehten. Es hatte das Volk sein Volkslied der Freude und des Leids für alle Fälle des Lebens, und der Bettler=Lieder selbst, dieser Volkslieder aller Nationen, hatten die Griechen viele, und zwar nachweisbar verschiedene Klassen davon.

Wo sind sie hingekommen die schönen Volkslieder der Altgriechen? Bis auf wenige Reste eben dahin, wohin so viele Schöpfungen poetischer Kunst gegangen sind. Nicht ver= gessen wurden sie, sondern vernichtet; aufgespürt, zusammen gesucht und dann zerstört von unrecht angebrachtem religiösem

Eifer. Im dritten und vierten Jahrhundert v. Chr. waren sie noch vorhanden: von da an arbeitete und mühete sich falsche christliche Frömmigkeit, wie sie die großen unersetzlichen Werke der altgriechischen Bildhauerkunst mit dem Hammer zerschlug, auch die altgriechischen Gedichte, so vieler sie habhaft werden konnte, als heidnisch zu vernichten, um dafür Mönchsgedichte, christlich-gottselige nach damaliger beschränkter Einsicht einzuführen. Jetzt wüßte das wahre Christenthum, das helle und erleuchtete, es anders: es mühet sich auch jetzt die letzten Trümmer der einst so verfolgten altherrlichen Kunst aufzuspüren und zu retten. Freilich wird wenig mehr gut zu machen seyn.

Dramatische Poesie.

Das Epos hatte längst die Höhe der Vollendung erreicht; die griechische Lyrik stand in ihrer schönsten Blüthe; als diejenige Form der Poesie, worin sich Episches und Lyrisches innig verschmelzen und dadurch zu harmonischer Vollständigkeit und Einheit gelangen, das Drama hervortrat, und zwar zuerst so unvollkommen, wie die Anfänge weder des Epos noch der Lyrik waren. Dann aber nahm es so schnellen Fortgang und entfaltete sich in wenigen Jahrzehnten so groß und schön und dabei so reich und mannichfaltig, daß fast noch mehr als wegen Homers, Griechenland wegen seines Dramas, seiner Tragödie und Komödie, bewundert worden ist und bewundert werden wird. Das griechische Drama in seiner Idealität, in seiner Kunstvollendung steht einzig da: es gleichet ihm nichts in dieser Hinsicht weder vorher noch nachher. Und hätten auch, worüber zu streiten wäre, andere spätere Völker Schauspiele aufzuweisen, die durch andere Vorzüge das griechische Drama überwögen: so hat doch keine Nation auch nur annähernd das, was die griechische Komödie ist, vorab die des Aristophanes. Die dramatische Kunst hat man mit Recht die männliche Poesie der Griechen geheißen, wie man von der epischen Poesie gesagt hat, sie vereinige die Unbefangenheit des Knaben mit der Erfahrenheit und dem sichern Blick des Greisen, und wie man die lyrische Poesie mit dem Gefühlsleben der Jugend verglichen hat. Und wie, überraschend schnell und doch stetig, in organischem Wachsthum die höchste Hoheit griechischen Lebens unter der Burg der Göttin der Weisheit und Kunst, in Athen, vor ganz Griechenland, das öffentliche Leben der Freiheit sich entfaltete: so war auch hier, in Athen allein der Boden, wo die höchste Blüthe der Poesie gedieh, das Drama, und sonst nirgends in ganz Griechenland. So zeigt sich auch hier der wunderähnliche Einfluß, den die Volksfreiheit auf die Blüthe der rein menschlichen Kunst äußert, und wie diese letztere in ihrer Entwicklung mit dem öffentlichen Leben Hand in Hand geht; auf und ab, und unter, beide mit einander. Derjenige Staat in Athen, in welchem die Volksfreiheit ihre vollste Entfaltung fand, ist es auch, dem das Drama ganz eigenthümlich angehört: Athen ist die Wiege, die Schule, das Siegesfeld und das Grab des griechischen Dramas.

Es war überaus günstig, daß, was nicht rein poetisch, nicht rein dem Reich des Schönen angehörig war, so frühe bei den Griechen sich ausschied und sein besonderes Gefäß in irgend einem Theile der Wissenschaft fand; und dann war es freilich ganz eigenthümlich, daß ein griechischer Dichtergeist nicht wie später von der Philosophie zersetzt, sondern harmonischer gestimmt wurde; die griechische Philosophie nahm ihm nicht die Seele, sondern sie bereicherte ihm sogar die Seele, und obgleich dabei die griechische Philosophie viel Ausschneidendes und scharf Umschneidendes hatte, so schnitt sie doch nur eben damit dem Dichter die philosophische Idee für die Dichtung zu, klarst, bestimmtest und begränzt; sie schnitt und schliff den Edelstein des Gedankens für den dramatischen Künstler namentlich, der ihn, wie und wo er ihn brauchte, leicht in die Form der Poesie faßte: nicht der Scharfsinn, sondern der Tiefsinn und der Schönheitssinn herrschte beim Griechen vor im goldenen Zeitalter des griechischen Lebens. Und so nahm das griechische Drama die Blüthen der Weisheit in sich auf, ohne daß die Harmonie der Schönheit darunter litt, die Reinheit der Form.

Der Anfang des griechischen Dramas und sein Ursprung ruhen wie die der andern griechischen Poesie in religiösen Veranlassungen. Die ersten dramatischen Anfänge der Griechen waren religiöse Gelegenheitsgedichte. Die Feste des Gottes Dionysos oder Bacchus wurden mit feierlichen Gesängen, mit Dithyramben begangen. Das ganze Volk war feiernd zugegen, und ein Ausschuß des Volkes, aus dem Volk gewählt, umkreiste singend und tanzend den Altar des Gottes, und trug die Chorgesänge vor. Bekleidet war der Chor mit Bocksfellen. In dieser Verkleidung ahmten sie die Gestalt der Satyrs nach, welche die Göttersage dem Bacchus zu Gefährten gab. An der Spitze des Chors stand ein Vorsänger, meist der Dichter der Chorgesänge selbst. Diese Feste waren alt, und mit dem Fortschritt des Epos und der Lyrik wurden die Festgesänge des Chors lebendiger, sie traten der Handlung immer näher. Der Vorsänger (Chorführer) mischte in den Gesang Erzählung ein, seine Erzählung begleiteten und versinnlichten die übrigen des Chors mit Tänzen und mit Geberdenspiel, und fielen mit Preisgesängen, Chören, zwischen die Erzählung ein. Die Erzählung schritt bald von den Thaten und Leiden des Bacchus durch die ganze Götter- und Heldensage fort, und zog alle alten, national verherrlichten Heroen in ihren Kreis.

Noch waren die Chorgesänge theils heiter-ernst, theils launigt, sinnlich spaßhaft. Bocksgesänge hießen eigentlich die ernsten Chöre, weil, während die Chöre singend den Altar des Gottes umtanzten, dem Bacchus ein Bock, auf griechisch Tragos, geopfert wurde: daher von dem Namen Tragos oder Bock, und Ode oder Gesang, das Wort Tragoidia, Tragödie.

Eben so entstand der Name Komödie. Die sinnliche Seite der Bacchusfeste war ein Schwärmen von Ort zu Ort, wobei man sich Scherz, Neckerei, Spott, Muthwillen, Ausgelassenheit jeder Art erlaubte. So ein schwärmender Zug hieß auf griechisch Komos, und zusammengesetzt mit dem Wort Ode, dem im Schwärmen abgesungenen Gesang, gab er den Namen Komoidia, Komödie.

Außerordentlich beliebt und über ganz Griechenland verbreitet war bald das komische Festspiel, das seine Heimath in dem attischen Flecken Ikaria hatte, und das sehr, wenn gleich nicht der Zeit nach, an unsere Fastnachtspiele erinnert, an den Carneval. Gleich unserm Fasching liefen sie wie toll in allerlei Charakterbildern, die sie durch Vermummung, Geberdenspiel und Reden, singend und tanzend darstellten, zusammen und poetisirten so schwärmend aus dem Stegreif weiter. Und aus diesem alten doppelseitigen Volksschauspiel, aus diesem Ernst und Scherz, erwuchs das griechische Drama.

Da war zuerst der Attiker Thespis, ein Dichter, der im sechsten Jahrhundert v. Chr. lebte, in einem Flecken unweit Athen geboren. Dieser war es, der zuerst den Dialog in den Dithyrambus einführte, und den Vorsänger mit Geberdenspiel und Bewegungen zum Schauspieler machte. Er zog mit einem Karren umher, als erster Schauspieler, der seine Kunst zum Erwerb machte. Auf seinem Karren hatte er alles, was zur Ausstattung der Aufführung gehörte, und durch seine theils tragischen, theils niedrig komischen Darstellungen sammelte er das schaulustige Volk um sich. Neben ihm werden Musarion und Frynichos genannt. Von dem letztern, einem Schüler des Thespis, nennen die Alten drei Trauer=

spiele: die Eroberung von Milet, eine Alkeste und ein Stück
unter dem Namen Fönissen. Es scheint hier schon der Hand=
lung ein bestimmter Stoff untergelegt gewesen zu seyn. Doch
war alles noch sehr unvollkommen.

Aeschylus.

Aeschylus war es, der das Unvollkommene vervoll=
kommnete und die erste wahre Tragödie schuf. In ihm fand
der poetische Geist der Griechen den Mann, der die neue und
vollkommenste Form der Dichtkunst hervorbrachte, die drama=
tische Form, und zwar eben zu der Zeit, da das Epos vor=
über, und in der Lyrik das Höchste geleistet war, und der
schöpferische Geist sich nothwendig von Innen heraus getrie=
ben fühlen mußte, eine neue und höchste Gestalt der Kunst
hervor zu treiben.

Aeschylus gab zuerst ein eigentliches Drama, indem er
außer und neben dem Chor zwei Personen auftreten ließ, die
in der Form des Monologs und Dialogs mit Geberdenspiel
ihr bewegtes Inneres aussprachen, und indem er der Hand=
lung einen bedeutenden Stoff unterlegte.

Aeschylus wurde zu Eleusis in Attika im Jahr 525
v. Chr. geboren. Er zeichnete sich durch seinen Heldenmuth in
den großen Nationalschlachten gegen die Perser bei Marathon,
Platäa und Salamis so sehr aus, daß sein Name unter den
glorreichsten genannt wurde. In einer seiner Tragödien ver=
herrlichte er auch den Nationalsieg, den er mit erstreiten half:
diese Tragödie ist uns erhalten und heißt die Perser. Be=
sonders glänzt darin die Darstellung der Schlacht bei Sa=
lamis.

Von seinen vielen Tragödien haben wir außer dieser
nur noch sechs, nämlich Agamemnon; die Sieben vor Theben;
die Choephoren; die Eumeniden; die Hiketiden und den ge=
fesselten Prometheus. Durch alle diese sieben Tragödien schrei=

tet ein hoher, gewaltiger Geist, große Gedanken leuchten durch das tragische Dunkel und die tiefsten Gefühle windet er aus der Brust hervor. Machtvoll bis zur Erschütterung ist sein Ausdruck und in der Kühnheit der Bilder streift er an die Poesie des Morgenlandes; auch darin hat er etwas Morgenländisches, daß er hie und da übertreibt und pomphaft wird, überschwänglich in Anschauung und Darstellung, nur um die Seele des Zuschauers zu erschüttern. Es wird erzählt, bei der Aufführung seiner Eumeniden habe ein Aufzug des Chors eine solche Wirkung gethan, daß das Volk erschauderte, mehrere in Ohnmacht sanken, Frauen zu früh gebaren. Das gewaltigste Stück unter den sieben ist der Prometheus, obgleich darin nur das unsterbliche Leiden eines Halbgottes dargestellt ist. An einen öden Felsen, dem umkreisenden Ocean gegenüber angeschmiedet, duldet er, weil er das göttliche Feuer aus Liebe zu den Menschen auf die Erde brachte. Die Tragödie stellt des Halbgottes standhaftes Leiden gegenüber dem zürnenden Himmel dar. Der Kern des Tragischen ist hier Poesie geworden.

Agamemnon, die Choephoren und Eumeniden, die zusammen auch die Orestie heißen und die er zugleich miteinander aufführen ließ, gehören zu dem Erhabensten, was die menschliche Fantasie im Worte geschaffen hat: durch alle drei Stücke schreitet das Verhängniß düsterherrlich in einer furchtbaren Größe, vor der die Seele unwillkührlich sich beugt; aber es versöhnt nicht, indem es straft und rächt; es wirft nieder, es vernichtet. Die tragische Erschütterung, nicht die Läuterung und Versöhnung nimmt der Hörer mit weg. An Originalität und Genialität ragen diese drei Stücke hoch hervor unter den griechischen Tragödien. Einzelne Figuren darin, wie die Klytämnestra und Kassandra ragen in das Reich Shakspeares hinein, und im dritten Stück, wo fast lauter

Götter auftreten, hat Aeschylus deren Größe und Erhabenheit meisterhaft gezeichnet.

Jedes dieser drei Stücke hat so wenige Verse, spielt so kurz, daß sie ganz gut auf einmal nach einander gegeben werden konnten: sie würden zusammen für uns ganz gut in ein einziges Stück von drei Akten zusammengezogen werden können.

Der Plan in den Stücken des Aeschylus ist auch äußerst einfach; es fehlt an manchfaltiger Gliederung der Handlung, an Verwicklung und an abgemessenem Fortschreiten; die Handlung steht manchmal still und die Chöre singen sehr lang. Aber diese Chöre sind großartige lyrische Stücke: Aeschylus erscheint darin oft, als spräche aus ihm die gottbegeisterte Stimme des Volkes; jeder Vers ist sinnreich, gedankentief; die Kürze, die Verschlungenheit der Wortfügungen darin macht ihn manchmal dunkel, selbst im Dialog; aber es ist dieß eben die seinem eigenen großartigen Charakter eigenthümliche und von ihm den riesengroßen Gestalten seiner Dichtung geliehene Sprache.

Die eigenthümliche, erhabene Schönheit des Aeschylus kennzeichnen die Alten dadurch, daß sie an ihm seine „furchtbaren Grazien" rühmen. Die Charakteristik geht bei ihm noch nicht ins Einzelne, seine Gestalten sind noch nicht nach allen Seiten hin ausgebildet; aber sie sind fest, wenn gleich nur mit wenigen kühnen und scharfen Zügen entworfen; manches Eck, und manche Härte muß man mit darein nehmen. Die wenigen Personen lassen für ein Auge, das an größere Manchfaltigkeit der Figuren gewöhnt ist, die Tragödien des Aeschylus vielleicht zu simpel erscheinen; betrachtet man sie aber näher, so wird man erstaunen über das Riesengroße dieser Personen und dieser Handlung, so einfach beide sind, und über die Hoheit seiner sinnreichen, gedankentiefen Verse. Seine Stücke tragen noch immer die hängengebliebenen Spuren ihres Hervorgehens aus Epos und Lyrik, aus jenen dionysischen Festchören an sich. Oft noch drängt sich das epische Element unverschmolzen mit dem lyrischen bei ihm hervor.

Noch bis auf seine Zeit war die Bühne, auf welcher gespielt wurde, nichts als ein hölzernes Gerüst. Selbst zu Athen wurde erst, als ein solches Brettergerüst einstürzte, ein steinernes Theater gebaut, und unter des Aeschylus Leitung entwickelte sich nun das Schauspiel schon zu jener vorzüglichen Höhe, die es zur wichtigsten und einflußreichsten Erscheinung für das öffentliche Leben Athens machten. Das Schauspiel setzte sich mit allen andern Künsten in Verbindung und die dramatische Poesie fing nun an zu wirken als die reichste an Mitteln. Das Theater fand hinreichende Mittel zu seiner glänzenden Ausstattung darin, daß es Sache des Staates war und gerade um diese Zeit der Reichthum des athenischen Volkes mit jedem Tage wuchs. Die dramatische Kunst verbreitete sich von Athen aus bald so weit man griechisch sprach. Ueberall erhoben sich prächtige Theater, so schön wie die Tempel, und geräumiger als diese: die Geräumigkeit ihrer Trümmer setzt uns jetzt noch in Erstaunen. Das Theater war unbedeckt, sein Gewölbe war der schöne Himmel Griechenlands; es war in einem Halbkreis gebaut und viele Tausende fanden darin Platz. Im Theater des Bacchus zu Athen wurden oft große Volksversammlungen gehalten. Die Scenerie blieb immer einfach: dem kunstsinnigen Griechen galt die Poesie mehr, als Aeußerlichkeiten. Wie Aeschylus den Schauplatz für die darzustellende Handlung eingerichtet hatte, angemessen aber einfach, so blieb es, so lange die dramatische Poesie blühte: erst als sie verfiel, wurde die Scenerie prächtig.

Reste von den herrlichen Mahlzeiten Homers nannte Aeschylus selbst seine Tragödien: so groß dachte er von Ho=

mer, so bescheiden von sich. Ferne vom Vaterland, unweit Gela auf Sizilien, ist sein Grab. Wenigstens sechzig Jahre alt war er, als er seine Orestie auf die Bühne brachte. Ein ungerechtes Urtheil, als er auch wieder mit diesen Tragödien um den Dichterpreis rang, und der Kranz nicht ihm, sondern einem Jüngling zugesprochen wurde, soll ihn vom Vaterland hinweggetrieben haben. Er weihe seine Stücke der Zeit, sprach er, ging nach Sizilien und starb daselbst.

Sophokles.

Aeschylus hatte die Tragödie auf einen hohen Punkt gebracht, er hatte sie dem Ziele der Vollkommenheit nahe geführt; dieses Ziel, die höchste Vollendung, erreichte sie aber erst durch Sophokles. Das war der Jüngling, welchem Aeschylus in seinem letzten Wettstreit den Kranz hatte überlassen müssen.

Sophokles war geboren in dem Gau und dem Flecken Kolonos in Attika im Jahr 497 v. Chr. Der Flecken Kolonos war einer der anmuthigsten Bezirke von Attika, eine viertel deutsche Meile nördlich von den Mauern des alten Athens. Lichthell nennt ihn Sophokles selbst, und noch in später Zeit, in unsern Tagen, während das übrige Attika fast wüste lag, war Kolonos, die Wiege des Sophokles, durch die Schönheit seiner Natur berühmt und an den Ufern des schnellfließenden Kefissos, der sich noch heute durch den von Sophokles verherrlichten Olivenwald in mancherlei Biegungen mehrarmig windet, zeichnen sich über schönem grünem Boden im glänzendblauen Himmel ab die Thränenweide und die Pappel, der Wallnußbaum und die Granate, die Orange und die Limonie, die Mandel und die Feige, und andere edle Bäume, in seltener Höhe und Vollkommenheit. So hat die Natur den Ort in seiner ursprünglichen Jugendschönheit erhalten, von welchem die Seele des größten dramatischen Dichters der alten Welt ihre ersten Eindrücke empfing, um sie in seiner Dichtung wiederzuspiegeln.

Hier in diesem Flecken wohnte der Vater des Sophokles; er hieß Sophilos, und war seines Handwerks ein Schmied, bemittelt genug, um den Sohn Alles lernen zu lassen. Viel vereinigte das Glück über Sophokles Haupt: sorglos war seine Jugend; sein Leben fiel ganz, von Anfang bis zu Ende, in die Zeit der Größe seines Vaterlandes; und zu seinen Besitzthümern war ihm die höchste Gabe der Dichtkunst und endlich noch so seltene Schönheit des Leibes gegeben, daß er, der Siebzehnjährige, zum Führer des Jünglingsreigen ausersehen wurde, welcher nach der Schlacht bei Salamis um das errichtete Siegeszeichen nach griechischer Sitte nackt die Festtänze und den Festgesang aufführte, und welcher aus der Blüthe der attischen Jugend ausgewählt worden war: hier tanzte Sophokles als der Schönste der Schönen, auf der Leier spielend, vor, und seine Schönheit, seine Tanzkunst und sein Leierspiel erwarben ihm den ersten Beifall von seinem Volke. Aber der hohe, edle Geist, der in ihm war, griff und rang nach einem höheren Kranze, der ihm bald wurde.

Nachdem er sich an dem Vorbild des Aeschylus zum tragischen Dichter im Stillen herangebildet hatte, trat er in seinem 26. Jahre mit drei Tragödien öffentlich gegen ihn in die Schranken. Es waren sechzehn Jahre verflossen, seit Aeschylus den ersten Siegespreis im Theater gewonnen hatte. Um mit seinem großen erfindungsreichen Vorgänger sich messen zu können, hatte Sophokles einen neuen Weg eingeschlagen. Er brachte nicht wie Aeschylus drei unter sich zusammenhängende, gleichsam nur Eine Tragödie bildende Stücke, sondern drei verschiedene Tragödien von verschiedenem Inhalt auf die Bühne, um durch Manchfaltigkeit der Dichtung und der Anschauung im Vortheil zu seyn. Der Wettkampf dieses Tages war der großartigste und merkwürdigste in der Kunstgeschichte

Griechenlands und schwieriger war kein Urtheil. Denn nicht zwei Kunstwerke, sondern zwei Dichtarten, und nicht sowohl zwei Dichter als so zu sagen zwei Zeitalter der tragischen Kunst stritten hier um den Sieg, und wenn die Erstlinge eines tragischen Dichters von der edeln Einfalt, Anmuth und Schönheit, wie sie Sophokles zeigte, mit einem wunderähnlichen Zauber alle Herzen anziehen mußten; so stand ihm gegenüber der tragische Großmeister der Zeit, der viele vorangegangene Siege für sich hatte und größer war an Erfindung und Geistesmacht, als irgend ein Grieche nach ihm.

Die Stücke, durch die Sophokles den Preis gewann, sind untergegangen; die Stücke, mit denen Aeschylus unterlag, und für die er sich auf die Nachwelt berief, sind geblieben. Die Zeit hat, was die Erstlinge des Sophokles betrifft, gegen diesen für Aeschylus entschieden. Waren auch die Richter, war das Volk durch die Schönheit des jüngeren Nebenbuhlers, der nach der Sitte bei der Aufführung selbst mitspielte, gewiß nicht unbestochen geblieben, oder hatten sich die Richter nach Erwägung des Für und Wider sich zuletzt für den Jüngern entschieden, um ihm eine Aufmunterung dadurch zu geben, deren der alte Meister nicht bedurfte: so haben sie doch auch recht gerichtet, indem sie, sey es ahnungsvoll, sey es unbewußt, in Sophokles denjenigen krönten, der durch Vollendung der tragischen Poesie in seinen nachherigen Werken ihr Urtheil rechtfertigte, und der am hellsten und reinsten den damaligen Geist des athenischen Volks in sich und seiner Kunst abspiegelte.

Auch Aeschylus war ein Ausdruck des Geistes seines Volkes, aber des Geistes, der dem jetzigen vorangegangen war, des Jugendgeistes. Wie in den großen Nationalkämpfen gegen die Perser, wie in den Revolutionen, welche die innere Freiheit der einzelnen Republiken geboren hatten, ein gewaltiges Aufstreben und Ringen in seinem Volke war, so ist auch in den Tragödien des Aeschylus das Handeln fast überall ein gewaltiges Ringen, ein titanisches Streben, lyrisch leidenschaftlich, jugendlich ungebändigt, heroisch. Und wie nach der Gefahr, nach dem Siege der Geist der griechischen Nation in großartiger schöner Ruhe und Klarheit sich darlegte, nicht mehr nach Außen in wildem Kampf, sondern in sich selbst zurück gegangen und beruhigt: so war in Sophokles und seinen Tragödien dieselbe Ruhe und Klarheit, dieselbe Schönheit, Harmonie und sittliche Tiefe. Wie in ihm das schönste innere Gleichgewicht aller Kräfte war, so drückte sich dasselbe auch in seinen Schöpfungen ab, und das athenische Volk sah sein eigenes Wesen in den Werken des jungen Dichters sich spiegeln. Aeschylus ist der großartig ringende Geist, Sophokles stellt die schöne künstlerische Ruhe und Besonnenheit dar.

So oft sich später Sophokles um den tragischen Preis bewarb, erhielt er ihn; neunzehn Mal noch empfing er den ersten Kranz; noch öfter ward ihm der zweite Preis, bis zum dritten setzte ihn sein Volk nie herab. Er genoß dessen Liebe bis ans Ende seines Lebens, und blieb auch seinerseits dem Volke mit ganzem Herzen zugethan. Wenn er sah, wie sich andere Dichter aus ihrem Vaterland und vom Volke hinweg ins Ausland an die Höfe der Könige begaben, so sprach er seinen Denkspruch: Wer sich zu einem Herrscher aus dem Land begiebt, Der wird sein Sclave, wenn er frei auch zu ihm kam. Aus Begeisterung für das Schöne, das der Dichter auf die Bühne brachte, wählten ihn die Athener, als er eben seine große Tragödie Antigone gegeben hatte, in seinem sieben und fünfzigsten Jahre zu einer der zehen Heerführer in einem Feldzug gegen die Samier, ob er gleich weder Feldherr noch Held war. In seinem Alter, als er im sieben und sechzigsten Jahre stand, wünschten seine Söhne in den Besitz seines Vermögens zu kommen und klagten auf Aushändigung desselben, weil er es aus Geistesschwäche nicht mehr gut verwalte. Da habe, so wird erzählt, der silberlockige Dichter den Richtern seine eben vollendete Tragödie Oedipus in Kolonos oder den Chorgesang daraus, der Athen verherrlicht, vorgelesen, um seine volle Geisteskraft zu beweisen, und die Richter haben ihn im Triumphe zu seiner Wohnung begleitet.

So dichtete Sophokles bis ins höchste Alter, bis er ein und neunzig Jahre alt starb, die einen sagen, vor Freude über einen Sieg auf dem Theater, andere, mitten im Vortrag der Antigone, andere, „als er der Bacchus-Frucht dunkele Beere geschlürft". Hundert und dreißig Tragödien und Satyrspiele, wovon jedoch siebenzehn schon bei den Alten für unächt galten, dazu andere Gedichte hatte er gedichtet. Alles ist untergegangen, wenigstens bis jetzt nicht aufgefunden, bis auf sieben Tragödien: den Ajas; die Trachinierinnen; den Philoktetes; die Elektra; den König Oedipus; Antigone; Oedipus in Kolonos. Wir können auch aus diesen seine ganze Kunsthöhe beurtheilen, denn die vier letzten sind von den Alten als seine vorzüglichsten Meisterwerke genannt.

Schon den Alten galt der in seinen Sitten anmuthige, von allen geliebte, heiter und geistreich scherzende Sophokles als der Vollender der dramatischen Kunst. Er folgte vorzüglich dem Homer, und seine Charaktere sind ideal, wie die des Homer. Die Alten sagten auch, Homer sey ein epischer Sophokles und Sophokles ein tragischer Homer.

Was er in äußerlichen Dingen Neues für die Bühne erfand und einführte, ist nicht bedeutend gegen das, was Aeschylus darin that. Groß aber ist das, was er für die Vollendung der dramatischen Kunst that. Was Aeschylus erfunden hatte, bildete er zur Vollkommenheit aus, milderte, ergänzte, rundete ab. Auch bei ihm sind die Auftritte, die Verwicklung, die Geschichtsfabel noch höchst einfach und schlicht. Am Stoff, wie er ihn aus Homer und der Volkssage ent=

lehnt hat, arbeitet er wenig um; wo er aber ändert, wie im Oedipus in Kolonos, ist die Aenderung ein poetisches Meisterstück, eine wahrhaft ideale Vollendung der Volkssage. Die Charakteristik ist bei Sophokles reicher, die Handlung reger und spannender, das Lyrische des Aeschylus ist bei Sophokles ganz dramatisch geworden; und doch bewegt sich auch bei ihm alles in einfachen Verhältnissen auf engem Raum; man suche bei ihm nicht, wie bei einem neuern Dichter, eine Fülle mannichfaltiger, rasch wechselnder und kontrastirender Auftritte und Personen: nur der Hauptheld, eine oder zwei Personen und der Chor treten zugleich auf. Aber auf dem engen Raum dieser einfachen Verhältnisse bewegen sich die heroischen Figuren in plastischen Gruppen; das Hauptinteresse ruht auf dem Helden des Stücks; in höherer Lebendigkeit, in durchgreifendem Pathos bewegt sich die Handlung, doch stören keine stürmischen Leidenschaften die ideale Ruhe, die über dem Ganzen schwebt; alles Zufällige ist beseitigt, alles Willkürliche weit ab; in einer nothwendigen Kette von Ursachen und Wirkungen schreitet die tragische Handlung zu ihrem Ziele fort; alles ist darauf angelegt, in dem Charakter und Pathos der wenigen Personen die sittlichen Triebfedern, Zwecke und Mächte vors Auge zu bringen, aus deren Gegensatz und Zusammenstoß die Handlung hervorgeht. Kunstreich weiß er alles so vorzubereiten und anzulegen, daß alles natürlich sich vor den Augen des Zuschauers verläuft und nirgends etwas Absichtliches oder Nachschleppendes vorkommt. Der Raum verändert sich nicht; die Zeit, in der die Handlung spielt, ist die kürzeste. Auf demselben Raum, in derselben Zeit, geht die Eine fest in sich abgeschlossene Handlung vor. Das ist es, wenn man von Einheit der Handlung, der Zeit und des Orts bei der griechischen Tragödie spricht.

Aeußerlich geschieht wenig in seinen Stücken; wenig ist bei ihm von dem zu hören und zu sehen, was man Bege=

benheiten nennt; aber gehandelt wird desto mehr, und bei weiser Sparsamkeit der Mittel weiß er als großer Künstler die höchste Spannung, die höchste tragische Wirkung zu erreichen. Einzig ist seine Kunst, eine solche Verwicklung zu dichten, die nur für die handelnden Personen, nicht für die Zuschauer eine Verwicklung ist. In seinem König Oedipus wandelt der Held der Tragödie immer noch fort in der Nacht des Geheimnisses, während der Zuschauer das Licht schon hell und immer heller blinken sieht und mit ahnendem Grauen dem vollen Hereinbrechen desselben entgegen wartet. Mit Recht sagt W. Wackernagel, der diese Bemerkung macht, daß da mehr und reinere Theilnahme an der Handlung und an den Handelnden sey, als wo der Zuschauer mit verwickelt ist, und der Dichter mehr die Neugierde als das Mitgefühl des Zuschauers in Anspruch nimmt. Eben so meisterhaft glücklich ist er in der endlichen Auflösung der Verwicklung, sowohl in dem Wendepunkt der Handlung, da wo die Verwicklung sich zu entwickeln beginnt, und die Auflösung anhebt, als auch in dem letzten entscheidenden Schlag, in dem Kern der Auflösung. So bricht unter dem König Oedipus in demselben Augenblick, wo er erkennt, daß Lajus, den er erschlagen hat, sein Vater, und daß sein Weib zugleich seine Mutter ist, die ganze königliche Herrlichkeit zusammen. Solcher Kunst kann die tiefste Wirkung nie fehlen.

Die auf solche Weise meisterhaft zum Schluß geführte Handlung gewährt dem Gemüth des Zuschauers die vollste Befriedigung. Der Dichter hat darin die sittlichen Gesetze des Lebens anschaulichst und klar herausgestellt: scheint auch dem äußeren Erfolg nach der Held und in ihm die menschliche Freiheit vor der Macht des Schicksals zu sinken und zu erliegen, so siegt der Held doch durch die innere Würde der Gesinnung. Man hat es vielfach bemerkt, daß über die Tragödie des Sophokles eine ernste Milde und eine in dem

Untergang verſöhnende Liebe ausgegoſſen iſt, die oft ſehr nahe an die tiefe chriſtliche Auffaſſung ſtreift. Der Dichter erſcheint auch hier als ein frommer Prieſter der Gottheit, wie er wirklich auch Prieſter an einem atheniſchen Tempel war.

Beſonders noch iſt es der Chor, von welchem aus Sophokles viel Licht der Verſöhnung auf Handlung, Kampf und Ausgang fallen läßt.

Sophokles hat ein eigenes Buch über die Bedeutung des Chors geſchrieben, es iſt aber für uns verloren gegangen. Der Chor in der Geſtalt, zu welcher ihn Sophokles veredelte, vertritt das Volk, und hat mehrfache Vortheile. Die Geſänge des Chors bildeten die Ruhepunkte, das, was beim neuen Drama die Einſchnitte der Akte ſind. Und dieſer Ruhepunkt war wahrlich ſchön ausgefüllt. Der Geſang, von fünfzehn Männerſtimmen des Chors bei Muſik und Tanz getragen, war für das Ohr, die edle Bewegung und Gruppenſtellung des Chors war für das Auge erfreulich; die Geſänge ſelbſt waren kurz in Strophe und Gegenſtrophe, durch Gehalt und Wohllaut der Rythmen ausgezeichnet, wurden mehrmals wiederholt, und ſowohl durch dieſe Wiederholung als dadurch, daß die Geſänge der Meiſterwerke bald Gemeingut waren, machten dieſe Chorgeſänge, trotz ihrer Wortverſchlingungen und Gedrungenheit, leicht ſich verſtändlich. Der Chor ſtand in der Regel ganz außerhalb der Handlung, er war gebildet entweder aus dem Gefolge einer der Hauptperſonen oder aus Einwohnern des Ortes, wo die Handlung vorging. Doch ſtand er in Beziehung zu der Handlung, in lyriſch-dramatiſcher Beziehung. Bei Aeſchylus greift er in den Hetetiden ſogar thätig in die Handlung ein; ſonſt that er dieſes zwar nicht, aber er war doch wie ein Mitſpieler, er war ein Theil des Ganzen; aber unter den Handelnden behauptete er immer ſeine Ruhe und Beſonnenheit. Sprach er mit im Dialog, so war es der Chorführer, der dann im Namen Aller redete. „Der Chor war," sagt Herder, „im eigentlichen Verstande die Zunge an der Wage; was Niemand sagen durfte und sagen mochte, sprach er. Daher war und ist das griechische Theater so bildend". „Den Chor", sagt W. Schlegel, „müssen wir begreifen als den personifizirten Gedanken über die dargestellte Handlung, die verkörperte und mit in die Darstellung aufgenommene Theilnahme des Dichters, als des Sprechers der gesammten Menschheit". Bei Aeschylus noch überwiegend lyrisch, wurde der Chor von Sophokles eben dadurch zu seiner Vollkommenheit gebracht, daß er ihn ganz in Harmonie mit der tragischen Handlung setzte. Bei ihm unterbricht der Chor nicht nur die Handlung, sondern er leitet sie auch weiter; und oft steht er über der Handlung und begleitet den Verlauf der Begebenheiten mit lyrischen Betrachtungen. Was bei ihm der Chor die tragischen Personen leiden oder thun sieht, dieses Einzelne führt er auf die allgemeinen sittlichen Gesetze des Lebens, und auf das allgemein Menschliche zurück. Die allgemeinen Sittengesetze sind aber das Ewige und Göttliche, und ebendarum schlechthin Nothwendige. Daß die ewigen Sittengesetze nothwendig den Sieg behaupten müssen über das endliche Menschliche, und daß nur dieses Göttliche es sey, was siege: das vorzüglich hält der Chor im Bewußtseyn der Zuschauer immer lebendig. Der Chor ist immer weise Mäßigung, Besonnenheit, Betrachtung, er fühlt und urtheilt mit dem nachdenkenden Zuschauer, er spricht den Geist des zuschauenden Volkes aus. Die Sophokleischen Tragödien, wie überhaupt die altgriechischen, verlaufen mit großer Kraft in rascher Folge der Handlung, ohne daß die Zustände weiter ausgemalt würden, weßwegen Schiller die alten Dramen Skizzen genannt hat. Eben wegen dieses raschen Verlaufs bei solcher Kraft tritt der Chor ganz wohlthuend von Zeit zu Zeit dazwischen:

Wie sein Gesang einfällt, wirkt er immer wohlthuend, er giebt die vollste Befriedigung, wie eine ideale, höhere Macht. Am meisten Werth legte das Volk auf den Chor. Nach dem Chor benannte noch Aeschylus öfters seine Stücke: Sophokles fast durchgehends nach der Hauptperson der Handlung.

Wir haben bei Homer gesehen, wie das griechische Epos die schöne Weiblichkeit behandelt: auch darin gleicht der Tragiker Sophokles dem alten Homer. Haben die Charaktere in seinen Stücken überhaupt Idealität, so ist Sophokles vollends unübertroffen, ja einzig in der Darstellung weiblicher Charaktere. Seine Töchter des Oedipus sind heilige Jungfrauen; sie stehen, sagt Jean Paul, als die frühesten Madonnen da. Am treffendsten hat W. Stich die weiblichen Charaktere des Sophokles in ihrer sittlichen Schönheit gezeichnet. "Unter den griechischen Tragikern", sagt er, "ist es Aeschylus, dessen weibliche Gestalten am Meisten an die Heroenzeit erinnern. Religiöse Schauer umwehen seine prophetische Kassandra, seine von Wahnsinn umgetriebene Jo. Ein milderer Strahl der höheren Welt umfließt die weiblichen Charaktere des Sophokles; und es ist die rein menschliche Würde, der sittliche Adel, der in der Handlung und in der Sprache der frommen Antigone und der feurigen Electra walten. Der Wille, der, zur Pflichterfüllung aufgefordert, sich immer mehr und mehr von aller irdischen Schwäche läutert, — dieser Wille, der ebenso weit von augenblicklicher Aufwallung, als von hochmüthigem Trotze entfernt ist, — dieser Wille, heilig durch das Pflichtgefühl, stark bis zum Tode, frei durch die sittliche Erhebung, — dieser Wille, der überall im Handeln das Höchste ist, ist bei Sophokles ein weiblicher Wille, — er ist der Wille der Antigone. Auch in Electra tritt er hervor. Auch sie geht vom feurig gefaßten Entschluß aus, auch sie läutert ihr Wollen zur freien Selbstbestimmung, nachdem sie alle Stützen fremder Hülfe, alle Hoffnung auf den rächenden

Bruderarm aufgegeben hat; auch sie schließt sich, von menschlicher Hülfe verlassen, desto inniger an die unsichtbare Macht an, um die That zu vollbringen, welche die Männerkraft erfordert. Aber der Gottheit genügt hier der feste Wille. Und Electra, ächt weiblich, jauchzt vor Freude, daß sie die große Last der gelobten That der hochtheuern Männerkraft übertragen kann".

So ideal faßte Sophokles die Weiblichkeit. Antigone ist nicht nur ein Ideal der griechischen Weiblichkeit, sondern der Weiblichkeit überhaupt für ewige Zeiten.

Werfen wir noch einen Blick auf die sieben erhaltenen Tragödien des Sophokles in ihren Hauptumrissen. Die Stoffe sind alle aus der griechischen Heldensage entlehnt, und war Sophokles schon in der Auswahl seines Stoffes immer sehr glücklich, so wußte er eben so glücklich nicht bloß die gegebenen Umrisse der Charaktere und Ereignisse der alten Heldensage für seine Tragödie zu benützen, sondern auch sie so zu behandeln, daß der wesentliche Inhalt der Volkssittlichkeit in der Gegenwart darin zur Anschauung kam. Im rasenden Ajas ist der Trotz eines überkräftigen Menschen geschildert, der vergißt, daß wir alles durch Gott sind, und eben sowohl Kraft und Schwäche, als Glück und Unglück von daher kommt; der Heldensinn, der ohne Demuth ist, und der in Wahnsinn übergeht, dann seine Schuld erkennt und büßt in freiwilligem Tod, großherzig, in hoher Denkungsart, und so das Menschliche mit dem Göttlichen versöhnt. Er fesselt Mitleid und Bewunderung weit über seinen Tod hinaus, und bleibt bis ans Ende der Mittelpunkt der dramatischen Handlung. Von jeher und von Allen wurde die Schönheit und Hoheit des Monologs besonders bewundert, den Ajas spricht, in einsamer Gegend am Meer, eh er hinter das Gebüsch tritt und sich in sein Schwerdt stürzt. Im Philoktet malt sich die Stärke und Standhaftigkeit des Helden, der von körperlichen Schmerzen und von Seelenleiden gefoltert ist. Philoktet hält die Mitte zwischen einem Charakter= und einem Schick=salsstück. Die Auflösung der Verwicklung ist dadurch besonders schön, daß aller Mißlaut am Ende durch die Erscheinung des vergötterten Herakles verschwindet, und die Vernunft in Uebereinstimmung erscheint mit dem ihr gleichen göttlichen Willen.

Die Trachinierinnen zeigen das erhabene Schauspiel, wie Herakles, der Sohn des höchsten Gottes, nachdem er einmal menschlich geboren war, nach den Mühen seiner Erdenlaufbahn, dessen was menschlich an ihm war, des Irdischen in der läuternden Flamme sich entkleiden mußte, im Feuertod, damit er zur reinen Gottheit gelangen konnte. Ueberaus poetisch schön ist diese Verklärung herbeigeführt durch den Irrthum der treu liebenden Gattin, die ihm, als sie die Untreue ihres Gatten, des Herakles, erfährt, das Gewand des Nessus schickt, welches, wie sie glaubt, den Zauber in sich hat, ihr die für sie verlorne Liebe des Herakles wieder zu gewinnen, sobald es seinen Leib berühre. Aber der ihr das einst gesagt, hat sie betrogen: es ist mit tödtlichem Gift getränkt. Wundersam schön ist die Erwartung des liebevollen Weibes geschildert, mit der sie der Wirkung ihrer Sendung und der ersehnten Rückkehr ihres Gatten entgegensieht: als sie plötzlich hört, daß sie ihm Gift des Todes geschickt hat. Sie stirbt freiwillig, noch eh er stirbt, und herrlich ist der Untergang des Heldenweibs gezeichnet, der Gattin, die untergeht aus keiner Schuld als der des Irrthums aus treuester Liebe bei der Untreue des Mannes.

Elektra ist wie Antigone die Jungfrau, in der sich das sittliche Gesetz mit Schrecken offenbart; sie ist das Werkzeug, durch welches die Sittlichkeit rächt und vergilt, indem sie den Mord ihres Vaters Agamemnon an ihrer Mutter Klytämnestra und ihrem Buhlen Aegistheus, die ihn miteinander ermordet ha=

ben, zu rächen sich berufen fühlt. Die Erzählungen und Monologe in diesem Stück sind Glanzpunkte. Und selbst hier, wo das ganze Stück auf Mord geht, wird kein Blut auf der Bühne vergossen, aber über der ganzen letzten Scene drückt die Luft des Mordes, und erzeugt lebendig den Schrecken, den der Anblick der Vergeltung böser Thaten erwecken soll. Jeder Vers des Schlusses ist kalt und scharf, wie der rächende Stahl, der Agamemnons Mörder straft, herb wie der Tod.

Die drei Tragödien, König Oedipus, Oedipus in Kolonos und Antigone hat man von jeher zusammengestellt. Sie fallen auch zusammen, nicht der Zeit ihrer Abfassung nach, denn Sophokles dichtete sie in ganz verschiedenen weit auseinander liegenden Jahren, wohl aber dem innern Zusammenhang nach; denn durch alle drei geht Eine Geschichte, der Untergang des thebischen Königshauses.

Im ersten Oedipus waltet ein furchtbares Geschick. Der an sich fromme König hat in seiner Jugend den Vater, den er nicht kannte, erschlagen, das Räthsel der Sphinx durch seine Weisheit gelöst, Theben dadurch gerettet und den verwaisten Thron und die Wittwe des letzten Königs zur Gemahlin gewonnen: in dieser Wittwe hat er sich aber unbewußt seiner Mutter vermählt. Seinen Eltern war vor seiner Geburt das Orakel geworden, wenn ihnen ein Sohn geboren werde, habe sich der Vater in ihm seinen eigenen Mörder gezeugt und das ganze Königshaus werde in Blut untergehen. Die Eltern hatten darum den Neugebornen einem Diener übergeben, um ihn zu tödten, dieser hatte ihn nur ausgesetzt und er war in der Fremde im Hause des Polybos aufgewachsen, den er für seinen Vater hielt. So war Oedipus ohne Wissen und Schuld in unnatürliche Verhältnisse verstrickt, die vom Sittengesetz, von Göttern und Menschen als Frevel und Gräuel erklärt waren. Nach vieljähriger

glücklicher Regierung wurde Theben durch eine furchtbare
Pest heimgesucht. Es sey, sagt das Orakel, Strafe, weil die
Stadt von geheimer Schuld befleckt sey. Das geängstete
Volk sucht Hülfe bei seinem König. Damit beginnt die Tragödie. Denn um sein Volk von der rächenden Pest zu retten,
muß Oedipus mit eigener Hand, Schritt vor Schritt auf-
decken das Entsetzliche, das ihm bisher verborgen war. Sie,
die ihm Mutter und Gemahlin zugleich ist, will, als der
wahre Zusammenhang sich aufklären will, ihn von weiterem
Forschen zurückhalten; aber ihn treibt die Liebe zu seinem
Volk und das eigene Grauen vorwärts, bis Alles, bis die
schrecklichste Wahrheit enthüllt ist. Jokaste, seine Mutter und
Gemahlin zugleich, geht schweigend von der Bühne und tödtet
sich auf ihrem Bette; König Oedipus selbst, da er kein
Schwerdt finden kann, gräbt sich die Augen aus, da ihm zu
sehen nichts mehr eine Freude sey. Nach dem ersten Ausbruch der Verzweiflung spricht er mit Ergebung: die Götter
hassen mich, so laßt ihren Willen an mir zum Ziele gehen.
Trotz des Schauders über das, was durch ihn geschehen ist,
steht Oedipus der Dulder, der vom Schicksal so Getroffene,
durch die Kraft der in ihm aufrecht gebliebenen Gottesfurcht
wie durch sein unschuldiges Leiden als ein geheiligter Unglücklicher da. Wie die Gottheit den Dulder zum Ziele führt,
zeigt der zweite Oedipus, Oedipus in Kolonos.

In dieser Tragödie erscheint Oedipus unstät und ruhelos
in der Verbannung. Die Bürgerschaft von Theben hat ihn
aus der Stadt gestoßen, die eigenen zwei Söhne haben ihn
als einen Bettler ziehen lassen. Eine lange Zeit schwerer
Prüfungen ist an ihm vorübergegangen. Der Blinde, vom
Gram früh ergraut, ist bettelnd von Land zu Land gezogen,
aber er darf an keinem Herde weilen, Niemand will den be-
halten, den die Hand der Götter gezeichnet hat. Er wäre
zu Grunde gegangen, hätte ihn nicht die Liebe seines Kindes

Antigone geleitet; er wäre wahnsinnig geworden, hätten nicht der Tochter Liebe und Treue und sein eigener hoher Sinn, wie sein Vertrauen auf endliche Hülfe der Götter ihn aufrecht gehalten. Apollo hat ihm durch den Mund des pythischen Orakels Ruhe, Abnahme seiner Bürde im geweihten Hain der Eumeniden verheißen, der versöhnten Rachegöttinnen, und von ihm, vor dem die Menschen als einem Gottverfluchten zurückschauderten, soll Segen ausgehen auf den Ort, wo er weile. Nicht durch wiederkehrendes Lebensglück, nicht durch Wiederherstellung irdischer Herrlichkeit des Thrones giebt die Gottheit dem Vielgeprüften Genugthuung, aber durch einen seligen Tod, durch ein Ende in wunderbarer Verklärung erhöhen die Götter ihn zu sich. Unsichtbar, unter unterirdischen Donnerschlägen ruft ihn die Gottheit: Oedipus komm! was weilen wir zu ziehen? zu lang schon harret man des Säumenden. Oedipus nimmt liebend Abschied von den liebenden Töchtern, folgt allein mit Theseus tiefer in den Hain, und verschwindet dahin: Theseus steht, die Hand vor die Augen haltend, wie vor einer mächtigen, furchtbaren Erscheinung, die der Blick nicht ertragen kann; dann stürzt er anbetend zur Erde. So nahm den Oedipus ein Gott von hinnen, oder der Unterwelt glanzlose Steige schloß sich ihm wohlthätig auf. Er wurde abgefordert, wie nie ein Mensch, mit Wundern umgeben ist sein Ausgang. Wie es geschah, weiß kein Sterblicher zu sagen außer Theseus. Die heilig gesinnten Jungfrauen, die kindliche Liebe hat ihn bis zu seiner Erlösung geleitet, und an seine Ruhestatt knüpft sich Segen für die kommenden Geschlechter des Landes, das den Verstoßenen in seinen Schutz aufnahm, zum Zeichen, daß den Göttern die Menschlichkeit gefalle, die des Unglücklichen sich erbarmt. So hat sich Oedipus Schicksal gelöst, das Entsetzliche endet in Frieden und Segen.

Thudichum hat diese beiden Tragödien, die eine die Tragödie des Schicksals, die andere die Tragödie der Führung genannt, und die dritte, Antigone, die Tragödie der Liebe. Nicht als ob, wie es in tausend neuzeitigen Trauerspielen der Fall ist, auch hier eine Liebesgeschichte sich abspänne; sondern es ist in der Antigone die geschwisterliche Liebe, ja die Liebe überhaupt in ihrer heiligsten Gestalt verherrlicht, die fromme Liebe, die selbst den Tod nicht scheut, um einem andern nur die heilige Liebespflicht zu erweisen. Zum Lieben bin ich, nicht zum Haß geboren, ist Antigone's Wahlspruch, und in der Fülle des blühenden Lebens fällt sie, weil sie dem todten Bruder die letzte Liebespflicht erweist, den zu bestatten der neue König verboten hat, und weil sie das ewige Gesetz der Natur, der Religion und der Sitte heilig hält, als ein Opfer des harten menschlichen Gebots, mit erhabenem Muth, und um so schöner, weil sie bei aller schwesterlichen Aufopferung noch immer Weib, Geliebte, Braut bleibt und im Angesicht des gewaltsamen Todes und frühen Grabes die Freuden des schönen Lebens und das Brautbett beklagt, um die der Tod sie bringt. Sie stirbt in der Glorie einer Heiligen. Der König büßt seine Härte gegen das göttliche Gesetz der Liebe durch den Untergang seines eigenen ganzen Hauses.

Drei Tragödien ohne Gleichen, muß man mit Thudichum sagen; sie führen uns durch das Labyrinth der Leidenschaften, Irrthümer und Geschicke des Menschenlebens an dem goldenen Faden der Gottesfurcht und Liebe in das Reich des allgemeinen und ungestörten Friedens.

So wird bei Sophokles der Schmerz zum Lächeln, der Kampf zur Versöhnung, die Trauer zum Genuß, die ins Ideal verklärte Wirklichkeit zur Schönheit. Doch darf man unsere heutige Sinnesweise nicht an diese antiken Kunstbildungen heranbringen; „denn diese," sagt W. Schlegel, „dürfte vieles bei ihm unerträglich herbe finden". Man muß sich eine gewaltige Zeit vor Augen stellen, der seine Charaktere angehören. Der Geist der heroischen Zeit lebt darin, wenn diese Zeit gleich idealisirt ist, und der Dichter überall nur rein menschliche Motive gebraucht. Seine Charaktere bei all ihrer Idealität sind so kräftig und fest, selbst Oedipus seiner Verklärung nahe, selbst die jungfräuliche Antigone sind so erhaben streng, daß sie dem verweichlichten Sinn unserer Zeit oft hart dünken möchten. Darum vergesse man nie, daß der milde Sophokles nicht mild im neuzeitigen Sinn ist, wo es so viel als weich oder weichlich heißt, sondern daß er überall im großen, hohen Styl gedichtet hat, voll Großheit und Hoheit, wie der Geist seines Volkes in den Tagen war, da es die Schlachten bei Marathon und bei Salamis schlug; ein Kunststyl, in dem die Großheit nur durch die verklärte Form, durch die reine Schönheit gemildert ward. Ob er die rührendsten Auftritte vorführt, ob das Schrecklichste: er geht nie über die zarte Linie des Schicklichen, er bleibt schön in der tiefsten Rührung, schön unter Grauen und Schrecken. Nie verirrt er sich ins Gräßliche oder ins Schneidende, ins Grelle, ins Bittere.

Von seiner Sprache sagt F. Schlegel: „Der attische Zauber derselben vereinigt die lebendige Fülle des Homeros und die sanfte Pracht des Pindaros mit der durchdachtesten Bestimmtheit im vollendeten Gliederbau der dichterischen Perioden. Die kühnen, großen, aber harten, eckigten und schneidenden Umrisse des Aeschylus sind in dem Styl und dem Ausdruck des Sophokles bis zu einer scharfen Richtigkeit, bis zu einer weichen Vollendung verfeinert, gemildert und ausgebildet. Der Rythmus des Sophokles vereinigt gleicher Weise den starken Fluß, die gedrängte Kraft und die männliche Würde des dorischen Styls mit der reichen Fülle, raschen Weichheit und zarten Leichtigkeit jonischer oder aeolischer Liederweisen". Und noch schöner sagt Minkwiz: „Der Styl des Sophokles ist voll und abgerundet wie aus Erz gegossen; jeg=

licher Vers und jeglicher Satz, von Interpunktion zu Interpunktion fortlaufend, erscheint in Hinsicht des Gedankens wie eine Marmorsäule, die aus Einem Stück besteht. Der feinste Meisel ist an die Sprache gelegt, alle Unebenheiten sind von dem Marmorstück abgestoßen. Die äußere Form ist in Schärfe und Vollendung ausgeprägt, und in ihr spricht sich der poetische Geist mit jener ganz verschmolzen aus. Der Strom der Rede fließt, nachdem das rythmische Zauberband um sie geschlungen worden, in geregelten Wellen dahin, über welchen die Musik schwebt, mit welchen sie entsteht und wogt. Die Worte scheinen bei ihm eine höhere Geltung zu haben als bei andern Dichtern, sie verjüngen sich, sie athmen frischeren Hauch und durch die Klarheit der Sprache und durch den Wohllaut der musikalischen Verse des Sophokles, durch diesen zweifachen Zauber tritt das Schönste, das Süßeste, das Gewaltigste, das man sich vorstellen kann, an das Licht. Nicht bloße Gemüthsstimmungen schildert der Sophokleische Vers durch seine Musik auf sonst unerreichbare Weise ab; auch großartige Bilder führt aus der Dämmerung der Dichterbrust sein tonreicher Vers an das Tageslicht. Nicht leicht wird der Gedanke zersplittert, theilweise in den folgenden Vers nachgeschleppt, sondern der Vers nimmt ein ganzes Bild auf, welches sich, weil es unzerstückt vorgeführt wird durch den Strom des Rythmus getragen, vor dem Geist in seinen einzelnen Beziehungen desto deutlicher entfaltet, wie z. B. in dem Vers:

„Sobald der Tag mit weißen Rossen glänzend naht."

Mit Recht rühmt Minkwiz schon an Aeschylus diese rythmische Malerei, wenn er z. B. das Meer malt in seiner riesigen Natur in dem Vers:

Zu des weitbahnigen, sturmwallenden Meeres umschäumtem Wogenhain

oder, wenn er dasselbe Meer malt, wie es, nachdem es seinen Grimm ausgetobt hat, mit sanfter Bewegung in sein tiefes Bett zusammenfällt, in dem Vers:

— — — — wo das Meer auf schweigendes
Windstilles Mittagslager sinkt in Schlaf gewiegt.

So wußte die Kunst dieser beiden Tragiker durch den Tanz der Sprache, die dadurch erweckte Musik und das bildliche Wort mit wenigen Strichen und mit Blitzesschnelligkeit mächtige Vorstellungen und Eindrücke hervor zu zaubern, und der eine war wie der andere in solchen Naturlauten Meister, Sophokles besonders in den Naturlauten des Edeln und des Schönen; denn edler als Sophokles, sagt Johannes Müller, die schönste Sprache der Menschen zu benützen, oder Würde und Anmuth herrlicher als er zu vereinigen, ist nicht möglich.

Um die Kunstbildungen des Sophokles in allen ihren einzelnen Schönheiten zu genießen, dazu gehört einmal Kunstsinn; und dann noch die Kenntniß der Grundsprache: noch hat keine Verdeutschung den kräftigen Ton, die Musik und die durchsichtige Klarheit des Originals auch nur von ferne wieder gegeben.

Nach seinem Tode errichteten die Athener ihm als einem Heros ein Heiligthum und beschlossen ihm ein jährliches Opfer: mit Gesängen von ihm glaubte man unzeitige Winde beschwören zu können, und man sagte später, da er lebte haben ihn die Götter in seinem Hause besucht, noch öfter seyen sie ihm mit Offenbarungen im Traum erschienen. Noch hat man eine römische Büste des Sophokles: sie zeigt eine gedankenreiche Stirne, einen süßen Mund und schöne Formen. Das Geschick liebte ihn auch darin, daß er starb noch ehe das politische Unglück über sein Vaterland Athen hereinbrach, vor dem Verfall seiner Größe und seiner Freiheit, und daß er selbst seinen jüngern und schwächern Nebenbuhler, den Euripides, noch einige Zeit überlebte.

Euripides.

So vollkommen, wie kein Dichter sonst, hat Sophokles das Ideal antiker Kunstdichtung in seinen Tragödien gegeben: die reinste Verschmelzung des tiefsten Gehaltes mit der bis zur Durchsichtigkeit ausgebildeten Form haben bei ihm die Grazien selbst vollzogen. Diese in Form und Gehalt liegende Idealität des tief erfindsamen, des göttlich begeisterten und dabei so künstlerisch besonnenen Sophokles hat schon sein jüngerer Nebenbuhler, der dritte große Tragödiendichter der Alten, nicht mehr. Dieser ist Euripides, der am Tage der Schlacht bei Salamis zur Welt kam, also fast siebzehn Jahre jünger war als Sophokles. Die Stadt Salamis selbst war sein Geburtsort, und das Jahr 480 v. Chr. also sein Geburtsjahr. Von seinen Lebensumständen ist wenig bekannt. Fünfzehnmal trug er in den tragischen Wettstreiten den Siegespreis davon, selbst einige Male über Sophokles. Das Urtheil über ihn schwankt von seinen Zeitgenossen an bis auf unsere Tage. Die Einen erhoben ihn über alles, die Andern tadelten ihn über alles. Der Grund davon liegt darin, daß er überaus große und glänzende Vorzüge hat: auf diese nur sahen die Bewunderer; und daß er zugleich überaus große Fehler, grobe Verstöße gegen das Schöne und gegen die Grazien hat: auf diese Fehler nur sahen die Tadler.

Auch über die Zahl seiner Stücke schwanken die Angaben zwischen fünf und siebzig und zwei und neunzig. Von diesen sind achtzehn ganz auf uns gekommen und der Anfang der neunzehnten Tragödie Danae. Sie heißen Alceste; Elektra; Iphigenie in Aulis; Jon; Medea; Hippolytos; die Troerinnen; Hekuba; der rasende Herakles; die Phönizierinnen; Orestes; Iphigenie in Tauris; Andromache; die Bacchantinnen; die Herakliden; die Schutzgenossinnen; Rhesos; und endlich Helena.

Unter die Stücke, mit denen er den Preis gewann, gehören seine Iphigenie in Aulis und die Bacchantinnen. Die letztern zeichnen sich durch kühne Malerei, durch große sinnliche Kraft der Darstellung aus; die Iphigenie und der Jon sind liebliche Stücke, welche jugendliche und kindliche Unschuld sanft rührend malen. Eben so rührt er in der Hekuba mit den Bildern jugendlicher Unschuld, mit frühen Todesopfern: aber er vernichtet die schöne Wirkung wieder selbst durch das ganz unschön gehaltene Jammerbild der Hekuba. Groß und gewaltig zeigt er sich im Hippolyt und in der Medea. Hippolyt ist ein Charakter von sittlicher Erhabenheit und die Leidenschaft der Phädra, seiner Stiefmutter, für ihn ist in ihrer Verirrung mit bewundernswerther Kunst gezeichnet. In tief psychologischer Kenntniß und Entwicklung weiblicher Leidenschaft, der weiblichen Seele in ihren kranken Zuständen, in ihren Verirrungen und Schwächen, steht Euripides unter den Alten einzig als Meister da. Das beweist er besonders in der Schilderung seiner von Liebe, Eifersucht und Rache bis zum wilden Wahnsinn getriebenen Medea. Reich an schönen einzelnen Stellen, an rührenden wie an leidenschaftlich ergreifenden, sind mehr oder minder fast alle seine Stücke; er steigt in einzelnen Seelengemälden bis in die tiefste Empfindung hinab, und einzelne Chorgesänge rauschen wie Quellen hervor aus dem Grund des Gemüthes, mit unbeschreiblichen Schönheiten. Und darum ist Euripides ein großer, gegen wie viele berühmte Dramatiker der späteren Jahrhunderte bis auf unsere Tage, riesenmäßig hervorragender Meister. Doch war es von Lessing eine Caprice, daß er alles an Euripides künstlerisch rechtfertigen wollte, und Schiller lobte ihn zu sehr, indem er ihn mit Recht gegen die Mißhandlungen der Romantiker vertheidigte. Denn neben die Kunstbildungen des Aeschylus und Sophokles gehalten, tragen die Dichtungen des Euripides schon die Züge der verfallenden Kunst an sich. Sophokles selbst, wie uns Aristoteles

aufbewahrt hat, gab sein ästhetisches Urtheil über sich und
Euripides dahin ab: Er, Sophokles, bilde seine Personen wie
sie seyn sollen, Euripides, wie sie seyen.

Dadurch wies Sophokles scharf genug darauf hin, wie
Euripides bereits von der Höhe der tragischen Kunst herab
gekommen war und zur Komödie sich hinneigte. Des komi=
schen Dichters Sache ist es, die Menschen bloß so darzustellen
wie sie sind; des ächten Tragikers dagegen, seine Charaktere
auch aus der lebendigen Gegenwart auszuheben, aber ihnen
das Unpoetische abzustreifen und sie zu Idealen zu veredeln.
Die Charaktere des Euripides sind zu oft nur natürlich wahr,
aber nicht poetisch wahr; statt einer idealisirten Natur giebt
er oft nur die gemeine Wirklichkeit. Giebt Sophokles wie
Aeschylus Charaktere in der Hoheit des Rein=Menschlichen,
welche die Zeitgenossen, die Zuschauer, überragen: so sucht
Euripides etwas darin, unvollkommene Personen mit allen
Gesinnungen und Handlungsweisen, mit allen Schwächen,
die zu seiner Zeit an der Tagesordnung waren, in seinen
Dichtungen abzuschildern, Helden und Heldinnen, nicht besser
als seine Zeitgenossen, ja oft so schlecht wie sie, alt=heroische
Namen bloß, in altem Kostüm, mit den Triebfedern der
Tagesmode.

Er schmeichelte dem Geschmack seiner Zuschauer, und
ging nicht auf Schönheit aus als sein Ziel, sondern auf
Effekt. Darum ist ihm die Leidenschaft alles, statt daß er
die Leidenschaft, wie Sophokles, der idealischen Hoheit des
Charakters unterordnete. Darum arbeitet er so gern nur
hin auf recht rührende und Mitleid erregende Stellen. Darum
haben seine Stücke meist unglückliche, recht traurige Kata=
strophen. Aristoteles zwar, der älteste unter den alten Kunst=
richtern, hat ihn den tragischsten aller tragischen Dichter ge=
nannt; aber wohl nur eben wegen dieser Katastrophen und
der vorzugsweisen Ausbildung des Leidenschaftlichen, das je=

doch oft ein falsches Pathos bei ihm wird. Derselbe Aristo=
teles fügt auch seinem Ausspruch sogleich bei, daß Euripides
das Uebrige seiner Tragödien nicht gut anordne. Dem Zwecke
der Rührung, der Erregung des Mitleids opfert er ohne
Weiteres das Schickliche, Ebenmaaß und Zusammenhang, dem
Effekt einzelner Glanzstellen unbekümmert das Ganze auf.
Er macht sich gar nichts daraus, das Unwahrscheinlichste vor=
fallen zu lassen, und wo sich die Handlung nicht aus sich
selbst entwickelt, behilft er sich mit willkührlich Eingeschobenem,
mit ganz Zufälligem fort, oder bringt eben dasselbe Motiv
zum zweiten Mal. In den meisten seiner Stücke fehlt es an
fest geschlossener Gliederung, an Handlung, die sich rein aus
sich selbst entwickelt, an dramatischem Nerv. Vor fällt viel,
aber die Auftritte folgen nicht immer nothwendig einer aus
dem andern, sondern manchmal stehen sie blos neben einander:
so gar sehr in den Troerinnen, in dem rasenden Herakles,
in den Phönizierinnen, im Orest, in der Andromache, und
am meisten in der Helena, wo das Abenteuerliche und Wun=
derbare durcheinander spielt, wie in einer Oper unserer Tage.
Auch das, was man heutzutage Familiengemälde nennt, fin=
det sich schon bei Euripides in seiner seinsollenden Tragödie
Elektra.

Wir haben über denselben Stoff drei Tragödien. Aeschy=
lus hat den Mythus der Elektra in der zweiten Tragödie
seiner Orestie wahrhaft groß und genial in seiner strengen
Art behandelt. Dann gab Euripides eine Jugendarbeit fast
in allen Theilen, und zuletzt, auf dem Höhepunkt seines ge=
reiften Dichter=Geistes und Verstandes, nahm Sophokles die
Elektra und den Kern dieses Mythus als hochtragischen Stoff
vor; Sophokles, der unter diesen Dreien, die einen und den=
selben Gegenstand in derselben Gattungsform der Poesie ver=
schieden behandelten, das Schönste gab. Man muß nicht
vergessen, daß die Tragödie bei den Griechen ein Theil des

Gottesdienstes war, der Religion diente, daß sie also ihre Stoffe aus der Religionsgeschichte der Griechen, also aus ihrer Götter- und Heroengeschichte, aus ihrer Mythologie nehmen mußte. Natürlich hatten nur einzelne Geschichten aus dieser Mythologie einen ächttragischen Kern, und daher, weil der Kreis für die Wahl ihrer tragischen Stoffe so beschränkt war, kam es, daß mehrere Dichter ein und denselben Gegenstand, den gleichen Mythus, tragisch behandelten, und in der Behandlung, die sie dem Stoff gaben, ihren dichterischen Erfindungsgeist und ihre Kunst bewiesen.

In der Elektra, in welcher Sophokles ganz besonders groß ist durch die dichterische Weisheit der Charakteristik, der Verwicklung und der Lösung des Knotens, zeigt sich Euripides ganz zurück, hinter sich selbst sogar, nicht nur hinter Aeschylus und Sophokles: Euripides sucht darin hauptsächlich durch das äußere Elend und die Dürftigkeit der Elektra Effekt zu machen. Er liebt es überhaupt, die leibliche Noth, den Hunger, den Jammer in Lumpen auf die Bühne zu bringen: in der Helena läßt er selbst den König Menelaus bettelnd und in Lumpen auftreten. Den Hunger und Jammer der Leibesnoth vor Augen zu bringen in einer Poesie, war gewiß völlig unpoetisch. Unpoetisch war Euripides aber auch dadurch, daß er überall Reflexionen und Räsonnements anbringt. Wie Sophokles ganz objectiv, ganz dramatisch und ächtpoetisch überall nur die Sache sprechen läßt: so wird Euripides in seinen Dichtungen subjectiv, man hört den Dichter über die Sache sprechen und reflectiren, lehrdichterisch philosophiren, und mit Pathos declamiren. Auch das ist ein Fehler bei ihm, daß, so schöne Chorgesänge er hat, der Chor doch oft gar nicht zur Handlung gehört, nicht aus innerer organischer Nothwendigkeit im Stücke da ist, sondern nur als Schmuck neben draußen steht, wie ein der Sache fremdes Wesen; oft auch gar nicht zur Sache Gehöriges, wiewohl Strophen absingt, die an und für sich schön sind, vom Lehrdichterischen abgesehen.

Bei Aeschylus ist das Schicksal herb, aber gigantisch. Bei Sophokles erscheint in den meisten Stücken das Schicksal mehr nur als ein Wirken der Gottheit, als eine göttliche Bestimmung mit Nothwendigkeit: diese Nothwendigkeit waltet vor, doch so, daß der Mensch nicht leidet, blos weil er muß, sondern weil seine Schuld mitwirkt und sein Wille. Im Ajas und in der Antigone ist der Ausgang ganz von dem freien Willen des Menschen bedingt: das Schicksal ruht in des Helden eigener Brust. Bei Euripides ist das Schicksal oft nichts als Zufall; von Bagatellen hängt der Ausgang ab; die leitende höhere Hand verliert bei ihm ihre Größe, wie der menschliche Wille seinen Adel, den Göttern gegenüber.

Auch sein Vers ist nicht mehr so einfach schön und regelmäßig, wie der des Sophokles, noch so sorgfältig ausgemeiselt; Euripides läßt sich schon mehr gehen; er nimmt sich in dem Versbau entschiedene Freiheiten heraus. Auch fließt sein Vers in Wortreichthum auseinander, was ihm den Schein der Leichtigkeit der Form giebt, was aber eine Leichtigkeit des Gehalts zum Grunde hat. Kein Vers des Euripides wiegt so schwer, wie einer des Aeschylus oder Sophokles; und schon Aristophanes läßt den ganzen Euripides leichter wiegen als Einen äschyleischen Vers. Aber glücklich ist Euripides in Bildern und Wendungen, und oft sehr musikalisch. Im Dialog verläßt er oft ganz die gewählte Sprache, und wird gewöhnlich. Großheit und Strenge bezeichnen bei Aeschylus Adel, Anmuth und Harmonie bei Sophokles, Weichlichkeit, Leichtigkeit und Glänzenwollen bei Euripides die äußere und innere Form seiner Poesie. So viel endlich Euripides Sittensprüche in seine Stücke einstreut, so waltet doch im Ganzen Unsittlichkeit vor: seine Sittlichkeit ist schlaff und erschlaffend, er giebt sich stets den Schein des Sittlichen, und wirkt nicht selten das Gegentheil.

Der Sage nach soll der von den Griechen, die selbst dem Verfall sich schon zuneigten, überaus gefeierte Dichter in einem Wald des mazedonischen Königs Archelaus, an dessen Hof er zuletzt war, in seinem 70. Jahre von dessen Jagdhunden auf einem Spaziergang zerrissen worden seyn, und Sophokles hielt ihm auf dem Theater zu Athen eine Todtenfeier. Auch Aristophanes brachte ihn auf die Bühne, aber in anderem Sinn: dieser große Komiker geißelte den schlaffsittlichen Tragiker in seinen Komödien, mit Satyren in großem Styl.

Aristophanes.

Es war nur naturgemäß, daß ein Volk wie das griechische neben dem Ernst auch den Scherz, neben der tragischen Erschütterung auch die Belustigung durch das Komische verlangte und fand. Daher war das Satyrspiel immer auch neben der Tragödie noch in seinem ursprünglichen Rechte geblieben, ja immer mehr ausgebildet worden, und zwar von den großen Tragikern selbst mit. Sie folgten darin wohl nicht nur dem Geschmacke des Volkes, sondern auch ihrer eigenen Neigung: sonst wäre der strenge, erhabene Aeschylus nicht gerade auch zugleich so vorzüglich im Satyrdrama gewesen; denn er galt unter allen Griechen als der größte Meister darin. Keines von ihm ist uns erhalten, keines von Sophokles; von Euripides nur „der Cyklop". Das Satyrspiel war eine stehende vierte Handlung, die den jedesmal aufgeführten drei tragischen Stücken als heitere Beilage, als ein Zugemüse zur Erschütterung des Zwerchfells, beigegeben wurde. Nach J. G. Welcker war der Stoff der Satyrspiele meist aus den märchenhaften Fahrten des Odysseus, aus den Liebesabenteuern der Götter, aus dem heitern Sagenkreis, dessen Mittelpunkt Dionysos ist, und am allermeisten aus der Geschichte des Herakles entlehnt. Die Alten nannten das Satyrspiel die scherzende Tragödie, und das Geschäft des Chors dabei war die Parodie, die Verkehrung des angeschauten Ernstes, des Pathos, in's Lächerliche; dazu wirkte die Art seines Tanzes mit, der Tanz der Bocksprünge: es war Alles burlesk. Der Cyklop des Euripides ist ein Meisterstück in Darstellung des Viehischen, des Neckischen, des Muths und der List.

Bei dieser untergeordneten Stufe des Komischen konnte aber der erfindsame Geist des Griechenvolkes nicht stehen bleiben; und wie der griechische Genius das Höchste im Tragischen erreicht hat, so sollte er auch das Höchste im Komischen erreichen. Neben der griechischen Tragödie steht die griechische Komödie gleich groß, oder wenn man will noch größer, weil sie die einzige in ihrer Art ist.

Das ist auch einzig am attischen Volke, daß selbst seine Belustigungen im großen Style waren. Niemand denke bei der großen griechischen Komödie an das Lustspiel der spätern Nationen. Nicht Liebesgeschichten, nicht Intriguen, nicht Alltagsspäße oder was sonst gewöhnlicher Art erheitern mag, bildeten den Gegenstand der attischen Komödie, sondern das was jedem ächten Griechen das Höchste war, das Staatsleben. War die Tragödie ein Theil des Gottesdienstes, der Gottheit geweiht: so war die Komödie in der noch immer großen Zeit des athenischen Volkes dem öffentlichen Leben, der Politik, gewidmet. Daran nehme sich jeder Theaterliebhaber unserer Zeit ein Beispiel: nicht Einer entzog sich dem Staatsleben, und das Staatsleben in einer Form abgespiegelt, die erheiterte und belehrte, war ihm selbst für die Zeit und den Ort seiner Belustigung noch das Höchste.

Die große Komödie konnte freilich nur erst da ihren Anfang nehmen, als die Volksfreiheit am höchsten war; und nur da erst tiefgreifend und schlagend werden, als der Staat, das öffentliche Leben, schon an Gebrechen großer Art litt. Denn was stellte die große attische Komödie dar? Große Staatsmänner, die nicht thaten, was des Volkes Wohl forderte; Dummheiten, die das Volk selbst beging, und die ihren Grund hatten in seiner Entartung und in der Art, wie es immer größere Löcher in die freie Volksverfassung machte und machen ließ; oder Dummheiten, die es möglicher Weise in wichtigen Angelegenheiten, die gerade die allgemeine Theilnahme in Anspruch nahmen, machen könnte, und die, damit es davon abgehalten werden sollte, im Spiegel der Komödie vorgezeigt wurden; oder die, wenn sie schon zu verfehlten politischen Maßregeln nach Wahlen und Beschlüssen geworden waren, auf die Bühne gebracht wurden, um das Verfehlte und damit Gutzumachende recht vor Augen zu bringen. Solger, der tief in's griechische Leben der Schönheit und des Staats eingelebte Kritiker, ruft einmal aus: „Ich wüßte nicht, was tiefer erschüttern könnte, als die großen Bilder des demagogischen Wahnsinns, in welchem der herrlichste Staat des Alterthums sich selbst verzehrte, bei Aristophanes".

Die großen griechischen Komödiendichter verstanden sich auf den wahren Scherz, der das Höchste, das wirklich Erhabene selbst, sobald es schwach, gebrechlich sich zeigt, angreift: ihre Komödie zog die Schwächen des ganzen Zeitalters auf die Bühne, die Privat- und Staatsgebrechen. Sie ist nach Heeren's Ausdruck die Parodie der Gegenwart; oder, wie C. F. Schnitzer noch treffender sagt, sie ist das Gericht der Zeit über sich selbst.

Die Zeit, in welcher die große Komödie als ein nothwendiges Gewächs in dem öffentlichen Leben Wurzel schlug und zum herrlichen Fruchtbaum voll schöner Blüthen und bitterer Stärkung rasch aufschoß — diese Zeit war bei allen großen Thaten und Schöpfungen, durch die der Genius

Athens, im Felde der Politik wie der Kunst und Wissenschaft in ihr glänzt, eine Zeit sittlichen Sinkens, des Verfalls der bürgerlichen Tugenden, vorab der Vaterlandsliebe und der Tapferkeit, und darum auch des Verfalls der Freiheit. In der Verfassung Athens, dieses einzig herrlichen demokratischen Staats der Weltgeschichte, war der Kern anbrüchig geworden, durch äußerliche Verderbnisse zuerst, die sich ihm ansetzten, und dann durch innerliche Krankheiten, die sich durch die Ansteckung der äußerlichen Verderbnisse nach und nach entwikkelten: jede Gestalt der Ausartung, der Verschlechterung trat allmälig hervor, und drohte die noch gesunden Theile des Staates anzugreifen, und so den Staat selbst aufzulösen. Gegen diese Zeitgebrechen, gegen eine solche Gegenwart, trat nun die Komödie mit der Macht der Komik, mit den Waffen des Lächerlichen, in den Kampf.

Von den Jahren 450 bis 404 vor Christus zeichneten sich in der Komödie bis auf einen gewissen Grad nur sieben aus, alle Zeitgenossen von einander; nämlich der Pythagoräer Krates aus Athen, der Dorier Epicharmos aus Kos, die Athener Magnes, Kratinos, Eupolis, Pherekrates, Platon, nicht zu verwechseln mit dem Philosophen dieses Namens. Obgleich sie sehr viele Komödien mit einander geschrieben haben, Krates z. B. allein deren 52; so sind doch auf uns nichts als wenige kurze Bruchstücke und ihre Namen gekommen. Kratinos trug zwar einen Sieg durch seine Komödie „der Weinschlauch" selbst über Aristophanes davon, und zwar über eines der vollendetsten Werke des Aristophanes, über seine „Wolken". Man weiß, wie oft das Untiefe, das Gewöhnliche, ja das gänzlich Abgeschmackte im Augenblick oft der Masse größeren Beifall abgewinnt, als das Beste; und wenn Kratinos in seinem Weinschlauch seine eigene Trunkenheit dem allgemeinen Gelächter preisgab, so mochte das wohl einer Mehrheit in einer schwachen Stunde, wie sie Preis-

richter und die Masse oft haben, recht wohlgethan und wohl=
gefallen haben. Aber wo ist Kratinos mit seinem Wein=
schlauch und allen seinen Komödien und Preisen? Des Ari=
stophanes Wolken dagegen sie leben und werden leben, groß
und ewig. Von der ganzen alten Komödie hat die richtende
Zeit nur zehn Stücke übriggelassen, und alle diese zehn ge=
hören allein dem Aristophanes an.

Aristophanes freilich überragte alle diese Komödiendichter
nach dem Urtheil der größten Geister des Alterthums durch
unerschöpfliche Erfindsamkeit, durch Hoheit der Gesinnung, die
wunderbare ihm eigene Macht über die Sprache, und die
tiefe Wahrheit seiner Charakteristik; und über alle Zeiten
hin, vor und nach ihm, bis heute ist keiner gewesen, der ihm
gleich käme an Gehalt und Form großartiger Komik: um
ihm, dem Griechen, gleich zu werden, fehlte es dem ihm an
komischer Aber ebenbürtigen Britten Shakspeare an dem Grund
und Boden und der Luft des volksfreien Athen. So wird
vorerst noch lange Aristophanes der größte komische und poli=
tische Dichter der Welt bleiben, der einzige seiner Art.

Auch über das Leben dieses geistreichsten und witzigsten
aller Komödiendichter ist fast Nichts bekannt. Nach Einigen
war er aus Lindos auf der Insel Rhodus, nach Andern aus
Aegina. Das attische Bürgerrecht hatte er durch Schenkung.
Einige über ihn verbreitete Anecdoten haben keinen Grund,
am wenigsten die, daß er gegen Socrates sich habe brauchen
lassen. Wäre Aristophanes nicht im freundschaftlichsten Ver=
hältniß mit Sokrates gestanden, so hätte ihm unmöglich Plato
der Philosoph, in seiner genialen Schrift, das Gastmahl, die
Rolle zutheilen können, die er so einzig schön dort spielt; und
gerade aus der Genialität, die nach der Schilderung Platos
in dem Freundeskreis des Sokrates geherrscht haben muß, ist
es auch leicht zu erklären, wie im genialen Uebermuth des
Humors selbst der Freund den Freund, selbst Aristophanes sei=

nen Sokrates auf die Bühne bringen, und mit allen Lichtern der Komik beleuchten konnte. Aristophanes, der ausübende Künstler, der Poet, hatte von Haus aus eine Gegenstellung gegen alle Theorie, somit selbst gegen die Philosophie überhaupt, zumal aber gegen die der Sophisten. Und gegen diese Mißgeburt von Philosophie zunächst richtete Aristophanes seinen kecken Spott in seiner Komödie „die Wolken", und als die berühmteste Philosophenfigur der Gegenwart mußte dem muthwilligen Dichter, „dem ungezogenen Liebling der Grazien" nach Göthe's Ausdruck, sogar sein Freund Sokrates herhalten. Wem die Geistesfreundschaft bei solchem Vornehmen unmöglich scheint, der weiß nicht, daß unser Göthe seine Freunde Wieland, Herder und manchen Andern in muthwilligen Scherzen verspottete, und daß dennoch die Freundschaft zwischen Wieland und ihm den Tod überbauerte. Vielleicht hatten sogar Aristophanes und Sokrates in genialer Nachtstunde beim Wein den großartigen Witz verabredet; wenigstens erscheint Sokrates nicht nur bei der Aufführung, sondern er blieb die ganze Zeit der Aufführung über mit allem Humor des Gleichmuths aufrecht stehen, den Fremden, die ihn persönlich nie gesehen, zum Augenmerk, daß er es sey, der hier persiflirt werde. Aber nicht Sokrates und die wahre Philosophie wurden in den Wolken persiflirt, sondern die Afterphilosophie; die Wolken sind, um W. Schlegels Worte zu gebrauchen, „der ewige Denkstein aller hirnlosen, flohfangenden, müsenseigenden Grübelei, deren fade Gedanken Wolken, ein in Nichts verschwindender Dunst sind."

Wie die Wolken, so haben auch seine Komödien: die Ritter, die Wespen, die Frösche, die Weiber beim Ceresfest und die Weibervolksversammlung, ihre nächste Beziehung auf die inneren Zustände Athens.

Die Ritter waren von ihm ein großes politisches Wagstück. Der Lederhändler Kleon war damals allmächtig in

Athen: diesen durch die Macht des Lächerlichen in der Gunst des Volkes zu stürzen, dichtete Aristophanes dieses Stück. Das Volk erscheint darin als eine vor Alter kindisch gewordene Person, und der Lederhändler und der Wursthändler schmeicheln ihm durch erbärmliche Mittel seine Gunst ab. Zuletzt wechselt die Scene, der Ort der Volksversammlungen verwandelt sich in die majestätischen Vorhallen des Athenetempels und daraus tritt das personifizirte Volk in wunderbarer Verjüngung, gekleidet wie die alten Athener der Marathonschlacht, jugendkräftig und großsinnig.

Die Rollen wurden im griechischen Schauspiel alle mit Gesichtsmasken gespielt: die Masken porträtirten häufig bekannte lebende Personen. In den Rittern wurde Kleon geradezu selbst handelnd eingeführt; aber auf ihn eine porträtirende Maske zu verfertigen, wagte kein Maskenmacher in Athen. Nun bemalte Aristophanes sein Gesicht dem Kleon ähnlich, und spielte diese Rolle selbst. Das Stück machte eine ungeheure Wirkung auf das Volk.

Die Frösche sind gegen den Verfall der tragischen Kunst gerichtet. Die Weibervolksversammlung hat zum Zweck die Zerstörung des Kerns der Volksfreiheit zur Anschauung zu bringen. Dieser Kern war die Volksversammlung, und diese war sehr im Verfall, der Eigennutz, völlige Verkehrtheit der Maaßregeln und Sittenlosigkeit waren an der Tagesordnung. Diese Komödie ist wohl die ausgelassenste Schöpfung des Genius. In großen Gestalten erscheint hier die Gemeinheit, die Rollen sind alle vortrefflich gehalten, die Charaktere scharf gezeichnet, meisterhaft besonders die Ungezogenheit und die Verdorbenheit der Weiber, und so kraus die Tollheit ist, so groß die Zoten sind, so genial sind sie.

Es hat Leute gegeben, Leute von guter feiner Erziehung, die darum in Aristophanes nur ein Ungethüm von Zotenhaftigkeit sahen. Diesen fehlt das Auge für die Bedeutung des nackt gezeichneten Natürlichen im Ganzen des Kunstwerks. Warum Aristophanes, sagt Frischlin, gemeine, schmutzige Rollen einführt, das „geschieht nicht darum, um durch ihre Schamlosigkeit ein heimliches Gelüsten zu befriedigen, oder einen sinnlichen Reiz zu erwecken, sondern um durch den unverdeckten Anblick der Gemeinheit und Schande Abscheu zu erregen, und das sittliche Gefühl hervor zu rufen. Wirklich täuschte sich Aristophanes nicht: denn was vielen Rednern und Philosophen durch die beredtesten Vorträge nicht gelungen ist, das hat Er durch die Schaustellung des Lächerlichen im Volke gewirkt. Kein Wunder also, daß der große Kirchenvater Johannes Chrysostomus den Aristophanes, wie einst Alexander den Homer, selbst unter dem Kopfkissen hielt, und die ganze Schärfe seiner Predigten, vornehmlich die Züchtigung weiblicher Sittenlosigkeit seiner Zeit aus dem Komiker lieh." Und Jean Paul sagt von ihm: „Der wie alle große Komiker sittlich verkannte Aristophanes ist der patriotische Demosthenes im Sokkus, und seine Komödien sind höchst sittlich." Die Liebe zur Tugend und zum Vaterland durchglüht alle Adern dieses auch im Leben gegen sich noch mehr als gegen andere strengen Dichters. Chrysostomus rettete uns den Aristophanes.

Seine andern Komödien, die Acharner, der Friede, die Vögel, Lysistrate beziehen sich mehr auf die äußern Staatsverhältnisse. Der Friede ist voll phantastischer Komik. Die Acharner enden in einem bacchantischen Taumel. Die Vögel sind an phantastisch Wunderbarem, an kecksten Erfindungen am reichsten. Die schwarz geflügelte Nacht gebiert zuerst ein Windei, woraus der Vogel Eros mit goldenen Fittigen sich schwingt, und allen Dingen ihren Ursprung giebt. Zwei Flüchtlinge aus der Menschengattung gerathen in das Gebiet der Vögel, und auf deren Rath versammeln die Vögel ihre vereinzelten Kräfte in einen ungeheuren Staat und erbauen über der Erde die Wunderstadt Wolkenkukuksheim. Den Chor bilden die Vögel und alle Vögelstimmen sind in heiterster Musik nachgemacht.

Die Zahl aller ächten Komödien des Aristophanes betrug vierzig: somit wären dreißig für uns verloren. Als Dionys, der Herrscher von Syrakus, an den Philosophen Plato den Wunsch schrieb, das athenische Staatsleben genauer kennen zu lernen, da übersandte Plato ihm als den treuesten Spiegel desselben die Komödien des Aristophanes.

Sprüchwörtlich war unter den Griechen der Fleiß des Aristophanes, mit dem er bei der nächtlichen Lampe seine Verse feilte. Diese sind auch überaus leicht und zierlich, so fest und doch so durchsichtig. Unerschöpflich ist er im Lautnachahmen und in Wörterzusammensetzungen und in seinen Versbauten. Anlage und Ausführung seiner Stücke zeigen überall den Meister seiner Kunst.

Aristophanes war so bescheiden und schüchtern, daß er lange seine Komödien durch andere, unter fremdem Namen, auf die Bühne bringen ließ. Er erlebte noch den Volksbeschluß, welcher das Sinken der alten großartigen Komödie nothwendig zur Folge hatte; den Beschluß, der die persönlichen Angriffe und die porträtirende Maske verbot. Jeder, der von einem Komiker verspottet würde, sollte gerichtlich klagen dürfen. Dadurch verloren die komischen Stücke ihre Schärfe, die sittlich politische Bedeutung. Dieses Verbot, welches die Komödie um ihre Freiheit und damit um ihre Großheit brachte, fällt in das Jahr 404 v. Chr. Die Komödie sank jetzt zu dem herab, was man das Lustspiel nennt. Sie stellte nicht mehr die lebendige Gegenwart des öffentlichen Lebens in ihrer Verkehrtheit dar, und der Chor verschwand daraus: der Chor aber war es gerade gewesen, der oft ungemessen frei zu dem Volke sprach, und mit einem wahren Schwung begeisterter Komik das Volk selbst und die Großen darin strafte. Die Begeisterung und die Persiflage des Aristophanes waren polizeiwidrig geworden, und da an großen Gegenständen sie sich nicht mehr nähren durften, verarmte die komische Fantasie und verschwand die Großartigkeit des Humors, der in der Freiheit zuvor sich einer seligen Trunkenheit überlassen hatte. Das Lustspiel war reich an Dichtern und Stücken, aber arm an Charakteren, und bewegte sich ganz im häuslichen Kreise des täglichen Lebens; es theilte sich in das eigentliche Lustspiel, die Posse, das Intriken= und das Charakterstück. Das Lustspiel war noch immer zierlich und graziös, aber nicht mehr groß.

Mit der guten Zeit der Freiheit war die alte Komödie untergegangen. Jetzt, da man nicht mehr frei war, nicht mehr im Staat und in der Politik lebte und webte, jetzt ergab man sich der bloßen Unterhaltung, und jetzt erst kam ein Stoff in die Komödie wie in die Tragödie, der beiden bisher fremd geblieben war, nämlich die Leidenschaft und die Verwicklungen der Liebe. Auch die Form verfiel, die einfache Schönheit wurde mit Pracht vertauscht, an die Stelle der großen Wahrheiten traten witzige Einfälle und der Ton wurde rednerisch. Viel berühmt waren im Lustspiel Menander und Filemon, und Stück auf Stück schritt neu über die Bühne.

Aber alle diese Stücke sind für uns verloren gegangen, bis auf kurze Bruchstücke und einige römische Bearbeitungen.

Das Drama der Griechen war abgeschlossen. Die neue Form desselben, wo in Einer dramatischen Schöpfung das Erhabene und das Komische zugleich mit und neben einander und sich gegenseitig durchdringend und hebend auftreten sollten, diese Form war nach Jahrtausenden erst einem späten Genius vorbehalten.

Noch wurde das Epos, die Lyrik und das Drama fortwährend angebaut, aber diese Poesie war eine gelehrte Poesie, sie war nicht ursprünglich, sondern Nachahmung des schon

Dagewesenen, und die alexandrinische Schule zeichnete sich darin aus. Nur die Idylle, welche kleine Bilder aus dem Volks- und Naturleben gab, und die Elegie der Liebe wurden noch glücklich, ächt dichterisch bearbeitet. Theokrit war aus Syrakus und lebte im dritten Jahrhundert v. Chr. Theokrit ist ein sanfter Dichter und der eigentliche Begründer des Hirtengedichts. Der Sinn der Griechen in ihrer Freiheit und Größe war nichts weniger als auf die gemüthliche Betrachtung der Natur und des Naturlebens gestellt, er gehörte ganz den ächt menschlichen Zuständen, dem öffentlichen Leben an. Als aber unter der macedonischen Herrschaft die Freiheit unterging, das Leben seinen politischen und sittlichen Gehalt verlor, und die reinmenschlichen, die geselligen Verhältnisse die Poesie einbüßten, durch welche sie so lange Zeit die schönsten und poetischsten der Welt gewesen waren: da flüchtete das Auge und das Gemüth zur Natur. In der Natur blühte noch die Poesie, die im Leben verwelkt war, und dem Prunk und der rauschenden leeren Pracht der Königshöfe gegenüber entstand die idyllische Dichtkunst, welche jetzt künstlerisch ausbildete, was zuvor nur als einfache Naturpoesie in Herz und Mund der Hirten und des Landvolks gelebt hatte.

Die Idyllen des Theokrit sind weder Lied noch Epos, sondern über das Lyrische und Epische wiegt das Dramatische vor. Landleute, wie Hirten und Schnitter, Städter, Fischer, Zauberinnen, also das wirkliche Leben, nicht das ideale, sind die Welt Theokrits, und die Beschränkung, die Sitteneinfalt, Zufriedenheit und Arbeitsamkeit sind die Tugenden, die er preist; die Leidenschaft der sinnlichen Liebe, der Ehrgeiz und der Luxus sind es, wovor er warnt. Seine Idyllen, dreißig an der Zahl in dorischem Dialekt, kleidet die Einfachheit und ein Schweben zwischen Ernst und Scherz gar reizend: es ist ein lieblicher Schalk im Theokrit.

Bion und Moschus haben ebenfalls liebliche Idyllen

gedichtet. Bion war aus Smyrna und lebte zu Syrakus. Moschus, sein Schüler, war aus Syrakus. Beide waren Zeitgenossen Theokrits. Ihre Dichtungen, deren rührende Lieblichkeit man aus dem wenigen Erhaltenen ahnen kann, hat, wie die Lieder der Sappho, der Fanatismus der christlichen Geistlichkeit vernichtet. Bion's Klaggesang auf Adonis ist sehr schön, ebenso sind es ein paar kleine Liebeslieder von ihm und Moschus.

Das Sinngedicht, die Elegie und das kleine Lied wurden viel gepflegt. Es war die Zeit der subjektiven Poesie. Philetas, Hermesianar, Fanokles und Kallimachos waren darin die ausgezeichnetsten. Fein, zierlich, naiv, anmuthig sind diese Dichter, Kallimachos erinnert oft an die Großheit der alten Poesie. Sie lebten alle im dritten Jahrhundert v. Chr. Viele andere sind hier nicht nennenswerth.

So endete die klassische Poesie der Griechen. Sie gab für alle Zweige der Kunst Muster auf alle Zeiten. Ihr war es gegönnt, aus der Fülle eines unmittelbar gegenwärtigen poetischen Lebens zu schöpfen. Darum ist alles in ihr so lebensvoll wahr, alles Gestalt. Ihre Dichter hatten Ehre und Gold von Anfang bis zu Ende in Fülle, durch das Volk wie durch die Fürsten. Daher die Freudigkeit, die aus der Sorgenlosigkeit kommt, die göttliche Ruhe und Befriedigung, die Harmonie, die ihren Dichtungen eigen sind. Wer in Griechenland Schönes schaffen konnte, dem wurde von allen Seiten Alles, um wie ein Gott zu leben, zu dichten und zu bilden.

Ganz unklassisch schon sind die milesischen Mährchen der Griechen, der Anfang der alten Romanliteratur. Sie gehen noch weiter ab von dem klassischen Epos, als das spätere Drama von der alten Tragödie und Komödie. Sie konnten auf keinem andern Boden wachsen und gedeihen, als aus der Asche des großen öffentlichen Lebens der Griechen. Als dieses im Erlöschen war, da fing der Grieche an, weil nicht mehr mit höheren, allgemeinen Interessen, sich mit kleinen Dingen zu befassen, und weil die Wirklichkeit kahl geworden war, flüchtete man in's Fantastische. Zu Milet, der kleinasiatischen Handelsstadt, die das jonische Athen hieß, kam das Mährchen zuerst auf, oder richtiger eigentlich der Roman. Liebeshändel, Abenteuer, Stadtgeschichten, seltsame Vorfälle, Zufallsspiele, ungeheuerliche Erzählungen und Schicksale zu Wasser und Land, die theils etwas Wahres hatten und ausgeschmückt wurden, theils von der Fantasie erfunden und fantastisch wunderlich aufgeputzt waren — das war es jetzt, womit sich der einst und so lange an's Herrlichste gewohnt gewesene Genius Griechenlands beschäftigte. Es waren leichte, leichtfertige, den Sinnen schmeichelnde, die Lüsternheit reizende, mit Wundern und Aberglauben durchflochtene, oft anziehende, oft schale Spiele der Einbildungskraft, die sich knüpften einzig und allein an kleine Privatverhältnisse. Klearch hatte einen leisen Anfang dazu gemacht; eigentlich berühmt dadurch wurde der Milesier Aristides, 100 Jahre v. Chr.; Jamblichos aus Syrien, 175 Jahre n. Chr.; Longos, der den Schäferroman Dafnis und Chloe schrieb; Heliodor und Achilleus Tatios, alle drei im fünften Jahrhundert nach Christus, anderer zu geschweigen. Der Styl ist oft zierlich, oft überladen, immer gekünstelt; die Schilderungen sind bisweilen fein und anmuthig und die Charakterzeichnung gut. Aber was auch noch Löbliches an diesen Liebesgeschichten, Novellen, Romanen und Mährchen sein mag: die große Geist und Herz stärkende Literatur der alten Griechen war darin zu einer Literatur für die Langeweile herabgesunken, und etwas vom alten Geist kam und wie der bei einem andern nicht griechischen Volke zum Vorschein, bei den Römern.

Altrömische Poesie.

Die Römer gehören zu denjenigen Völkern, deren Thaten und Eroberungen poetisch sind, die aber keine ursprüngliche Poesie des Wortes haben. Die Poesie der Römer, so weit sie von Bedeutung ist, erscheint nur als Aneignung und Nachbildung griechischer Vorbilder.

Tischlieder, auch Scherzspiele, Atellanen genannt, kannten die Römer vor der Bekanntschaft mit den Griechen; eben so ländliche Gesänge. Sie müssen aber sehr roher Art gewesen seyn. Uebersetzungen griechischer Poesien brachten den Römern die erste Ahnung wahrer Poesie bei im dritten Jahrhundert v. Chr. Als der Vater der römischen Dichtung gilt Ennius, von 239 bis 169 v. Chr. In ihm streitet die griechische und die altrömische Bildung. Er ist aber eigentlich kein Dichter; denn seine Kraft besteht in der Reflexion, wie die Bruchstücke von ihm zeigen. Plautus 184 v. Chr. schrieb hundert und dreißig Komödien, es sind aber nur lateinische Bearbeitungen griechischer Lustspiele, Menanders und anderer griechischer Komiker, so weit wir aus neun und zwanzig erhaltenen schließen können: da ist alles von so entschieden griechischer Art in Gesichtsschnitt und Bildung, daß, trotz der lateinischen Sprache und körnigten römischen Witzes, diese beiden Beigaben den griechischen Ursprung des Ganzen kenntlich genug lassen.

Welch' andere Luft in Rom und überhaupt in Italien für die Poesie wehte als in Griechenland, dafür zeuge das Eine schon genug: Plautus gerieth in Schulden mit seinen Schauspielen; er wurde als Sklave seinen Gläubigern übergeben, und mußte eine Zeit lang, um leben zu können, als Knecht in einer Mühle dienen, nicht vor, sondern nach seinen großen dramatischen Erfolgen. Philosophen wohl haben in Griechenland gedarbt, aber kein Dichter hat hoher Ehren, geschweige sorgenloser Muse daselbst entbehrt, und die Fürsten und Könige griechischer Zunge waren voran, dem Volke ein Beispiel zu geben, die höchste und wirksamste der Künste zu ehren, nicht an Schmeichlern der Könige, sondern an dem freiheitglühenden Pindar und an dem unbestechlichen Volksmann Aeschylos. Nie hat ein Kontrast so stark gezeigt, wie auf römischem Boden, daß, wenn man in der Kindheit die Poesie mißhandelt, sie nie gedeihen kann.

Terenz, der von 192 bis 155 v. Chr. lebte, war ein Carthager, ein Afrikaner; er ward als Sklave nach Rom gebracht. Griechenlands schöne Dichtungen hatten auf die großen Männer Roms jetzt schon Einfluß gewonnen. Darum hatte er es besser. An dichterischer Schöpferkraft fehlte es ihm, aber Werth hatten seine Stücke dadurch, so geringe Nachbildungen der letzten Komödie der Griechen sie sind, daß sie uns diese noch so zu sagen erhalten haben, obgleich Terenz griechische Stücke und Scenen zusammenschmolz, um seine Römer genugsam zu unterhalten. Aus ihm lernen wir die untergegangene Komödie Athens recht kennen: junge, lockere Herren, intrikante Sklaven, beschränkte Hausfrauen, leichtsinnige Mädchen, Hunde, Pferde, Philosophen und Gastmahle, Kuppler, Schmarozer und Soldaten — das ist so die Welt dieses Lustspiels. Terenz starb jung.

Im Gegensatz gegen die griechischen Charaktere und Sitten, die man bis jetzt allein in der Komödie gesehen hatte, brachte der Zeitgenosse des Terenz, Afranius, römisches Leben auf das Theater. Pacuvius versuchte sich in der Tragödie und nahm seine Stoffe aus der römischen Geschichte; ebenso sein Zeitgenosse Attius. Der poetische Werth aber war gering. Die Reflexion überwog überall in allen römischen Versuchen, und der erste bedeutende Dichter war Lucrez, geboren im Jahre Roms 658 oder 95 v. Chr. Sein Gedicht von der Natur der Dinge ist ein philosophisches Gedicht, welches die Lehren des Griechen Epicur den Römern empfehlen sollte. Und wenn man die trockene Philosophie in Anschlag nimmt, mit der er zu kämpfen hatte und die Schwierigkeiten, die er überwand, so wird man mit Herder ihn als eines der ersten Genies unter den Römern anerkennen. So trocken auch viele Partien sind, so leuchten doch andere im Feuer der Fantasie auf; herrliche Gemälde und Episoden sind eingestreut, und er zeigt dann etwas eigenthümlich Erhabenes, etwas von der alten römischen Majestät; rauh ist noch sein Styl, aber kräftig, und hat eine Ader ächten Witzes; seine Welt- und Menschenkenntniß darin ist groß.

Neben diesem Lehrgedicht stellte sich zu gleicher Zeit das lyrische Gedicht des Catull, geboren im Jahr 86 v. Chr. Wir haben noch eine kleine Sammlung seiner Gedichte, meist Nachbildungen aus dem Griechischen, gefällig, anmuthig, naiv, oft leichtfertig und meist tändelnd. Aber er war doch der Erste, unter dessen Hand die schwer biegsame römische Sprache leicht beweglich und niedlich sich machte.

Es ist sehr bezeichnend, daß die römische Poesie ihr goldenes Zeitalter nicht in der Freiheit, sondern nach dem Untergang derselben, am Kaiserhof hatte. Es ist übrigens nicht zu übersehen, nicht in Republiken mit aristokratischer Verfassung, wie die römische auch war, sondern durchaus in Republiken mit demokratischer Freiheit, vor allen in dem bis zur Unbeschränktheit volksfreien Athen war die griechische Kunst groß geworden.

Am Kaiserhof des Augustus war es Hofton, sich für Poesie eingenommen zu zeigen. Am Hof sollte sich alles durch Bildung auszeichnen, und man wußte wenigstens so viel, daß die schönste Blüthe der Bildung die Poesie war. Die Hofgunst und der edle Sinn mancher dem Kaiser Zunächststehender gaben den Talenten nicht nur sorgenfreie Muse, sondern auch Ehre und Auszeichnung jeder Art; es durfte an Augusts Hofe der Dichter mit dem Könige gehen, und doch vermißt man in den Dichtungen des Virgil und des Horaz jenes göttliche Etwas, das den griechischen Erzeugnissen der klassischen Zeit eigen ist, und wodurch sie sich als vom Himmel geboren ausweisen. Der Genius kann alles eher als sich bücken; die Etikette und die Convenienz beschränken ihm sein Freiheitsgefühl, in welchem er allein das Höchste zu schaffen vermag, und in welchem er allein den Seelenadel bewahren kann, den er, der Schöpfer, haben muß, wenn er diesen Adel seinen Schöpfungen aufdrücken soll.

Publius Virgilius Maro war zu Andes bei Mantua geboren im Jahr 70 v. Chr. Sein Vater war ein Töpfer. Er wurde der größte Dichter der Römer. Er dichtete Hirtengedichte; ein Lehrgedicht vom Landbau, und ein Epos, die Aeneide. Für die Hirtengedichte war Theokrit sein Vorbild. Aber schon in diesen zeigt es sich, wie der Dichter der kaiserlichen Kunstschule, Virgil, hinter dem Dichter der Natur, Theokrit, zurücksteht; und wie es etwas ganz Anderes ist um die natürliche Kunst des Naturdichters, und um die künstlich erlernte Kunst des Hofdichters. Theokrit mit seiner griechischen poetischen Seele dichtete selbst am Königshof naiv und innig wie das idyllische Leben selbst, das den Gegenstand seiner Dichtungen ausmacht. Der römische Hofdichter hat weder das Naive noch das Innige, er ist nur fein, zierlich und glatt. Sein Lehrgedicht vom Landbau hat in manchen Stellen wahrhaft poetischen Werth; es ist einzig in seiner Art und wäre poetisch, ein wirkliches Gedicht, wenn die beschreibenden Gedichte überhaupt wahre Poesie seyn könnten.

Einen großen Gedanken hatte er, indem er den Römern ein Nationalgedicht schaffen wollte. Aber dieser Gedanke verlor wieder viel dadurch, daß er für dieses Gedicht die epische Form wählte, in einer ganz unepischen Zeit, und es unter-

nahm, vor den Augen eines Volkes, das aus einer halbtausend=
jährigen Republik so eben erst in eine Monarchie übergegan=
gen war, die Vorzeit dieses Volkes und das Kaiserhaus des
Augustus zugleich zu verherrlichen. Er hatte keinen rechten
Boden für sein Epos und selbst das, wodurch er viel hätte
ersetzen können, die Erfindungsgabe, stand ihm im Vergleich
mit Homer in geringem Maaße zu Gebot. Aber die Form
bei ihm hat einen eigenthümlichen Adel, eine römische Hoheit
und Pracht, freilich mit viel Rhetorik; oft läßt er die Leiden=
schaft sich ganz im Ausdruck verkörpern. Die Einfachheit,
die Ruhe, mit der sich alles entfaltet im alten Homer, die
entbehrt Virgil. Auch sind, ganz unhomerisch, seine Helden
sentimental, und die tragische Liebesgeschichte der Dido nähert
das Gedicht ganz den Gefühlen und der Gemüthswelt der
neuen Zeit. Gerade diese Episode von der Dido beweist,
wie Virgil mit seinem Talent fehlgegriffen hat: sie ist eine
Tragödie im epischen Vers, voll Leidenschaft und wunderbarer
Schönheit. Auch ist die ganze Aeneis, wenn auch kein har=
monisches Ganzes, reich an erhabenen und prachtvollen Stel=
len, großen, kurzgefaßten Wahrheiten, und vom schönsten
Versbau. Er selbst überschätzte seine Epos nicht: in seinem
letzten Willen verordnete er, das mangelhafte Werk zu ver=
brennen. Seine Freunde aber erhielten es der Nachwelt, und
Millionen erfreuten und stärkten sich seitdem an diesem Ge=
dicht, durch das die Idee der ewigen Roma sich zieht, als
die Lebensader desselben, groß und patriotisch.

Virgil starb im Jahr 19 v. Chr., und nur zehn Jahre
überlebte ihn sein Freund, der größte lyrische Dichter der
Römer Horatius Flaccus.

Horaz hat Oden, Satyren, Episteln und Epoden gedichtet.
Die Griechen waren ihm nicht blos Vorbilder, sondern er
übertrug manchen griechischen Gesang theilweise in seine rö=
mischen Oden, aber er durchzog die griechische Form mit ächt

römischem Geiste. In ihm paart sich heiterer Frohsinn mit Begeisterung für die altrömische Tugend und die Sitten der großen Männer der Vorzeit; mit der Geschmeidigkeit des feinen Welt- und Hofmanns Vorliebe für republikanische Grundsätze, und wenn er von diesen spricht, wird er am wärmsten; zartes Gefühl für alles Schöne und Edle mit feinster und schärfster Ironie. Seine Gedichte sind reich an Gedanken, voll Harmonie und melodischem Rhythmus, und gleich groß sind darin die Kraft und die Grazie. Die Idee des Ganzen ist ihm stets eigenthümlich, wenn er auch Einzelnes bei mancher Ode griechischen Vorbildern abborgt. Die Epoden sind gering. In der Satyre und im Lehrgedicht ist er groß durch das Treffende seines Witzes, wie seines Urtheils, durch Menschenkenntniß wie durch Kenntniß des Schönen. Alles bei ihm, selbst das Kleinste, hat Gehalt und Form, außer den jugendlichen Epoden. Was man so eigentlich poetisches Feuer heißt, das hat er nicht; keines seiner Lieder ist davon durchglüht, die meisten sind kalt, seine Liebeslieder oft fast steif, wenige sind angeglüht. Aber Geist, Sinn, Witz, selbst Humor, feinen Gesellschaftston, Lebensweisheit, bündige, heitere Lehrhaftigkeit, anschauliche Wahrheit, Freiheit im Urtheil, viel Menschlichansprechendes, Liebenswürdiges — das haben seine Gedichte.

Viel natürlicher, feuriger, schwärmerischer und zärtlicher, weicher sind die Gedichte des Tibullus.

Er war um das Jahr 30 v. Chr. in Rom geboren, und schon Quintillian nennt ihn den ersten elegischen Dichter der Römer. Liebe und Freundschaft sind die Hauptelemente seiner Poesie. Gar wohl thut inmitten der gelehrten römischen Kunstschulen-Poesie, bei Tibull nichts von Gelehrsamkeit, Nachahmung und Gemachtem zu finden. Es strömt ihm von selbst unmittelbar aus dem Herzen, natürlich, einfach, wahr und lauter, und ein Herz, ein verwundetes, oft bis zur Sehnsucht nach dem Tod liebekrankes Herz spiegelt sich in seinen schönen Liedern ab.

Viel anders ist das bei dem mit Unrecht berühmteren Ovidius, der im Jahr 43 v. Chr. zu Sulmo geboren ward, und im Jahr 16 v. Chr. starb. Ovid vereinigte viele Gaben in sich, wodurch er hätte der größte Dichter der Römer werden können, wenn er die Hauptsache noch dazu gehabt hätte, inneren Kern, Charakter. Er hatte eine sehr lebendige, viel bewegliche Einbildungskraft, aber keine Fantasie, die das Vermögen der Ideale ist. Er hatte einen glücklichen behenden Witz, reiche Kenntnisse und ein Auge für Alles in der Welt, nur nicht für das Höhere und Edle. Sein poetischer Geist war durch und durch verunreinigt: er war nicht leichtsinnig, sondern über alle Maaßen liederlich, und wo seine Kunst das Schönste giebt, was sie vermag, bleibt von dieser Liederlichkeit her noch immer ein starker Beigeschmack am Kunsterzeugniß hängen.

Die schönste Gabe seiner Kunst sind seine „Metamorphosen", das heißt, Verwandlungen, in fünfzehn Büchern. Sie sind erzählend und beschreibend. Die bedeutsamsten Mythen der Götterlehre stellt er darin zusammen, und deutet sie schön und sinnreich. Mehr geschichtlichen als poetischen Werth haben seine „Fasti", eine dichterische Beschreibung von dem Ursprung und der Feier der römischen Feste. Seine „Liebesgemälde", in drei Büchern, haben sehr schöne einzelne Stellen, sind aber im Ganzen liederlich wie er selbst und wie die vornehme Welt seiner Zeit, deren Verdorbenheit sie abspiegeln; liederlich, wie sein Gedicht „die Kunst zu lieben"; ein Werk, das bedauern läßt, daß so viel Kunst daran verschwendet ist, und daß ein solcher Schatz von feinen Beobachtungen des menschlichen Herzens in einen solchen Sumpf eingesenkt ward.

In der äußern Form ist er in der Regel ganz Künstler: seine Sprache und sein Vers sind fließend, anmuthig-leicht, zwanglos, wohllautend, durchsichtig; die Rede färbt sich immer wieder anders je nach dem Charakter des Gegenstandes; er weiß selbst den Schmerz mit Grazie zu kleiden, und eine Heiterkeit liegt über allen seinen Dichtungen, seine „Trauergesänge" ausgenommen. Aber wiewohl er die Grazie kennt, so ist sie doch bei ihm eine sehr selten erscheinende Freundin.

Auch in der äußeren Form, so sehr er Meister darin ist, läßt er sich manchmal auf's Nachläßigste gehen, mancher Vers ist auch der Form nach wahrhaft liederlich. Dabei wird er nur zu oft rednerisch statt poetisch, dichtet oft mit dem bloßen Verstand und blos für den Verstand, und quält den Leser mit Ueberfluß an Worten, mit Wiederholungen plauderhafter Geschwätzigkeit, mit Aufspeicherung von Beispielen und Bildern, eines über das andere, und mit Ausmalung der Dinge, die er beschreibt, mit ihrer Zerfaserung, bis in's Kleinste und bis zum Ekel. Seine Trauergesänge besonders sind unerträglich durch alle diese Fehler, dabei leer von jeder edeln Gesinnung, von jeder Kraft bis zur Erbärmlichkeit. Wahr ist es, Ovid war ganz auf dem rechten Wege zur wahrsten Poesie: er nahm, was er dichtete, aus dem Leben, aus der wirklichen Welt; er lebte seine Poesie, eh' er sie in den Vers brachte. Aber er kam eben nicht weit vorwärts auf dem rechten Weg zur Poesie, er blieb zu tief unten, er stieg nicht hinauf, und so war er und bleibt er ein reichbegabtes, zerfahrenes, kraftlos gewordenes unmännliches Genie, das blendet, hinter dem aber doch nichts Rechtes ist.

Auch **Propertius** ist sinnlich aber in viel eblerer Art. Dieser lyrische Dichter ist wahrscheinlich im Jahr 52 v. Chr. geboren in Umbrien, dem heutigen Gebiet von Urbino, Spoleto und Romagna, es ist ungewiß, in welcher Stadt; und er starb im Jahr 16 v. Chr. Seine Vorbilder waren die Griechen Philetas und Kallimachos.

Properz ist schon, wie Ovid, nicht mehr rein lyrisch, er

hat manches Lehrhafte und Gelehrte, und es fehlt ihm die Innigkeit und Zartheit Tibulls, wie dessen Natürlichkeit und Einfalt in der Darstellung. Auch ist er gar nicht so züchtig wie Tibull in seinen Liedern der Liebe. Aber seine Gedanken sind kräftiger und seine Sprache männlicher als die Tibulls und seine Farben brennen. Tibull ist jedoch ein großer ursprünglicher Dichter; Properz ein großer poetischer Nachahmer.

Mit der Zeit des Augustus hörte das goldene Zeitalter des Gesanges unter den Römern auf. Das Hochtrabende, das Rednerische des jetzt noch Gedichteten bewies, daß die Poesie krank war wie der Staat. Lucanus versuchte nochmals ein römisches Epos, das unter dem Namen Farsalia die Ereignisse des Bürgerkrieges zwischen Cäsar und Pompejus erzählt. Dieses Gedicht glänzt durch Charakterschilderungen und Reden, und manche Stelle voll Kraft und Anmuth: ist auch das meiste rednerisch, so wird er doch poetisch, wo der wahrhaft hohe Sinn, der in ihm war, durchbricht, und tief einblickend zeigt er sich, wo er die Seele malt und das innere Räderwerk der Handlung. Geboren unter der Regierung des Caligula zu Corduba in Spanien im Jahr 38 n. Chr., starb er im siebenundzwanzigsten Jahre gewaltsamen Todes, weil er gegen den Tyrannen Nero sich verschworen hatte.

Silius Italicus, der im Jahr 100 n. Chr. starb und den zweiten punischen Krieg in einem epischen Gedicht beschrieb, ist gar kein Dichter; er ist ohne alle Erfindung, ohne alle Poesie, sein Gedicht ist reine Prosa in Versen. Statius ist noch ärmer.

Die Verdorbenheit des Zeitalters erweckte wenigstens einen großen Satyriker, den Juvenalis. Das ist ein feuriger, freimüthiger, von Prophetenzorn begeisterter Satyriker, mit dem reinsten Adel der Gesinnung, und er richtete, wie noch alle großen Satyriker, die Pfeile seines Spotts und seines Zorns nur auf die öffentlichen Sitten und auf das öffentliche Leben, auf öffentliche Personen; deren Laster strafte er. Er ist nicht geschmeidig und graziös wie Horaz, aber viel großartiger. Er war geboren im Jahr 38 n. Chr., zu Aquinum in Italien, und die Verbannung nach Egypten war der Dank für seine feurige Wahrhaftigkeit. Der Satyriker Persius, sein Zeitgenosse, hatte nicht Fantasie genug, um die Laster poetisch zu malen, und poetisch zu verspotten. Auch ist er zu dunkel bei seiner Trockenheit. Martialis machte manches witzige Sinngedicht, war aber eine gemeine Seele. Ausonius, der im vierten Jahrhundert n. Chr. lebte, hat in seinen Idyllen wenigstens Lieblichkeit. Petronius, im ersten Jahrhundert n. Chr., spiegelte in seinem Satyricon, einem sehr verschrieenen Buche, mit meisterhafter klarer Darstellung, mit kecken, großen, frechen Zügen, ironisch die thierischen Sinnengenüsse seiner Zeit ab; und Apulejus schrieb unter der Regierung Hadrians den launigen Roman „der goldene Esel". Er prägte darin die milesischen Mährchen in's Römische um, mit Einbildungskraft und oft mit Zartheit. Die dramatische Poesie verkümmerte ganz. Die Trauerspiele des Seneca sind gering an poetischem Gehalt, ganz rhetorisch, schlecht in der Anlage und Ausführung, voll Schwulst und Uebertreibung.

Die römische Poesie leuchtete noch einmal auf in Claudius Claudianus aus Alexandria. Er lebte unter den Kaisern Theodosius I. und Honorius am Hof zu Ravenna, also zu Ende des vierten Jahrhunderts n. Chr. Er hatte sich am Geiste der großen Dichter der alten Zeit genährt, und in ihm selbst war ein edler, reich und tief gebildeter Geist, mit schöner Einbildungskraft und schöner Form, die nur hie und da unter rhetorischem Schmuck leidet und unter der Prosa der Zeit, die er in seinen Gedichten behandelt. Sein episches Gedicht „der Raub der Proserpina" hat entschiedenen poetischen Werth, und seine Epigramme nähern sich der Form und dem Gehalt nach den griechischen. Es war aber dies das letzte Aufleuchten der antiken Poesie: mit Claudianus erlosch sie.

Das ist die kurze Geschichte der römischen Poesie. Die Römer waren für die Politik und für die Geschichte, auf diesen Feldern sind sie herrlich: für die Poesie war der römische Geist zu nüchtern; es fehlte ihm die Wärme, die Beweglichkeit, die Fantasie und Plastik, die Vielseitigkeit des griechischen Geistes. Die römische Poesie ist durch Kunst herangezogen und gepflegt, und kein Naturerzeugniß eigenen Bodens. Sie ist ein griechischer Ableger oder vielmehr eine Mischpflanze aus Griechischem und Römischem: sie entbehrt der Selbstständigkeit und der natürlichen Schönheit, nicht aber der Großartigkeit und der Kraft, die dem römischen Geist eigen waren.

Mittelalterlich-romantische Poesie.

Die orientalische wie die griechische Poesie zeigten sich, jene in fast ausschließlicher, diese wenigstens in inniger Beziehung zur Religion. Die Naturreligion hatte sich den Griechen so verklärt, daß ihnen das Göttliche zum Schönmenschlichen wurde; und die Staatsform der Republik, und zwar der demokratischen Republik, war der freiesten Entfaltung des Schönmenschlichen unter dem griechischen Himmel so günstig, daß dieser Staat und diese Religion miteinander eine Poesie hervorbrachten, in welcher uns noch heute das Ideal des Schönen, der lebenswahrste Gehalt in edelster Form vor Augen steht. Mit den Göttern Griechenlands und mit der freien Staatsverfassung ging diese schönste Blüthezeit menschlicher Kunst vorüber. Und als das kirchliche Christenthum kam, das den Menschen in der Gestalt, in der es bald herrschend wurde, und die nicht mit seinem ursprünglichen Licht zu verwechseln ist, blos in sich hineintrieb, und mit Natur und Leben entzweite, verinnerlichte sich auch die Poesie. Sie bekam um so mehr einen andern Anstrich, als durch ein neues Priesterthum, das sich übrigens nicht auf Christus berufen darf, die häuslichen und bürgerlichen Verhältnisse umgestaltet wurden und Staatsformen eintraten, die selbst keine Form hatten, und in ihrer Rohheit bei vorwiegender Priestermacht die Kunst keine schöne Form gewinnen lassen konnten. Die neue Lehre, wie sie im Munde der Priester sich verwandelte, verdammte die Poesie der Natur und des Lebens, drängte den Menschen auf das Uebersinnliche, und entrückte ihn dadurch der wirklichen Welt. War der Himmel der antiken, der plastischen Kunst ewig klar, sonnenhell und heiter, und das Leben voll Gestalt, Kraft, Freiheit und Großartigkeit: so ging die nun sich bildende mittelalterliche Poesie, die christlich=romantische, unter dem Doppeljoch des geistlichen und weltlichen Despotismus, unter einem mit ahnungsvoller Nacht behangenen Himmel, in einer magischen Dämmerung, und ihre Grundstimmung wurde Ergebung und Trauer und Sehnsucht nach einem Jenseits, ein träumerisches, nebel= und geisterhaftes Wesen: eben darum, wegen dieses Träumerischen, Jenseitigen und Nebelhaften, waren scharfe Conturen, feste Bildungen, und vollends schön= menschliche, ideale und doch lebenswahre, Gestalten nicht Sache dieser Kunst. Das Fantastische und das Abenteuerliche, und, wenn man will, das Erhabene in einem gewissen Sinn, — das war ihre Welt: die Poesie des wirklichen Lebens und die Form waren nur bis auf einen gewissen Grad ihr möglich. Erst als sie sich mit der altklassischen Kunst zu verbinden anfing, gewann sie festere Form.

A. Außerchristliche Romantik.

Was ist Romantik? Wenn die klassisch antike Kunst sogar das Göttliche selbst in schönem Fleisch und Blut zeigt, das Uebersinnliche versinnlicht und verkörpert: so ist Romantik die Poesie, welche das Sinnliche, alles Irdische in geistig verklärte Formen zerfließen und verschwimmen läßt; wenn hier das Wort Form im uneigentlichen Sinn noch gebraucht werden darf. Sie ist die Poesie der schönen Nebelbilder. Sie ist nach dem früher bestimmten Begriff von Kunst, die wir im höchsten Sinn den Griechen zuschreiben mußten, eigentlich die Unkunst, ein ohnmächtiger aber erhaben gemeinter Versuch zur Kunst; denn wenn das Schöne seine Idealität gerade darin hat, daß es in die Augen fällt, und den Eindruck vollkommenster Harmonie des Stoffes und der Form macht: so ist die Romantik, weil sie das nicht will, eigentlich das Nicht-Schöne, und vielmehr das Vergeistigte, das erhaben und feinst Gewordene, über die freudige Fülle der Schönheit in Natur und Leben Hinausgegangene. Das schönste romantische Gedicht verhält sich zum antiken, plastisch schönen immer nur, wie eine schön-blasse, schwindsüchtige, vergeistigte, ätherischangehauchte Schönheit zu einer frischen, gesunden, naturfrohen und lebenswarmen schönen Gestalt, die voll und ganz auf dem festen Boden der Erde steht und geht. Tiefe, aber nicht Größe der Ideen, Innigkeit, Zartheit und Adel der Gefühle, ja den kecken und schelmischen Humor, den Humor im eigentlichen Sinn hat die romantische Poesie vor der antiken voraus in einzelnen Werken, im Ganzen ist sie aber doch nur Blüthenstaub, vom Sommernachtshauch im Mondschein hin und her geweht.

Noch am meisten schöne feste Form und lebensvolle Karakteristik, ohne empfindsame Zuthat, hat die Romantik da, wo sie auf dem Heidenthum, also auf der Naturreligion, ruht, wie die indische und die altnordische Romantik; und da, wo sie entweder etwas von der antiken Kunst als Gefäß für ihren romantischen Gehalt sich aneignet wie die italienische, oder Selbstbewußtheit und Traum, Vernunft und geheimnißvolles Ahnen in sich vereinigt, wie in den Vorläufern Shakspeares. Shakspeare selbst gehört nicht mehr der Romantik des Mittelalters an.

Zur nicht-christlichen Romantik gehört die indische Poesie zunächst. Wir sahen früher, wie sehr diese Poesie das Sinnliche vergeistigte, die ganze Natur mit Geistern füllte und die Erde in den Himmel hinein schob. Die altnordische Romantik hat die Welt der Geister mit ihr gleich, aber wie die Natur des Nordens eine andere ist als das Klima Indiens, so hat die Romantik des Nordens von dem kalten, neblichten Himmel, von den Schauern seiner Felsenküsten und seiner Meere, seiner Schneegebirge und seiner Wälder, seines Winters und seiner langen Nächte, mit einem Wort, von seiner düstern und seiner erhabenen Natur eine Bildung und Farbe empfangen, die der indischen Romantik ganz entgegengesetzt sind.

Von der Poesie der Germanen des Nordens, oder den Scandinaviern, welche den dreizweigigen Volksast Dänen, Schweden und Norweger bilden und zum Urstamm der Germanen gehören, sind noch herrliche Denkmale in der Edda übrig. Nicht sowohl, wie man gewöhnlich sagt, einen Dichterstand, einen Sängerorden, bildeten die Scalden, sondern sie waren wohl, wie bei den Griechen von Homer bis auf Sappho und Pindar, Dichterfamilien, Sängergeschlechter, in denen großentheils die Gabe der Musik, des Gesangs und der Dichtung forterbte, und als Kunst fortgeübt wurde; und die, wie bei den Griechen, mit ihrer Kunst zum Gottesdienst gehörten. Die ältesten Gedichte, die wir von ihnen haben, reichen jedenfalls bis ins sechste Jahrhundert v. Chr. hinauf; es sind Götter- und Heldensagen. Siebzehn Lieder der älteren Edda, das heißt, des Buches der Weisheit, sind ein Spiegel der altheidnischen Religion der Germanen. Das herrlichste Lied darunter ist die Weissagung der Wöla von der Schöpfung bis zum Untergang der Götter- und Heldenwelt, und nach ihm das Sonnenlied. Der übrige Theil der Edda enthält dreiundzwanzig Dichtungen aus der Heldensage der Germanen von dem Drachentödter Sigurd (Siegfried), von Brunhild und Gudrun, von Zauberei, Liebe, Mord, Blutrache und Todestreue.

Im eilften Jahrhundert wurden diese alt heidnischen Lieder gesammelt. Sie sind in Strophen gedichtet, meist von acht Zeilen. Die Sprache ist kurz und groß. Die Lieder haben viel Dramatisches. Die Kunst des Verses wurde bis zum Künstlichen getrieben. Bis auf hundert sechs und dreißig Versarten kannten die Scalden. Die Eddalieder sind noch ohne Reime und haben nur die Alliteration. Vom Jahr 1150 an kam erst der Reim in diesen Landen auf.

Ausserdem hatte der Norden manche poetische Volkssagen, sehr ausgeprägt, wie die Volsungasage; die Nornagstrsage; die Lodbrokisage; und die Wilkina- oder Niflungasage.

Aus dem vierzehnten und fünfzehnten Jahrhundert sind viele Volkslieder erhalten, Nachklänge der altheidnischen Sage, roh, gewaltig, kurz andeutend, wenig Worte viel Thaten; durch und durch dramatisch, alles in großen Umrissen, in schroffen, harten Uebergängen, aber nur um so kräftiger packend; riesenhaft, großgestaltet, aber nicht schön gestaltet; meist wild und ungeheuerlich, selten zart: ihre Grundfarbe ist blutroth und düstergrau, durch das die Innigkeit des germanischen Gemüths hie und da nur wie ein Streif Himmelblau, wie ein Sonnenblick vorbricht. Obwohl später ausgebildet in der Form, wie wir sie haben, gehören sie doch durch Inhalt und Ton der altheidnischen Zeit an, wie auch die nordischen Balladen: sie sind von der alten Naturreligion durchdrungen. Das Zauberelement spielt eine große Rolle darin, und wer wissen will, wie zart und rührend diese Balladen seyn können, wenn sie einmal zart seyn wollen, der lese, wie Goldburg ihren Liebsten in den Tod ruft, oder wie die

Mutter im Grab ihre Kinder weinen hört, und aufsteht, sie zu trösten.

Hieher gehören auch die ältesten schottischen Volksgesänge, die des Celten Ossian, oder vielmehr die sogenannten Ossianischen.

In Britannien, zumal in Irland und Nordschottland, blühte die Dichtkunst schon in den ersten Jahrhunderten v. Chr. Barden hießen ihre Sänger, sie waren zunftmäßig, es waren Sängerschulen, zwölf Jahre dauerte die Lehrzeit für Dichtkunst und Musik. Vor allen berühmt war die Bardenfamilie aus dem Geschlecht Fingals, des ersten Helden des Königs Kormak von Irland. Diese Familie blühte zu Ende des dritten und vierten Jahrhunderts v. Chr. Fingal kam herüber nach Schottland und fiel im Kampf für seine hier angesiedelten irischen Brüder gegen die Römer. Er blieb als Nationalheld in der Verehrung der späten Geschlechter, und sein Sohn Ossian als Nationalsänger. Ossians Gesänge pflanzten sich durch viele Jahrhunderte mündlich fort im Volke der Iren und Bergschotten, wie die Gesänge Homers im Munde der Jonier, aber wohl ein Jahrtausend dauerte es länger für Ossians Gesänge, bis sie zum Theil aufgeschrieben, und 14 Jahrhunderte, bis sie gesammelt und ganz aufgeschrieben wurden. Den ersten Anfang dazu machte der Schulmeister Stona in Dunkeld 1756, und Macferson im Jahre 1760. Er fand sie bei den Bergschotten in gälischer Sprache, theils auf Blättchen aufgeschrieben, größtentheils aber mußte er sie erst aus dem Munde der Hochländer aufschreiben; er übersetzte sie frei ins Englische, verband einzelne Stücke miteinander, ergänzte Lücken und that wohl da und dort von seinem Firniß dazu. Später aber, im Jahre 1807, gab die holländisch-schottische Gesellschaft die gälischen Originale von eilf ossianischen Gesängen heraus, und Macferson, dem der Unverstand zahlreich nachgesagt hatte, er habe seine eigenen Erzeugnisse unter dem Namen Ossians einschmuggeln wollen, war, was die Treue des Ganzen betrifft, gerechtfertigt. Merkwürdig ist, daß diese Gesänge, an der äußersten Gränze der alten Welt gegen Nordwesten hin, im westlichen Schottland gedichtet, im gälischen Original dasselbe Versmaaß haben, das den großen Sängern unter dem Himmel Griechenlands eigenthümlich war und das sich sonst nirgends findet als noch bei den Römern, nämlich den daktylischen kataleftischen Trimeter.

Ossians Gesänge sind epische Lieder mit lyrischem Grundton, voll Handlung, Darstellung, Leidenschaft, Rythmus, Gesang. Sie leben und weben im Heidenthum: sie sind Gesänge der Klage, welche die Heldenthaten einer untergehenden großen Zeit, den Preis vergangener besserer Tage, namentlich die Thaten und Abenteuer der Familie Fingal, zu ihrem Hauptgegenstand haben. Den Mittelpunkt bildet Ossian, der wie Homer im Alter blind gewordene Sänger, mit seiner Klage um seinen zu früh verstorbenen Oscar, aber diese Klage fällt nur wie ein immer wiederkehrender wehmüthiger Refrain in die Erzählung ein. Und diese Erzählung hat Irlands und Schottlands (Eirins und Albas) Befreiung von fremden Feinden durch Fingal zum Gegenstand. Episoden behandeln andere Abenteuer, auch tragische Schicksale Liebender, Heldenfeste, Leidens- und Mordgeschichten. Die fremden Feinde sind ursprünglich die Römer, später die Normannen: denn auch hier ging es wie bei Homer; nicht nur wurden die ursprünglich einzelnen Lieder später im Munde des Volkes und noch mehr im Munde der Barden ineinander geschoben und zusammen gewoben, sondern es wurde auch daran weiter gedichtet, sie wurden umgestaltet, und der Kampf mit den Römern wurde später in den Kampf mit den Normannen umgeschmolzen. Die Gestaltung der Lieder in der Art,

wie wir sie jetzt haben, mag wohl in das zehnte Jahrhundert
n. Chr. fallen.

Ossian ist, sagt F. Schlegel, wie der traurige Nachhall
eines erlöschenden Volkes und der letzte schwindende Schatten
eines untergegangenen Glaubens alter Götterlehre. Außer
den im Nebel und auf Wolken erscheinenden Geistern der ver=
storbenen Helden kennt Ossian keine Gottheit und nennt keine
mit Namen als den Lobuinn, der aber nicht in Schottland
und Irland, sondern in der Fremde, in dem schneebedeckten
Felsenland Lochlin (Norwegen) verehrt ward: es ist der ver=
götterte Held Odin der Scandinavier. Ossians Gesänge,
sagt Jean Paul, sind Abend= und Nachtstücke, in welchen die
himmlischen Nebelsterne der Vergangenheit über dem dicken
Nachtnebel der Gegenwart stehen und blinken; und nur in
der Vergangenheit findet er Zukunft und Ewigkeit. Alles ist
in seinem Gedichte Musik, aber entfernte, und dadurch ver=
doppelte und in das Unendliche verschwommene; gleichsam
ein Echo, das nicht durch rauh=treues Wiedergeben der Töne,
sondern durch abschwächendes Mildern derselben entzückt. Die
enge Sinnenwelt zerfließt und versinkt in dieser Romantik in
eine gränzenlose Geisterwelt.

„Ossians Gesänge, sagt Herder, sind voll Seele und
Belebung. Wie bei den Morgenländern, sind bei diesem
Naturdichter des äußersten Nordens alle Gegenstände perso=
nifizirt, voll Leben, voll Bewegung, sey's Wind und Welle,
oder gar der Bart einer Distel. Die Sonne ist ihm ein
rascher Jüngling, der Mond ein Mädchen und hat auch
Schwestern, andere Monde, am Himmel gehabt; der Abend=
stern ist ihm ein lieblicher Knabe, der kommt, blickt und wie=
der weggeht. Ossian ist in Personifikationen Hiobs Bruder.
Freilich, so sehr ich die celtische Poesie liebe, ist's mir doch
immer, als ob ich unter einem bewölkten Abendhimmel wandle.
Schöne Scenen zeigt sie in Wolken und auf der Erde, aber

ohne Sonne, ohne Gott, ohne Zweck, der irgend ein Ende zeigte. Man verfliegt zuletzt mit dem Lüfchen, da man im Orient auf dem Fels des ewigen Gottes steht.

Die Urtheile dieser drei Namen bürgen gewiß für den Werth des Homers des Nordens. Suche man nur nicht bei den Barbaren des schottischen Hochlandes jenen Homer des früh gebildeten milden Joniens: aber einen eigenthümlichen Reiz werden für jeden diese Gesänge haben, mit ihren kühnen und doch lieblichen Bildern, mit ihrer sanften Trauer, mit ihrer Einfachheit und dabei so tiefen Empfindung, mit ihrer Düsterheit und ihrem durchstrahlenden zartesten und mildesten Sinn, mit ihrem malerischen Ausdruck und ihrem schönen Maaß in der Darstellung der Leidenschaft.

Das Höchste aber, was die germanische Romantik hervorgebracht hat, die vorchristliche heidnische, wie die christliche: das ist das Nibelungenlied der Deutschen.

Das Nibelungenlied ist oft genug die Ilias der Deutschen genannt worden. Aber an künstlerischer Vollendung, an Umfang und Tiefe des nationalen Interesses, der wahrhaft volksthümlichen Anregungen, hält dieses altgermanische Heldengedicht mit den Gesängen Homers keine Vergleichung aus. Dennoch ist seit dem homerischen Epos nichts Großartigeres und Gewaltigeres gedichtet worden, als die Nibelungen. Alle bedeutenden Gestalten der altheidnischen Heldensage der Germanen haben sich in diesem Heldengedicht versammelt, welches das schauerliche Schicksal des burgundischen Königshauses zum Gegenstand hat, und bald am Rhein, bald im hohen Norden, bald an der Donau am Hof des Hunnenkönigs Ezel spielt. Es fehlt ihm die kunstreiche, ebenmäßige Plastik des antiken Epos, wo Alles bis in's Kleinste hinaus mit Liebe und Treue vor's Auge gebildet ist: und doch ragt das Nibelungenlied hoch über alle Erzeugnisse des Mittelalters durch die Kraft und Tüchtigkeit der poetischen Darstellung, die so ganz deutsch treuherzig ist, durch sichere feste, plastisch hervortretende Charakteristik, und durch eine gewisse gleichförmige Ruhe, bei dramatischer, hochtragischer Anlage des Ganzen, und endlich dadurch besonders noch, daß es das Menschliche überall vor Allem berücksichtigt. Kerndeutsch ist seine Gesinnung, aber gänzlich heidnisch=deutsch. Von christlicher Mystik, von gläubiger Tugend, von dem Weichen und Zerfließenden der spätern Romantik findet sich darin nirgends Etwas, ob es gleich erst im dreizehnten Jahrhundert nach verschiedenen Ueberarbeitungen und Erweiterungen seine jetzige Gestalt erhielt. Denn es ist aus alten Volksgesängen und verschiedenen Sagenbestandtheilen nach und nach mehr zusammen gewachsen, als zusammen gedichtet, woraus sich manche künstlerische Nachlässigkeit, mancher Widerspruch darin erkärt. Es fehlte denen, welche die verschiedenen Bestandtheile verbanden, an jener schaffenden Formkraft, durch die es allein hätte so umgeschmolzen werden können, daß es Ein schöner Guß geworden wäre. Wir verweisen auf die in der Geschichte der deutschen Literatur von uns gegebene Ausführung. So wie es jetzt ist, besteht es aus langzeiligen, achtgliederigen gereimten Strophen, hat 9636 Verse und ist in 40 Abenteuer abgetheilt. Das Ganze heißt auch das Buch Chriemhildens, weil diese die Hauptheldin ist.

Eben weil der Grundton des Gedichts heidnische Tüchtigkeit ist, konnte es trotz seiner Großheit das christlich gewordene Mittelalter nicht so befruchten, daß an ihm wie an Homer die nationale Poesie sich fort entwickelt hätte. Es kam die Zeit, wo sich aus dem christlichen Sinne bei geringen Nachklängen altklassischer Bildung das Herzinnige, die Schwärmerei des Gefühls in fantastischer Einkleidung herausbildete.

B. Christliche Romantik.

1. Altfranzösische Romantik.

Die französische Romantik hat ihre Wiege im Norden Frankreichs. Sie ist theils eine geistliche, theils eine weltliche, theils eine Mischung beider. Die geistliche Poesie hat ihre Stoffe theils aus den heiligen Schriften, theils aus den heiligen Sagen, die sich um die Namen der Märtyrer und frommer Männer gewoben hatten. Die weltliche Poesie hat ihren Stoff aus den alten Volkssagen der Heldenzeit, und Fränkisches, Bretonisches und Normännisches vermischten sich bald darin. Später nahm man den Stoff auch aus der alten Welt der Griechen, aus der Geschichte des trojanischen Krieges und Alexanders des Großen. Daneben wurden bald auch kürzere gereimte Erzählungen (Contes et Fabliaux) beliebt, die ihren Stoff aus dem täglichen Leben nahmen, und bald als lustige Schwänke, bald als ernste Moralstücke sich gaben.

Durchaus herrschte in Nordfrankreich die epische Dichtung vor, jedoch nicht das Epos im antiken Sinn, auch nicht das romantische Epos, wie wir es bei den Italienern finden werden, sondern eine Art epischer Gedichte, oder vielmehr gereimter Romane, die später in Prosa aufgelöst wurden. Diese gereimten Romane wurden im zwölften Jahrhundert, vor welchem Nichts da ist, in Masse zu Tage gefördert. Der Stoff ist die Hauptsache, die Form hat der antiken Poesie gegenüber wenig Werth. Die alte Heldensage war durch die herumziehenden Sänger (Jongleurs) nach und nach in's Wunderliche und Fantastische verändert worden, und die gelehrten Dichter (Claires) schrieben die alten Gesänge zu größeren epischen Dichtungen um und zusammen. Die Welt, darin sie sich bewegen, sind Feen, Riesen, Zwerge, Geister aller Art und Wunder aller Art, Verzauberungen und Ungeheuerlichkeiten und das Menschliche tritt sehr in den Hintergrund. Da die ganze Zeit fantastisch war, so wurden viele dieser Dichtungen ganz volksthümlich. Wie die Sagendichtungen von Artus und seiner Tafelrunde, deren Quelle eine niederbretagnische Chronik war, die Romane von Merlin, Lancelot, Tristan, vom Graal u. s. w. gaben, so spann sich aus der Sagenchronik des Turpin eine Reihe Romane heraus, von Karl dem Großen und seinen Paladinen. Auch diese Romane haben ihre eigenthümlichen Schönheiten, aber das Unbefriedigte ist ihr Grundton und genügen können sie dem nicht, der unter dem klaren Himmel der antiken Poesie und ihren ausgeprägten schönen Menschengestalten mit ihrem rein menschlichen Wesen und ihrem Leben voller Genüge heimisch geworden ist.

Die lyrische Poesie wurde in Nordfrankreich wenig gepflegt, doch haben einzelne erhaltene Lieder des Kriegs und der Liebe, sowie der satyrischen Art mehr Kunstwerth als jene Romane.

Größeres Ansehen und großen Einfluß auf die Sitten hatte die **südfranzösische** oder **provençalische Poesie**.

Auch die Provençalen gaben epische Gedichte, und Schade ist es gewiß, daß der Roman Guiot's von Provence „der Graal oder Titurel und Parcival", auf den sich der deutsche Sänger Wolfram von Eschenbach beruft, verloren gegangen ist. Aber die Blüthe der provençalischen Poesie war das **Minnelied**. Hierin zeichneten sich Hunderte von Sängern aus. Doch besteht der Vorzug des provençalischen Liedes mehr in der kunstvollen Entwicklung der äußeren Form, der Reimstrophe; darin thaten die Troubadours (Erfinder im Gesang) viel; und doch ist die Volkspoesie mit ihrem einfachen Reim und dem einfachen Vers, poetischer, als die ihr gegenüber so hoch berühmte Kunst der Troubadours, dieser

provençalischen Kunst= und Hofdichter. Vom Königshof bis
zum Edelhof herab fanden sich diese Troubadours. Zur rech=
ten Zeit war ihre Wirkung eine schöne: sie veredelten das
Ritterthum, indem sie die Sitten milderten, und in die rauhe
eiserne Zeit die Frauenhuldigung und mit ihr und dem Ein=
fluß der Frauen auf die Gesellschaft mehr Menschlichkeit ein=
führten. In einem Leben, wie das vom neunten bis zum
dreizehnten Jahrhundert, „finster und wild, blieb doch die Liebe
lieblich und mild".

Man theilt gewöhnlich die provençalische Poesie in drei
Zeiträume, wovon der erste mit dem zehnten Jahrhundert be=
ginnt; der zweite mit der Mitte des zwölften Jahrhunderts
bis zur Mitte des dreizehnten; der letzte Zeitraum endet mit
dem Jahr 1290. Die wahre Blüthezeit ist der zweite Zeit=
raum, er beginnt und endet mit der Größe des deutschen
Kaiserthums unter den Schwaben; es war genau die Zeit,
wo die großen Hohenstaufen die Kaiser der Christenheit waren.
Da war der Gesang hoch geehrt, und da konnte er auch nicht
anders als heiter, frisch und frei seyn. Die Poesie wurde in
dieser Zeit gelebt und nicht blos gedichtet und gesungen. Die
berühmtesten Provençalen dieser Zeit waren Jauffred de Ru=
del, Bertrand du Born, Bertrand de Ventabour, Arnaud de
Marville, Arnaud Daniel.

Man staunt übrigens, wenn man sieht, wie die unermeß=
lich groß bewegte Zeit, wo die Freiheit mit dem Despotismus
kämpfte und siegte, wo Pabst und Kaiser, die geistliche und
die weltliche Macht in Jahrhunderte langem Kampfe lagen,
wo das christliche Abendland mit dem muhamedanischen Mor=
genland, wie mit dem sarazenischen Westen sich feindlich und
freundlich berührte, wo im Kampf und Untergang die Albi=
genser im südlichen Frankreich selbst die höchste Heldenpoesie
der That darstellten; nichts weiter hervorbrachte im weiten
Feld der Dichtung, das, wahrscheinlich Guiot's Titurel und

Parcival, wenn wir ihn hätten, ausgenommen, von Bedeutung
wäre; denn alles, was wir aus dieser provençalischen Blüthezeit haben, sind Lieder der Liebe, die sich in Liebeslieder des
Tages (Albas) und Liebeslieder des Abends (Serenas), und
in Klagelieder der über den Tod der geliebten trauernden
oder der verschmähten Liebe theilten. Nicht blos die große
bewegte Gegenwart und ihre Geschichte, sondern die Fülle
des Lebens überhaupt wie die Natur mit ihrem Reichthum
sind für diese Sänger und ihre Lieder nicht vorhanden, und
die ganze Troubadour-Poesie ist, vom ästhetischen Standpunkt
genommen, in Wahrheit, mit wenigen Ausnahmen, unbedeutend
und bewegt sich in engem armem Kreise; nur gar zu oft ist
sie nichts als eine Kunstspielerei, welche ihre Gedichte mit
dem Verstande machte, und in der Regel nichts besang, als
die wahren oder eingebildeten Vorzüge der ersten Frau ihres
Hofes, einförmig, ganz allgemein, ohne Tiefe, ohne Kraft,
ohne Hoheit. Selbst wo es der Dame des Herzens galt, war
die Vergötterung eine unnatürliche, und schon darum in die
Länge nicht haltbar; die Vergötterung geschah aber in den
meisten Liedern, und das Herz war dabei nicht im Spiel,
wohl aber Rücksicht auf Geschenke und gute Tage. Daß wahrhaft anmuthige, zarte, warme, schwärmerische Lieder darunter
sind, die aus dem Herzen kamen, versteht sich; aber dieser
glühenden Granatblüthen, welche die Natur trieb, sind es
wenige im Verhältniß zu den gemachten, an denen eben der
Hauptfehler ist, daß sie nichts Besonderes an sich haben.
Die Satyre, die sonst auch viel gerühmt wird, ist bei den
Provençalen vollends gering.

2. Italienische Romantik.

Der provençalische Gesang mußte, wie die Landschaften
sich berühren, von selbst sich nach Oberitalien von Anfang an
fortpflanzen; und zu gleicher Zeit kam von Sizilien herüber

der Hauch eines neuen poetischen Geistes. Hier unten, auf dem sizilischen Eiland, waren die letzten schönen Gesänge antiker Poesie von griechischer Leier erklungen; hier hatten sich mit der glänzenden Einbildungskraft des Morgenlandes und mit dem warmen Herzen, das noch überdieß die junge und sinnliche Religion des Jslam bewegte, die Araber oder Sarazenen (Mauren) als siegreiche Eroberer gesetzt; und nach ihnen hatten hier die abenteuerlichen und fantastischen Helden des Nordens immer weiter hin festen Fuß gewonnen; zu allen diesen, zu Griechen, Mauren und Normannen kamen zuletzt die Hohenstaufen aus dem Herzen Deutschlands: das alles war einer poetischen Entwicklung günstig, wenn auch nicht eben einer nationalen Poesie, die nur aus einer nationalen Wurzel treiben kann, sondern nur einer Hofpoesie, die am normannischen und hohenstaufischen Hofe blühte. Wahrhaft schön gedieh eine nationale Poesie auf italienischem Boden. Hier hatte noch immer, was in Griechenland drüben bald genug durch allerlei Mischungen entartet war, das bewegliche Naturell etwas von dem Herz und Geist und von der Lebensansicht sich erhalten, woraus die antike Poesie hervorgegangen war; hier waren die Werke der alten Dichter immer gelesen worden, und in tausend Gebilden stand täglich die alte Kunst vor Augen, um daran den Sinn für die plastische Form frisch zu erhalten.

Cavalcandi aus Florenz, der um das Jahr 1308 starb, war der erste, der schöne Volkslieder gab, einfach und natürlich. Aber er verschwindet ganz vor seinem großen Freund Dante Alighieri, dem Dichter der göttlichen Komödie.

Dante wurde im Mai 1265 zu Florenz geboren, sein Geist frühe an Virgil gebildet und geklärt, und sein Gemüth noch in zartester Jugend durch eine ideale Liebe geweiht, deren unvergleichlich schöner Gegenstand nach wenigen Jahren der Erde entrückt, und von nun an ihm zur himmlischen

Muse ward. Er dichtete viele kleine lyrische Gedichte und zwei poetische Hauptwerke, die „Vita Nuova", (neues Leben) in der er im Jahr 1293 die Verklärung seiner irdischen Liebe zur himmlischen Liebe in dem glühenden Strom einer mit Versen abwechselnden Prosa verherrlichte, und „die göttliche Comödie", die in großen Zwischenräumen in drei Theilen erschien, wovon der erste die Hölle, der zweite das Fegfeuer, der dritte das Paradies heißt. Zusammen sind es hundert Gesänge im Versmaaß der Terzinen. Die Verse sind ganz Musik, und die Sprache ist bald majestätisch und furchtbar wie Blitz und Donner, bald wie sanftes Säuseln, wie Maienluft und Quellenrauschen. Jedes Wort und Bild trägt den einfachen und hohen Styl an sich, und zeigt die Sicherheit und Kühnheit des Genius. Es ist kein lyrisches Gedicht, es ist auch kein episches, auch kein dramatisches: es ist etwas ganz Eigenes in seiner Art; es hat vom Epos, vom Drama und überwiegend viel vom lyrischen Gedicht in sich, und ist doch ein harmonisches Ganzes aus Einem Gusse. Seine ganze Zeit mit ihrem äussern und innern Leben, mit ihrer politischen und ihrer Geistesgeschichte spiegelt der Dichter darin ab. Dadurch wurde sein Gedicht zum National-Epos für Italien. Er vertieft sich in die geistigsten Fragen seiner Zeit nicht nur, sondern der Philosophie überhaupt, und verherrlicht den christlichen Glauben in Bildern des ewigen Lebens. Das macht sein Gedicht zum Weltgedicht, zum größten Lehrgedicht mit Weltinteresse. Ueberall ist darin Mysterium, heilige Geheimnißlehre, Symbol und Allegorie; aber das erscheint alles in so lebendiger Klarheit, daß das Geheimnißvolle helle Wahrheit wird; und die Allegorie, die sonst so unpoetisch ist, hat hier alles Steife, Ungelenke und Nüchterne abgestreift, den ihr sonst anhaftenden Tod durch den Zauber des Dichterpropheten so ganz überwunden, daß sie völlig mit der schönsten Kraft der Poesie ausgerüstet erscheint. Dunkel ist das Gedicht nur durch die zahlreichen geschichtlichen Anspielungen. Auch der Bau des Ganzen ist klar, es ist einfach, ebenmäßig angelegt, im großen strengen Styl; und die reichste Fülle entfaltet sich in der Ausführung des Einzelnen.

Jeder Gegenstand ist von ihm deutlich ins Auge der Einbildungskraft gefaßt, scharf umrissen, das Seltsamste gleichsam nach der Natur gezeichnet, wie Göthe von ihm rühmt. Jede Gestalt ist fest umgränzt, der Reim, den er überaus malerisch zu handhaben weiß, wirkt bei ihm musicalisch, malerisch und plastisch zusammen. Das Ungeheuerste wird der Einbildungskraft durch Dante's Darstellung vollkommen gegenwärtig. Tadelt Göthe auch mit Recht, daß die ganze Anlage des Danteschen Höllenlokals eine mehr rhetorische als poetische Erfindung sey, und will er das Höllenlokal als Ganzes nicht sehr rühmen, so muß doch auch er gestehen, daß er durch den seltsamen Reichthum der einzelnen Localitäten überrascht, in Staunen gesetzt, verwirrt und zur Verehrung genöthigt werde, durch die strengste und deutlichste Ausführung der Scenerie, und die lebendigste Vergegenwärtigung jeder Person, ihrer Strafe und Marter, und aller Beziehungen.

Prophetengeist geht durch Alles: in ihm verschmilzt sich zum erstenmal antike Bildung, orientalisches Prophetenthum und christliche Romantik. Und wie seine Zeit dem Glauben huldigte, der in einem jungfräulich-reinen Bilde, der Gottesmutter, als dem weiblichen Ideale Alles zusammenfaßte, was rein, lieblich und holdselig ist: so erscheint in Dante's Paradies seine Geliebte Beatrice als der Inbegriff alles jungfräulich Reinen, als das weibliche Ideal, welches, wie die Himmelskönigin, die irdische Sehnsucht und Liebe zur himmlischen hinaufzieht und verklärt. Die Behandlung der drei Theile ist nach der inneren Verschiedenheit des Stoffes verschieden: plastisch ist die Hölle, pittoresk das Fegefeuer, musikalisch das Paradies. Tief und zart sind seine kleinen Gedichte. Durch ihn wurde die italienische Sprache zu der Vollkommenheit gebracht, in der sie seitdem so berühmt geworden ist.

Unter schweren Mißgeschicken, oft unter der äußersten Angst und Noth des Lebens vollendete Dante seine göttliche Comödie im Jahr 1320, und starb am 14. September 1321 zu Ravenna, nachdem er, verbannt von seiner Vaterstadt, von Land zu Land, ein Flüchtling herum geirrt war. Nach einem halben Jahrhundert schon wurden in den Städten Italiens Lehrstühle errichtet, mit der besondern Bestimmung, die göttliche Comödie wie eine heilige Schrift, als ein Nationalgedicht zu erläutern. Wie Aeschylus unter den Alten, so ist Dante unter den Neuern der männlichste, thatkräftigste Dichtergeist.

Ganz anders ist die Liebe und die Poesie Petrarcas, der 1304 zu Arezzo im Toskanischen geboren ward und 1374 starb. Zu Carpentras bei Avignon wurde er erzogen, dieser Ort ward er wahren Heimath der provençalischen Poesie ganz nahe, und seine Sonette und andere lyrische Gedichte theilen die Weichheit der Troubadours, stehen jedoch höher, überaus höher durch die Tiefe der Empfindung und durch die Anmuth und durchsichtige Klarheit seines vollendeten Ausdrucks. Der Ruhm seiner Laura-Sonette jedoch ist größer als ihre wahre innere poetische Schönheit: mit der süßen, schmelzenden Musik des von ihm mit wunderbarer Kunst behandelten italienischen Verses ist den meisten ihr Zauber abgestreift; darum liegen sie in der Uebersetzung so kalt und todt vor uns.

Sein Zeitgenosse und Freund Boccaccio, der dritte florentinische Dichter, Sohn eines Kaufmanns von Certeldo, und einer Pariserin, ein Kind der Liebe, und wahrscheinlich zu Paris geboren, war Kaufmann bis in sein acht und zwanzigstes Jahr, dann Jahre lang Rechtsanwalt, mehrmals Gesandter für Florenz, und gab zuletzt diese drei Berufsarten, so einträglich sie waren, auf, um ganz allein der Dichtkunst und der Wiedererweckung der altklassischen Studien zu leben, so wenig diese ihm auch eintrugen. Boccaccio ist, nach innerem, poetischem Werth seiner Leistungen geschätzt, ein größerer Dichter als Petrarca, den meist nur die äußere Form berühmt machte. Boccaccio's Sonette und Canzonen sind zwar so unbedeutend, wie seine romantischen Heldengedichte, wovon nur das kleine anmuthige Gedicht Ninfale Fiesolano eine Ausnahme macht; desto reicher an ächter Poesie sind seine Romane und seine Novellen, die er in Prosa schrieb.

Der herrlichste unter seinen Romanen ist die Fiametta, ausgezeichnet durch die Gluth der Farben und tiefe Seelenmalerei; in großem Sinn ist es ein hohes Lied der Liebe in Prosa; es ist die Geschichte der Liebe in Glück und Seligkeit, in Eifersucht und Hoffnung, in Unglück und Thorheiten, in Klage und unendlichem Schmerz. Waren jedoch Dante und Petrarca die Sänger der idealen, geistigen Liebe, so war Boccaccio der Dichter der irdischen Liebe, des Liebesgenusses unter dem goldenen sehr durchsichtigen Schleier der Dichtung.

Seine Sammlung von hundert Novellen nannte er Decamerone, das heißt das Buch der zehn Tage. Der Decamerone beginnt nämlich mit der Erzählung, wie zur Zeit der Pest, die im Jahr 1348 zu Florenz herrschte, sieben Damen und drei junge Männer auf ein Landgut sich zurückziehen, wo unter andern Unterhaltungen eine auch darin besteht, daß jeder von den zehn zehn Tage lang eine erheiternde Geschichte erzählt: das sind die hundert Novellen. Ihrem Zweck gemäß, erheiternd das Gemüth über alles Niederdrückende der Pest zu erheben, sind diese Novellen reizend leicht, naiv, zierlich, witzig, oft leichtfertig und für die Einbildungskraft verführerisch, aber von unendlicher Kunst des Erzählens. Denn alles daran macht die Behandlung. Die Stoffe sind weder

9

bedeutend noch neu. Oft ist der Stoff ein kurzweiliger Einfall, ein Spaß, ein Nichts, aus dem der Erzähler durch die Art wie er erzählt, das reizendste Etwas zu machen weiß. Und eben so weiß er alte bekannte Geschichten durch die ihm eigenthümliche Art sie zu erzählen so unterhaltend zu machen, daß sie durch den Zauber seiner Kunst neu, ja die schönsten Neuigkeiten werden. Ueber die Linie der Sittsamkeit geht er manchmal hinaus und dann sehr weit hinaus, nie aber wird er unfein, nie geht er so weit, daß sein Ton nicht immer noch guter Ton der feinsten hohen Gesellschaft wäre, und gerade solche Erzählungen haucht der Schalk mit einer ganz eigenen Ironie an. In manchen Novellen hatte er die Geistlichkeit seiner Zeit, das Pabstthum selbst, nicht geschont, und nachdem sie fünf und zwanzig Mal aufgelegt waren, wurden sie von der Kirche verboten, und als dieß nicht viel nützte, ließ die Kirche selbst durch Mönchshand das Unkirchliche daraus ausmerzen, einzelne Erzählungen bis zum Unkenntlichen verändern, und den Decamerone in dieser entstellten Gestalt verbreiten; er hatte aber schon zuvor einen so ungeheuren Leserkreis gefunden, und war ächt in so vielen Händen, daß der unächte nicht vor ihm bestehen konnte. Im Jahre 1375, noch lang zuvor, eh seine Dichtungen diese Entstellung erfuhren, war der größte poetische Erzähler der Welt, Giovanni Boccaccio gestorben, zu Certaldo, wohin er sich zurück gezogen hatte, nachdem er bis ins Alter die große und kleine Welt durchreist und durchlebt hatte.

Viele Dichter mit vielen Gedichten zeigen sich neben und nach diesen großen Dichtern. Nur Luigi Pulci und Bojardo Graf von Scandiano zeichnen sich darunter aus. Des letztern Epos, der verliebte Roland, ist weder an Erfindung noch an Phantasie arm, die Sprache aber ist nicht schön und sein Vers nicht musikalisch.

Das durch Pulci und Bojardo begründete romantische

Heldengedicht fand größere Meister an Ariost und Tasso; und der verliebte Roland des Bojardo wurde von dem rasenden Roland des Ariost überstrahlt.

Ludovico Ariosto wurde 1474 zu Reggio geboren, und im Jahre 1516 erschien zum ersten Mal von ihm im Druck sein Heldengedicht der rasende Roland. Zehn ganzer Jahre hatte er daran gearbeitet, sein ganzes Leben lang feilte er daran: daher der bezaubernde Wohllaut seiner Sprache und seines Versbaues; er hatte die achtzeilige Stanze gewählt. Sein Roland ist eigentlich nichts als ein Ritterroman in Versen; es sind meist bekannte Geschichten, aus dem Kreis der heimischen und ausländischen Sagen genommen, und sein Held könnte für einen schlechten Helden eines Epos gelten. Aber er wußte den Stoff so gut zu vertheilen, daß er selbst mit dem Bekannten die Aufmerksamkeit spannte; er verstand es, neckisch mitten im Abenteuer abzubrechen und gerade solche scheinbar ärgerliche Unterbrechung zu einer wahren Würze seiner Erzählung zu machen; es gelang ihm, die einzelnen Abenteuer so künstlich zu verflechten, daß man weiter lesen mußte. Einheit, eine durchgehende Haupthandlung ist nicht darin; es sind eigentlich nur leicht aneinander gereihte Episoden; es ist ein buntes Allerlei und man kann anfangen zu lesen wo man will; aber immer fesselt das Gedicht, immer bietet es Unterhaltung für alle mögliche Arten von Lesern und Leserinnen. Es ist darin Alles gethan, jeden Geschmack mit Etwas zu befriedigen. Es findet sich darin beisammen zartestes Gefühl, Rührung und Empfindsamkeit, verliebte Scenen aller Art, lockendste, oft leichtfertige Ausmalung des Sinnlichsten, das Phantastischste, das Abenteuerlichste und das Wunderbarste, lustige Zaubergärten und Feen und Elfen, und bei allem eine Fülle von Schalkheit und Witz, von kühner Ironie, die leicht wie Schmetterlinge über den Blumen gaukeln. Die fröhlichste, keckste Heiterkeit webt über dem Ganzen, um so leichter und loser, als dasselbe so reizend nachlässig zusammen gesetzt ist, daß Witz und Schalkheit dazwischen sprechen und ihr fröhliches Spiel treiben können, so oft es ihnen einfällt: denn ein Zusammenhang ist hier nicht da, also auch nicht zu stören.

Ariosts Hauptvorzüge sind sein Reichthum an Einbildungskraft und Erfindung, er ruft damit wie ein mächtiger Zauberer die überraschendsten Situationen hervor; seine lebensvolle, farbenprächtige Darstellung; seine populäre und dabei doch so fein geglättete Sprache und die Melodie seines Versbaus, selbst in den Klang des Reims weiß er Witz zu legen. Ohne Vermögen von Haus aus und doch lebenslustig, war er sein Leben lang abhängig von Großen, und zu seinem Unglück von solchen, die ohne poetischen Sinn waren, die unwürdig geschmeichelt seyn wollten. Die Schmeicheleien in seinem Roland gegen seine Gönner hat man mit Unrecht hart getadelt; er hat sie ja absichtlich so übertrieben, daß sie für den Verständigen von selbst zur Ironie werden. Er starb 1533 zu Ferrara. Die Italiener nennen ihn den ferrarischen Homer und den Göttlichen.

Dem malerischen Dichter Ariost mit seinem heitern, phantastischen Heldengedicht steht der musikalische Dichter Torquato Tasso mit seinem ernst romantischen, dem befreiten Jerusalem, gegenüber. Tasso wurde im Jahre 1544 zu Sorrento geboren, in Unteritalien, und seine Laufbahn wäre eine glückliche gewesen, hätte er sie nicht durch seine krankhaft reizbare Gemüthsstimmung selbst sich verdorben. Schon im ein und zwanzigsten Jahre hatte er als Dichter einen gewissen Ruf erlangt, der ihm die Gunst des Cardinals Ludovico von Este, durch diesen die Gunst seines Bruders des Herzogs Alphonso von Ferrara erwarb. Viele Jahre lebte er am Hof des Letztern die glücklichsten Tage, in Ehre und Auszeichnung, bis der Herzog entdeckte, und zwar

durch Tasso's eigene Unvorsichtigkeit, daß seit lange ein ge=
heimes Verhältniß glühender Liebe und Hingebung zwischen
Tasso und Eleonore, des Herzogs unverheiratheter Schwester,
bestand. Und glühend, wie die Liebe dieser zwei italienischen
Seelen, war nun der Zorn und Haß des Herzogs. Tasso
wurde ins Irrenhaus eingesperrt, entfloh auf Veranstaltung
der geliebten Fürstin, kehrte nach längerem Umschweifen nach
Ferrara zurück und wurde von 1579 bis 1586 eingesperrt
im Irrenhaus Santa Anna, als wär' er wahnsinnig. Rache
des Herzogs und die Absicht, das Geheimniß der beleidigten
Ehre seines Fürstenhauses auf diese Art am leichtesten zu
bewahren, wirkten dabei zusammen. Fremde Höfe verwandten
sich für den Dichter. Der Herzog wollte ihm offen den Pro=
zeß machen lassen; aber Tasso's Freund und des Herzogs
vertrautester Rath, der Staatsmann und Dichter Guarini,
unterschlug die gefährlichsten Papiere, und Tasso wurde frei
gegeben. Er wurde überall in Italien mit Ehren überhäuft,
aber der Friede seiner Seele, seine Gesundheit, sein Geist
selbst hatten zu schwer gelitten. Der Pabst wollte ihn feier=
lich auf dem Kapitol als Dichterfürsten krönen; die Erwar=
tung dieser hohen Ehre machte ihm einige schöne Tage, aber
in derselben Stunde, die zu seiner Dichterkrönung bestimmt
war, starb Tasso zu Rom den 25. April 1595.

Die Papiere, welche Tasso's Geschichte in einem ganz
andern Lichte zeigen, als die Ueberlieferung und Göthes Trauer=
spiel, wurden erst in unsern Tagen bekannt.

Während seiner glücklichen Tage am Hofe zu Ferrara
dichtete Tasso sein **befreites Jerusalem.** Dieses Helden=
gedicht in zwanzig Gesängen hat, was unbegreiflicher Weise
kein Dichter des Mittelalters zum Besingen wählte, einen
Gegenstand, der selbst als Geschichte schon lautere Poesie ist,
nämlich die Kreuzzüge. Die Türken waren eben in Europa
eingebrochen, und der Kampf christlicher Mächte mit den Tür=

ken, der jetzt im Gange war, mußte empfänglich machen für ein Gedicht, das den Kampf der Kreuzfahrer gegen die Sarazenen vor den Mauern der heiligen Stadt schilderte, obwohl der Gegenstand in Ohr und Herz des Volkes längst verschollen war und er nichts weniger als auf der Grundlage lebendiger Nationalsagen sein Gedicht aufbauen konnte. Er mußte wie Virgil verfahren: sein Epos ist nicht aus dem Volk erwachsen, wie die Ilias Homers, sondern es ist alles darin durch des Dichters Talent mit Kunst erfunden, erdichtet, gemacht. Und doch ist es ein treuer Spiegel mittelalterlicher Glaubensbegeisterung geworden, obwohl, wie bei Virgil, die Episoden darin das Schönste sind. Man könnte sie heraus nehmen und als schöne kleine epische Gesänge für sich betrachten. Tancreds Liebe zu Chlorinden, Armida und Rinaldo, und andere leidenschaftliche Gemälde darin, werden immer alle fühlenden Seelen bewegen, und der süße Zauber seines weichen, musikalischen Verses wird jedes empfängliche Ohr entzücken, besonders auch in seinen tiefgefühlten, schwärmerischen Sonetten. Auch sein Schäferdrama Amynta hat seine Zaubergewalt in der Musik des Verses.

Guarini's Schäferdrama „der treue Hirte" ist eine Nacheiferung von Tasso's Amynta, und zeichnete sich dadurch aus, daß er in einfacher, großer Form, fast wie sie der antiken Dichtung eigen ist, einen ächt romantischen Inhalt gab, indem er die freiwillige Aufopferung des Liebenden für die Geliebte darin in aller Farbengluth romantischer Liebe leuchten ließ. Noch heute ist dieses Stück bei den Italienern volksberühmt und klassisch.

Sonst lieferte die Romantik der Italiener nur noch Volkspoesieen, besonders komische, burleske. Alles übrige ist unerheblich. Die ganze italienische Poesie steht an Reichthum der Ideen zurück gegen die nordische, die deutsche und englische, Romantik: aber an Klarheit, Einfachheit und Grazie hat sie

Etwas von der alt-griechischen Poesie, wenn gleich nicht ihre festen, schönen Formen. Auch war ihre Kunstpoesie so volksthümlich, daß sie zugleich Volkspoesie war.

3. Spanische Romantik.

Von größtem Einfluß war die italienische Poesie auf die Bildung der Poesie der Spanier und Portugiesen.

Spanien ist es, wo sich die Sagen und Heldenlieder der Sueven und Gothen am längsten im Mund des Volkes sollen erhalten haben. Nicht ein Bruchstück davon hat in Spanien überdauert, so wenig als von der Poesie der Ureinwohner, der Celtiberier. Blut, Muth und Gluth, und Leben und Poesie des Morgenlandes brachten die Sarazenen nach Spanien herein, als sie von der Küste Afrika's herüber den größten Theil dieser Halbinsel eroberten. Die christlichen Gothen in den nördlichen Gebirgen und die mahomedanischen Mauren berührten sich sechs Jahrhunderte lang nicht nur im Kampf mit den Waffen, sondern auch in Austausch der Sitten, der Bildung und besonders der Sprache und Poesie. Sprache und Poesie der Spanier tragen stark die Färbung des Morgenlandes. Aus diesem Kampf, einem Kampf für Freiheit und Glauben, entwickelte sich eine neue Poesie in Spanien, über der die alte celtische und gothische vergessen wurden. Diese Poesie war episch und volksthümlich, aber episch ohne die Wunder des Sagenhaften. Die Grundlage dieser epischen Poesie ist ganz und gar die Geschichte. Aus dem Kampf heraus erfaßte die Poesie die hervorragendsten Thaten und Helden, und verherrlichte sie in Liedern. Tapferkeit, Ehre, Reinheit des Geblüts und des Glaubens sind die Grundideen schon dieser ersten neuen Poesie in Spanien. Da diese Poesie sich unmittelbar an der gegenwärtigen Geschichte entwickelte, und nicht eine fern gerückte Vorzeit zu ihrem Inhalt nahm, so war an ein Epos, an ein zusammenhängendes großes Gedicht nicht zu denken, sondern nur an kleine Gesänge, die da und dort entstanden, diese und jene Begebenheit besangen und ihren Lauf durch das Volk nahmen.

Der Hauptheld dieser Volkslieder ward Ruy Diaz de Vivar, von den Mauren der Cid genannt. Er war der Tapferste der Christen im eilften Jahrhundert und ein Ideal des Ritterthums. Er bildet den Mittelpunkt dieser ältesten Lieder, welche Romanzen hießen.

So eine Romanze erzählte einfach irgend etwas Bedeutendes, das der Cid that, das ihm begegnete oder das mit ihm zusammenhing. In diesen ältesten Romanzen, die so ganz ohne Weiteres, ohne alle Ausschmückung der Einbildungskraft mit Wundersamem, das erzählten, was poetisch war an der Geschichte der Zeit, der Gegenwart oder der nächsten Vergangenheit, zeigt sich die morgenländische Färbung noch nicht: sie fallen noch in die Zeit, wo nur feindliche und noch nicht freundliche Berührungen zwischen der maurischen und spanischen Nationalität Statt fanden, wenn gleich ihre Fürsten schon damals öfters miteinander in freundschaftliche Verhältnisse traten. Diese Cidromanzen zeichnen mit schlichten, scharfen Zügen, ganz objektiv und naiv; sie sind bald kräftig, bald zart, und immer voll gesunden Verstandes, und erweisen sich durch diese Eigenschaften als ächte Volkspoesie. Sie waren auch bis zum Anfang des siebzehnten Jahrhunderts nicht gesammelt, sondern trieben als lebendiger Gesang und als fliegende Blätter im Volke um, und erlebten so von ihrer ersten Gestaltung bis zu ihrer gedruckten Sammlung mancherlei Veränderungen: im Volksmund setzte sich der rein geschichtlichen Poesie nach und nach doch auch Sagenhaftes an und auch die Feile der späteren künstlerischen Hand ist daran unverkennbar. Die Cidromanzen gleichen auch darin den Gesängen Homers und den Nibelungen, wie sie mit diesen großen

Dichtungen auch das gemein haben, daß sie ihre schönen Blü=
then aus dem Boden großer Nationalerinnerungen getrieben
haben. Aus dem Herzen des Volks heraus gedichtet, sind
sie die wahrsten Nationalgesänge der Spanier, und aus ihnen
heraus hat die gesammte spanische Volkspoesie, zu der die
Legenden, die Heiligensagen, nur wenig beitrugen, so fortan
ihre Blüthen getrieben.

Man hat über hundert Cidromanzen: siebzig davon hat
Herder für die Deutschen frei nachgedichtet, die Form hat er
nicht ganz wiedergegeben. Im Spanischen nämlich sind zwar
die ersten zwei Verse der vierzeiligen Strophe auch reimlos,
wie bei Herder, aber die zwei andern klingen in Assonanzen
aus. Die Sprache der Cidromanzen ist die kastilische.

Schon im zwölften Jahrhundert reihte sich diesen Volks=
romanzen ein Kunstgedicht vom Cid an, das epische Gedicht
vom Cid in zwei Abtheilungen, in einem Versmaaß geschrie=
ben, das dem späteren Alexandriner sich nähert. Das Ge=
dicht hat Schönheiten, aber nicht die Klarheit, Leichtigkeit und
Ursprünglichkeit der Volksromanzen, ob es gleich noch immer
volksthümlich ist.

Das kirchliche Epos bildete um die Mitte des dreizehn=
ten Jahrhunderts vorzüglich Gonzalo de Berceo: es gleicht
den Legenden aller christlichen Völker, es ist nicht ohne Poesie,
und zeichnet sich dadurch aus, daß es in reinen Alexandriner=
strophen verfaßt ist, deren vier Verse in den gleichen Reim
ausklingen.

Später ergriff die Volksromanze, in der Form sich gleich
bleibend, wenn auch kunstvoller, allerlei Stoffe aus der va=
terländischen Geschichte, noch längere Zeit schlicht und prunk=
los. Die Poesie der Mauren hatte diese späteren Lieder
zwar schon etwas angehaucht, aber als zu Ende des fünf=
zehnten Jahrhunderts die Spanier das maurische Granada,
und die überwundenen Sarazenen mit den Spaniern sich ver=

schmolzen, siegten die Reize der maurischen Romanze in der Farbengluth des Morgenlandes über die einfachere Romanze der Sieger, und die Süßigkeit dieser maurischen Lieder können wir noch aus dem heraus ahnen, was uns Depping in seiner Sammlung der besten alten spanischen und maurischen Romanzen gegeben hat.

Im Roman leisteten die Spanier schon im vierzehnten Jahrhundert etwas, nämlich im Ritterroman, und berühmt wurden die Amadisromane, so langweilig sie sind durch ihre Weitschweifigkeit, ihre Geziertheit, ihren Predigtton und ihre Unnatur.

Als die Spanier mit der altrömischen und mit der italienischen Poesie bekannt wurden und durch ihre politischen Beziehungen zu Neapel mit Italien in langen Verkehr kamen, ging aus der Verschmelzung des nationalen spanischen Gehalts mit den schönen italienischen Kunstformen die klassische Poesie der Spanier hervor. Die Poesie der provençalischen Troubadours hatte der spanischen Poesie weniger fortgeholfen als die maurische, und kommt hier darum nicht weiter in Betracht, und an die epischen und lyrischen Gedichte, an die naiven Romanzen und die süßen brennendgefärbten Lieder schlossen sich die leben- und wahrheitvollen Novellen des Cervantes und die Schauspiele des Lope de Vega und des Calderon.

Cervantes.

Spaniens größter Dichter, Don Miguel Cervantes de Saavedra, wurde am 9. Oktober 1547 zu Alkala de Henarez geboren. Unbemittelt von Haus aus, und doch voll feuriger Liebe zur Poesie, die so selten ihren Priestern Reichthum an Silber und Gold einbringt, und selbst den Lorbeer oft erst auf's Grab der Längstverstorbenen legt, schlug sich Cervantes, weil seine Jugenddichtungen kein Glück machten, durch Privat-

und Kriegsdienste, als Kammerdiener eines Cardinals und als Soldat durch's Leben, verlor in der Seeschlacht bei Lepanto im Jahr 1571 seine linke Hand und ein Stück vom linken Arm, wurde 1575 von einem algierischen Corsaren mit andern gefangen, war sechsthalb Jahre Sclave in Algier, schrieb, endlich losgekauft und nach Spanien zurückgekommen, seinen Schäferroman Galathea, der einiges Glück machte aber ihm wenig einbrachte; heirathete ein vornehmes aber vermögensloses Fräulein, schrieb ums Geld gegen dreißig Stücke für das Theater, ohne Glück zu machen; gab die Schriftstellerei auf, und lebte kärglich von einer kleinen Anstellung zu Sevilla und später zu Toledo; nach Jahren, schon an der Schwelle des Alters, nahm er wieder die Feder, und gab, was die Musen in der Stille in dem unbeachteten und von seiner Zeit vernachläßigten Dichter vollends gereift hatten, aus seinem Geist heraus in die Welt, in einem satyrischen Roman, wozu ihm Anlaß gab, daß eben die abgeschmackteften Ritterromane verschlungen wurden von Vornehm und Gering, und alle Theilnahme der Lesenden so für sich allein wegnahmen, daß dem Wahren und Gediegenen fast kein Leser blieb; es war die reichste, mannichfaltigste und eigenthümlichste Dichtung, in der Ernst und Scherz, das Innigste und das Komischste, das Phantastische und das Wirkliche, dazu das ganze Wesen des spanischen Volkes auf der Scheibe zweier Zeitalter in der klaren Fluth der schönsten Sprache sich spiegelte; aber Niemand beachtete und Niemand las das Buch, und in der Verzweiflung schrieb er eine namenlose Flugschrift, um nur darauf aufmerksam zu machen, über sein eigenes Buch, und suchte dadurch, daß er vorgab, es sey persönliche Satyre auf angesehene Zeitgenossen darin, die Neugier zu erregen.

Das wirkte. Aus Neugier griff man nach dem Buch, durch seine Schönheit fesselte das Buch, und das zuerst so ganz unbeachtete Buch wurde und blieb das Nationalgedicht der Spanier, und ein Lieblingsgedicht aller Völker und Zeiten: das Buch war der Don Quixote.

Im Jahre 1605 war es, als der erste Theil davon zu Madrid im Druck erschienen war. Von dem Buch, das längere Zeit Niemand gekauft hatte, waren nun in Kurzem zwölf tausend Exemplare verkauft. Sechs Jahre später gab er „Novelas cremplares, das heißt lehrreiche Erzählungen" heraus. Es waren dieß nicht blos die ersten spanischen Original- und National-Novellen, sondern sie bleiben Meisterstücke von Novellendichtung. Die Anmuth und die edle Einfachheit derselben bei reichster Mannigfaltigkeit der Handlung, der Charaktere und der örtlichen Farben werden ewig bezaubern.

Einige Jahre lang hatte ihm der Ruhm seines Don Quixote wenigstens einige Unterstützung von Seiten des Grafen von Lemos und des Erzbischofs von Toledo eingebracht. Später aber, nach Herausgabe seiner Novellen hatte er wieder mit solcher Dürftigkeit zu kämpfen, daß er 1614 an einem kleinen satyrischen Gedicht, das in Terzinen geschrieben ist, acht Kapitel und den Titel „die Reise nach dem Parnaß" hat, seiner Nation sich selbst vorführt, in der ganzen Verlassenheit mit der ihn ihr Undank lohnte. Er läßt im vierten Kapitel allen spanischen Dichtern durch Apollo den jedem nach seinen Verdiensten gebührenden Sitz anweisen. Cervantes allein bleibt stehen, ohne Sitz. Er zählt alle seine Werke auf. Umsonst. Es ist kein Sitz für ihn da. Apollo giebt ihm den Rath, seinen Mantel zum Sitz sich zusammen zu legen und sich darauf zu setzen. Aber Cervantes hat keinen Mantel, so arm ist er, und wo so viele wohlbehaglich sitzen, muß er, der alte Dichter, mit seinen Verdiensten stehen bleiben.

Ja er hatte noch das zu erleben, daß ihm nicht in den Phantasien seines eigenen Gedichtes, sondern in der gemeinen Wirklichkeit ein Tropf seine Armuth und sein Alter, ja die

Verstümmlung seines Armes, die er sich einst auf dem Feld der Ehre geholt hatte, öffentlich vorwerfen durfte. Es war einer von den tausend literarischen Tröpfen, wie sie sich täglich bei dem höheren Pöbel geltend zu machen wissen, während das wahre Verdienst zurück stehen muß; und dieser Tropf hatte noch den Beutelschneider an Cervantes gemacht, indem er, während Cervantes am zweiten Theil des Don Quixote arbeitete, hurtig mit einer selbst fabrizirten Fortsetzung des Don Quixote ihm die gute Einnahme vorweg nehmen wollte; als Cervantes dagegen auftrat, schimpfte der Sudler pöbelhaft auf ihn. Cervantes aber eilte, seinen Don Quixote zu vollenden, und dieser erschien 1615. Im folgenden Jahre vollendete er einen ernsthaften Roman „die Drangsale des Persiles und der Sigismunda, eine nordische Geschichte," und er hatte eben die Widmung desselben an den Grafen von Lemos niedergeschrieben, als der Tod die Hand erstarren machte, aus deren Feder so unendlich Schönes auf's Papier geflossen war. Am 23. April 1616, im acht und sechzigsten Jahre starb der größte romantische Dichter des Südens, in demselben Jahre und an demselben Tage, an welchem der größte Dichter des Nordens starb, der Britte Shakspeare, der allein außer Aristophanes mit Cervantes in der Kraft des Komischen sich messen darf.

War die Reise auf den Parnaß ein feiner Spott auf die schlechten, hochgeehrten Dichter seiner Zeit: so bildet seine Geschichte des edeln und sinnreichen Ritter Don Quixote von der Mancha das Alles in Allem der spanischen Poesie: das Innige und das Derbe des Schäferromans und des volksthümlichen Schelmenromans, die Romantik des mittelalterlichen Ritterromans und die anmuthige Lebenswahrheit der modernen Novelle, die Volkspoesie und die Kunstpoesie glücklichst verschmolzen und umgegossen zu einer eben so festen als klaren Form der Nationalpoesie, die Sitten= und die Landschafts=

malerei, das Höchste und das Niederste, das Tragische und
das Komische, Episches und Lyrisches, die Poesie und die
Prosa der Welt, Freud und Leid im buntesten Wechsel —
das alles findet sich vereinigt im Don Quirote. Die Stadt,
die Landstraße, der Wald, die Einöde lebt, und alle Stände
und Geschlechter bewegen sich durcheinander in eigenthüm=
lichster Weise; es ist das nationale Leben der Spanier, aber
es ist nicht blos das spanische Leben, es ist das Leben der
Menschen überhaupt, der Welt im weiteren Sinne. Und
eben so stellen Don Quirote und Sancho Pansa den Gegen=
satz der Poesie und der Prosa überhaupt dar, und Don
Quirote, der so gar außerzeitig mit seinen mittelalterlichen
Ideen in einer neuen Zeit und Welt gespenstert, ist in sei=
nem edeln Wahnsinn eine tief tragische Figur, und er steht,
mit Sancho Pansa, als ein Zwillingsgestirn der Thorheit,
wie Jean Paul sagt, über dem ganzen Menschengeschlecht,
denn zu einem langen Spaße über eine zufällige Verrückung
und eine gemeine Einfalt des Einzelnen war der Genius des
Cervantes zu groß.

Die Poesie des Cervantes im Don Quirote ist um so
herrlicher und wohlthuender, je weniger sie mit Bewußtheit
und Absicht ihre Gemälde hinzaubert, und je kunstvoller alles
ineinander greift, ohne daß man eine Absicht des Künstlers
dabei wahrnimmt. Alles zeigt sich in einer sanften Klarheit,
wie in einem schönen stillen Maitag. Der Wechsel von ern=
ster Romantik und unerschöpflichem Humor, der vom Ein=
fachsten bis zum Tiefsterschütternden hin und her blitzt, geht
durch das Ganze fort. Die eingestreuten Lieder und Ro=
manzen sind durch Form und Inhalt vortrefflich, und die No=
vellen darin, welche als Zwischengeschichten fast den halben
Don Quirote einnehmen, sind unvergleichliche Muster dieser
reizenden Dichtart, und Jean Paul hat recht, wenn er sagt,
die Mohrin Zoraida schaut aus dem romantisch gestirnten

Himmel des Werkes als näherer Stern herab, und der gemein prosaische Sancho Pansa mit seinem Esel und der idealistische Don Quirote mit seiner Rocinante sind Gestalten, von einem unendlichen Humor für ein ewiges Lachen geschaffen.

Es ist bemerkenswerth, daß gerade die ernsten Spanier so viel Dichtkraft und so viel Sinn für die Komik hatten. Kein Volk hat so viel lustige Poesie hervorgebracht als das spanische, besonders so viele Lustspiele.

Auch Cervantes dichtete Schauspiele, wie wir oben sahen. Nur zwei davon sind uns erhalten. Das eine ist durchaus mager, ohne feste Zeichnung. Das andere ist groß und gewaltig, wie eine Tragödie des Aeschylus. Dieses Trauerspiel heißt die Zerstörung von Numantia. Es ist die Verherrlichung des Todes für das Vaterland, und Cervantes hat darin, wie Sophokles und Shakspeare, die Geschichte der Vergangenheit mit dem spätern Ruhm seines Volkes verknüpft. Der Ausgang ist eben so tragisch als romantisch. Alle Einwohner der Stadt schwören, miteinander zu sterben, um nicht von dem Hunger und den Römern unterjocht zu werden. In der leeren Stadt ist nichts als Leichen und Scheiterhaufen, kein Lebender mehr; die Fama tritt auf die Mauer und verkündigt den Belagerern den Selbstmord der Stadt und den künftigen Glanz und Heldenruhm Spaniens.

Bei seinem Volk aber konnte Cervantes als Schauspieldichter neben seinem Zeitgenossen nicht aufkommen, den er selbst ein Wunder der Natur nannte. Das war Lope de Vega.

Lope de Vega war geboren zu Madrid im Jahr 1562. Dieser fruchtbarste unter allen Dichtern der Welt, der außer epischen, satyrischen und burlesken Gedichten, außer Romanen und nach einzelnen Seiten hin ausgezeichneten Novellen, außer einer Menge geistlicher und weltlicher Lieder, nicht weniger als zwei tausend zwei hundert Theaterstücke verfaßt haben soll, war Soldat, Staatsmann, Sekretär der Inquisition und Klostergeistlicher nacheinander. Er machte Verse eh er schreiben konnte, und machte Lustspiele schon im eilften Jahre. Er dichtete schneller, als es sein Schreiber niederschreiben konnte. Jede Woche brachte er in der Blüthe seines Ruhmes ein neues Stück auf die Bühne. Er ist der eigentliche Improvisator unter den Schauspieldichtern. Kenntnisse, ein richtiges Treffen des herrschenden Nationaltons, Vertrautheit mit den Volkszuständen und mit dem menschlichen Herzen, eine Einbildungskraft, die unerhört üppig trieb und blühte, und das Mauchfaltigste erfand, ein Verstalent, dem Verse und Reime im Schlafe wuchsen — das sind die Vorzüge des Lope de Vega. Nur daß er so frühe und so unermeßlich Vieles dichtete, machte ihn zum Naturwunder. Seine Stücke verherrlichen zahlreich Spaniens Ruhm, alle sind anmuthig, gefällig, reich an anziehenden Situationen und heitersten Schwänken, und darum von großem theatralischem Effekt; aber sie wiegen leicht, sie entbehren wie der tieferen Poesie und ihres Duftes, so auch der wahren künstlerischen Gestaltung. Zu seiner Zeit war er der Gott von Groß und Klein in Spanien, weil er immer mit Neuem unterhielt, und der gediegene und geistvolle Cervantes galt nichts gegen den glänzenden, farbestrahlenden Lope, der im Leben und Tod wie ein Fürst gehalten ward, während Cervantes darbte. Jetzt liest selbst Lope's Vaterland seine Dichtungen wenig oder nicht mehr: Cervantes Don Quixote ist ein Buch der Welt geworden und sein Name wird neben Homer, Dante und Shakespeare genannt.

Lope hatte mit seinen leichten, glänzenden, handlungs- und ereignißreichen Stücken so unermeßlichen Erfolg gehabt, daß die Theaterdichter fortan es ihm alle nachmachten. Als ein höherer Dichter, als ein Genius, aber ragt Calderon de la Barca über ihn hervor.

Dieser Dichter gab dem spanischen Theater seine schönsten Zeiten; in ihm erreichte die dramatische Poesie der Spanier ihren Höhepunkt; einen größeren Dichter des Schauspiels haben sie nicht gehabt; und doch ist Calderon weder ein Aeschylus oder Sophokles, noch ein Schiller oder Göthe, oder gar ein Shakespeare. Die romantische Schule in Deutschland hat Calderon viel zu hoch am dramatischen Himmel gestellt. Ein bewundernswürdiger Dichter aber bleibt er immerhin. Nicht so fruchtbar als Lope, ist er noch immer überaus fruchtbar. Man hat von ihm über 120 ächte Stücke; außerdem kleinere Gedichte, Lieder, Romanzen, Vorspiele, Zwischenspiele eine Menge.

Calderon ward den 1. Januar 1601 zu Madrid geboren, aus altem Adel; er wurde Rechtsgelehrter, Soldat, Kaplan, Theaterdichter, im 62. Jahre förmlicher Priester, und starb im 87. Jahre am 25. Mai 1687. Sein Leben war Glanz und Ueberfluß, und glanzreich und in Ueberfülle zeigen sich auch seine Dichtungen. Selten erhebt er sich zu Stellen von wahrer, einfacher, stiller Schönheit. Seine Fantasie ist ursprünglich, aber ganz spanisch, mit überwiegender morgenländisch-maurischer Pracht. Künstlerischer im Entwurf des Ganzen und in genauer Ausführung des Einzelnen, mit überraschenden Blicken und Blitzen, welche die Tiefen des Herzens aufreißend beleuchten, ist er doch mehr lyrisch, als dramatisch, und seine Schauspiele mit ihren Reimen und Assonanzen, Octaven, Terzinen und Sonetten sind ganz opernartig. Manchfaltigst ist der Stoff seiner Stücke, und ihre künstlerische Gestaltung ist so verschieden wie ihr poetischer Werth. Er selbst hat alle, ohne Unterschied des Inhalts, Comödien genannt.

Die meisten, und darunter die besten, seiner dramatischen Dichtungen sind Intriguenstücke. Seine von ihm sogenannten heroischen Comödien nähern sich bald dem Intriguenstück, bald dem Trauerspiele, mehrere sind wirkliche Trauerspiele. Auch hat er viele Schauspiele gedichtet, deren Stoff er aus der spanischen Geschichte und Sage nahm. Diese gehören schon zu den weniger gelungenen; mißlungen sind ihm aber alle diejenigen geschichtlichen Stücke, deren Stoff er aus der Geschichte anderer Völker, als des spanischen, entlehnte, und am meisten mißlungen die Stücke aus der Geschichte des Alterthums, dessen Stoffe sich in ihrer calderonisch-romantischen Umbildung seltsam genug ausnehmen. Dagegen ist er wieder ganz in seinem Kreise, wo er seine Stoffe aus den mittelalterlichen Romanen und Sagendichtungen wählt, oder aus der Legende oder aus der griechischen Göttersage; ebenso glücklich ist er im symbolischen Schauspiel, im Schauspiel des idealen Mährchens und im christlich-religiösen Schauspiel, wo er die Stoffe aus der Geschichte der Glaubenshelden entlehnt und sie mit seiner Dichterkraft verklärt. Auch ein burleskes Schauspiel hat er gedichtet, aber nur Eines; und dieses ist ein Meisterstück von dramatischem Witz.

Sein Ungeschick, in fremde Geschichte und Zeiten sich zu vertiefen, und diese lebendig wahr aus sich wieder zu spiegeln, zeigt, daß er kein Shakespeare ist; Calderons Coriolan und Shakespeare's Coriolan miteinander vergleichen zu wollen, wäre für den erstern gar zu nachtheilig. Und Göthe's Faust überragt den wunderthätigen Magus Calderons, wie der Cölner Dom eine Capelle: es wäre Thorheit, diese beiden Stücke neben einander stellen zu wollen. Das aber hat er mit Shakespeare gemein, daß mit seinem ernsten Sinn ein großes komisches Talent sich paart; daß dem Erhabenen und Gesetzten bei ihm ein tiefsinniger Scherz zur Seite geht; daß er das Dunkle durch köstliche Einfälle zu erhellen und zu färben weiß, und er wie das Gewichtige und Strenge, so auch herrliche Späße und Possen uns geschenkt hat.

Ebenso weiß er volksthümliche Elemente sehr glücklich

sich anzueignen und sie in seine Schauspiele zu verweben, alte Romanzen und Volkslieder, Scenen, Figuren, Sprichwörter und Witze aus dem gemeinen Leben.

Er hat, weil er so viel gab, in allen Abschnitten seines Lebens Gutes, Mittelmäßiges und sogar Geringes neben einander gegeben, vortreffliche Stücke in der Jugend, vortreffliche in der Mannesblüthe, vortreffliche im Alter; aber er hat auch hinwieder Unvollkommenes nicht wenig gedichtet als Mann und Greis wie als Jüngling, ja geradezu Schlechtes. Man kann es leicht herausfinden, was er aus innerem Drang der Begeisterung, und was er auf Bestellung des Hofes, aus dienstgemäßer Schuldigkeit dichtete. Im Ernst wie im Scherz schleppt er öfters die Flügel lahm am Boden, und die Verse macht nicht der freie Liebling der Musen, sondern der steife Hofmann, und sie sind steif wie die spanische Etikette und der spanische Kragen. Sogar in der Sprache ist er sich nicht gleich. In den einen Stücken ist die Sprache rein und edel, poetisch, schwungvoll ohne Uebertreibung, blüthenreich ohne Ueberladung, jetzt gewaltig und kräftig, jetzt lieblich und weich, je nach Maßgabe des Gegenstands. In andern Stücken wird sie pomphaft, buntscheckig, verschroben, überladen, ungelenk, herzmatt, unnatürlich, so daß es einem widersteht, nur fortzulesen.

Nicht weniger groß ist die Verschiedenheit in Hinsicht der künstlerischen Anlage und Ausführung seiner Stücke. In dem einen Stück weiß er kein Maaß zu halten, alles ist überladen und läuft bunt durcheinander; ein anderes ist auf Schrauben gestellt; manche sind ganz flüchtig hingeworfen, und kümmerlich ausgeführt, die Charaktere unbestimmt, ohne feste, sichere, klare Striche, matt, kühl, leblos; einige sind ganz leere, theatralische Prachtstücke, mit viel Geglizer und Knall, und ohne allen Geist; einzelne sind nur wie eine Schnur aneinandergereihter Scenen, ohne zusammenhaltenden Nerv, ohne alle dramatische Einheit.

Dagegen hat man von jeher an seinen Meisterstücken die reiche Erfindung, die großartige, verständige und geistvolle Anlage und Ausführung, die Gewandtheit und Sicherheit in allem Technischen gerühmt und bewundert. Da ist Frische und Kraft, Wärme und Glut, die Handlung reißt hin oft durch raschen, spannenden Fortschritt, immer durch die Wahrheit und das Lebensvolle der genial erschaffenen, scharfgezeichneten und durchgeführten Charaktere; und bei oft ziemlicher Tiefe liegt über dem Ganzen eine große Verstandesklarheit. Besonders lieblich und tiefsinnig ist er, wenn er ein fantastisches Mährchen bramatisirt; denn merkwürdiger Weise ist er hier viel weniger als in den religiösen Stücken mit Wunderbarem freigebig, sondern er läßt Alles seinen natürlichen Weg laufen.

Die Grundideen seiner Dichtung sind Vaterland, Gott, Liebe, Treue und Ehre: diese vier leuchten als große Sterne über ihr und aus ihr zurück. Mit hoher Seele liebt er es, vorzüglich eble Charaktere, besonders eble weibliche, zu zeichnen, und läßt immer den reinen Sinn über die trübe Leidenschaft, das Göttliche über das Irdische siegen. Hoher Adel der Gesinnung geht durch alle seine Poesie.

Zu seinen vorzüglichsten Werken dürften gehören Alvaro und Seraphine, ein wahrhaftes, tiefes Trauerspiel; das laute Geheimniß; Gomez Arias, ein volksthümliches, gewaltiges Kunstwerk; Absalon; das Leben ein Traum; die Tochter der Luft; der standhafte Prinz; und das Fegfeuer des heiligen Patricius.

Weiß man, daß Montalvan, der Zögling und Zeitgenosse Lope's bis zu seinem sechs und dreißigsten Jahre, in welchem er starb, gegen hundert Schauspiele auf die Bühne gebracht hatte, so weiß man eben damit, daß es außer Lope und Calderon noch andere fruchtbare Dramatiker in Spanien gab, daß diese ihre Stücke aber mehr verfertigten als dichteten. Montalvan wirkte bloß durch Aeußerlichkeiten, durch Knall und Schall; ein anderer, Virues, ist durch Einfachheit und Kraft mehr werth, aber seine Tragödien sind doch noch zu schwülstig. Hervor ragt dagegen der komische Dichter Augustin Moreto, Calderons Zeitgenosse. Moreto's Donna Diana ist jetzt noch bei uns Deutschen beliebt. Herrliche Komik ist in dem Stück eines unbekannten Dichters: der Teufel als Prediger.

Villegas, geboren 1595, ist ein trefflicher Lyriker im Kreis des Anmuthigen, und Quevedo, im Jahr 1580 zu Madrid geboren, ist ein ausgezeichneter Satyriker, reich an Einbildungskraft und Verstand, keck in Strichen und Gedanken, ungleich in der Darstellung. Die Ader des Volksthümlichen schlägt durch alles was er machte, besonders durch seine Zigeunerlieder und durch seinen Schelmenroman vom großen Tatanno. Auch sein Buch: Suennos, das ist Träume, zeichnet sich aus durch Charakterwahrheit und Witz. Doch ist Quevedo mehr kritisch-poetisch als rein poetisch. Seine Sprache ist natürlich, wie die des Cervantes, und er verspottete die üppige Natur selbst eines Lope.

Unermeßlich viel wurde noch außer dem Genannten in Spanien gedichtet, wenn man Sylbenmessen und Reimen Dichten nennen will. Das Schwülstige und Unnatürliche hatte namentlich Gongora in die spanische Literatur herein gebracht, der vom Jahr 1561 bis 1627 lebte. Wir kennen durch Herder von ihm treffliche Lieder, die er im Styl der altspanischen Romanze dichtete. Aus dieser schönen Natur volksthümlicher Poesie verirrte er sich später in die grellste Unnatur des Gesuchten und Seltsamen, was leider als „gebildeter Styl" fortan bewundert und nachgeahmt wurde. Dieser Unnatur trat dann ganz spät die französische Eleganz und Korrektheit entgegen, da mit dem Anfang des achtzehnten Jahrhunderts ein französischer Prinz auf den spanischen Thron kam, und französischer Geist schon vorher großen Einfluß auf den spanischen Hof geübt hatte. Aber diese französisch-spanische Regelmäßigkeit war keine Poesie, sondern elegante Verständigkeit in Versen.

Der Verstand herrscht zwar in der ganzen spanischen Poesie vor, und allgemeine Begriffe sind darin ganz stehend, stereotyp. Sie hat etwas Einförmiges, und sogar im eigentlichen Sinn Unpoetisches, weil ihr innerstes Wesen Allegorie ist. Solger hat dieß treffend damit bezeichnet, „die erscheinenden Dinge seyen in der spanischen Poesie transparent gemacht, damit die Begriffe überall hindurch scheinen können, und daher komme die allgemeine Verklärung, in deren Glanz die ganze wirkliche Welt zu schwimmen scheine, und die doch nicht diejenige Fantasie sey, welche die Ideen selbst von ihrem Innersten heraus zu gestalten wisse, sondern diejenige, welche immer erst durch die Mittelregion der Abstraktion hindurchgehen müsse".

Innerlich einförmig, hat namentlich das spanische Schauspiel seinen Zauber und poetischen Schein in der bunten äußerlichen Fülle des Bilderschmucks und des Klangs. Ihm fehlt die wahre Größe sowohl der Form als des Inhaltes. Großen Inhalt hätten die Inquisition und der Despotismus auf dem spanischen Thron nicht geduldet, die beide schon allmächtig waren, als das spanische Schauspiel sich bildete. Aber nicht bloß die Großheit, auch die wahre Tiefe gebricht der dramatischen Poesie der Spanier. Jenes fehlt, wodurch sich nach Schiller der Genius kund giebt, bei der Klarheit des Himmels die unermeßliche Tiefe; hinter dem, was dem Auge offen ist, das über den Verstand hinaus liegende geheime Ideale. Als solches kann das wunderthätige Kreuzesholz, das den Mittelpunkt der calderonischen Poesie bildet, nicht gelten. Es ist zu sehr mehr spanisch-katholische, als rein menschliche Poesie, und Calderons versöhnender Glauben des ganz sich hingebenden Gemüths erhebt sich nirgends zur Religion des Geistes und zur idealen Durchleuchtung. Da die romantische Schule der letzten Jahrzehnte die spanische Schaubühne über alle Maaßen mit Trompeten und Pauken dem Volke angepriesen hat, so dürfte, als Schild für die eben gegebene Beurtheilung, hier zum Schluß ein Wort Göthe's am Platz stehen, das er zu spät sprach und das darum zu wenig bekannt wurde, um den Romantikern ein Gegengewicht zu sein. Göthe sagt von Calderon: „Immer habe ich sein großes Talent bewundert, seinen hohen Geist und klaren Verstand verehrt. Eigentliche Naturanschauung verleiht er keineswegs; er ist vielmehr durchaus theatralisch, ja bretterhaft; der Plan liegt klar vor dem Verstand; die Scenen folgen nothwendig, mit einer Art von Balletschritt, welche kunstgemäß wohlthut, und auf die Technik unsrer neuesten komischen Oper hindeutet; die innern Hauptmotive sind immer dieselben. Die Haupthandlung geht ihren großen poetischen Gang; die Zwischenscenen, die menuettartig in zierlichen Figuren sich bewegen, sind rhetorisch, dialectisch, sophistisch. Menschliche Zustände, Gefühle, Ereignisse sind bei ihm nicht in ursprünglicher Natürlichkeit, sondern sie sind zubereitet, sublimirt; der Dichter steht an der Schwelle der Uebercultur, er giebt eine Quintessenz der Menschheit. Wir empfangen bei Calderon abgezogenen, höchst rectificirten Weingeist, mit manchen Spezereien geschärft, mit Süßigkeiten gemildert, wir müssen den Trank einnehmen, wie er ist, als schmackhaftes köstliches Reizmittel, oder ihn abweisen. Leider sieht man in mehreren Stücken Calderons den hoch- und freisinnigen Mann genöthigt, düsterem Wahn zu fröhnen, und dem Unverstand eine Kunstvernunft zu verleihen, weßhalb wir denn mit

dem Dichter selbst in widerwärtigen Zwiespalt gerathen, da
der Stoff beleidigt, indeß die Behandlung entzückt".

So sprach Göthe über Calderon.

4. Portugiesische Romantik.

Wie die portugiesische Sprache eine weichere Abart der
spanischen ist, so ist auch ihre Poesie kaum als eine besondere zu betrachten. Doch ist ihr Entwicklungsgang von der
spanischen ganz verschieden. War die spanische zuerst episch oder
episch=lyrisch, und dann dramatisch: so war die portugiesische
zuerst rein lyrisch, dann episch. Die portugiesische Poesie ist nicht
alt, sie beginnt nachweisbar erst mit dem fünfzehnten Jahrhundert. Das Lied und die Idylle wurden allein recht ausgebildet, man hat davon mehrere Sammlungen mit mehreren
hundert Dichternamen. Die Spanier haben die portugiesische
Sprache die Blumensprache genannt, um das Zarte und Duf-
tige derselben, ihren weichen Schmelz zu bezeichnen. In dieser Blumensprache spricht sich nun auch das Lied und die
Idylle schmelzend, zärtlich, schwärmerisch und oft schwermüthig
aus. Hermigues, Moniz, Macias, Ribeyro, Falçam, Miranda, Caminha und Pimenda, Bacellar und die Dominika-
nernonne Violanthe do Ceo sind die berühmtesten lyrischen
Namen.

Im Dramatischen hat Antonio Ferreira ein vorzügliches
Trauerspiel Ines de Castro gegeben, und Gil Vicente, der
im Jahr 1557 hochbetagt starb, war kein Meister der dramatischen Kunst, aber ein tief genialer dramatischer Kopf, dessen
Stücke bei roher Form reich sind an Blitzen des Genius, an
Fantasie und Humor, wenigstens seine Farcen. Es ist ein
göttlich toller, und dabei kerngesunder Volkshumor darin. Der
Mann war, wie Shakspeare, Dichter, Schauspieler und Schauspieldirektor zugleich in einer Person.

Von allen diesen Namen kann sich aber nicht einer neben die großen Dichternamen anderer Nationen stellen. Einen aber hat Portugal, der den größten Dichtern aller Zeiten zwar fern aber nicht unter ihnen steht, was Fantasie, Tiefe des Gefühls und großartigen Nationalgeist seiner Dichtung betrifft. Denn ein großer Nationaldichter ist Luis de Camoens.

Camoens hatte das Schicksal der meisten großen Geister, ja unter denselben eines der traurigsten. Den Tag seiner Geburt weiß man nicht, das Jahr ist das Jahr 1524 nach den einen, nach den andern 1529. Nicht einmal nach seinem Tod ließ sein undankbares Vaterland einiges Licht auf die Wiege seines größten Dichters fallen. Und doch hatte schon sein Vater als Seeoffizier sich um das Vaterland verdient gemacht, und war aus einem der ältesten Geschlechter Portugals, aber blutarm. Vernachläßigung trotz seiner Tapferkeit zu Land und zur See in Afrika und Ostindien; völlige Verkennung seines frühe sich offenbarenden Genius; Verfolgung und Verbannung vom vaterländischen Boden hinweg bis nach Indien, ja bis nach China, über den Unschuldigen durch elende Höflinge gebracht, — jede Art von Noth und Mißgeschick: das war des Dichters zugemessenes Loos, und unter solchen Verhältnissen dichtete er nicht Klaglieder wie andere, sondern er vergaß über der Vertiefung in die Vaterlandsliebe das seiner Person angethane Unrecht und verherrlichte sein Volk und dessen Helden- und Ruhmeszeit in dem großen Nationalepos die Lusiade.

Die Lusiade hat nämlich die Entdeckungen der Portugiesen in Ostindien zum Gegenstand, wie der Seeheld Vasco de Gama Afrika umschifft und durch Wogen und Stürme siegreich den bis dahin unbekannten Seeweg nach dem herrlichen Ostindien findet. Sein Gegenstand ist wahre Geschichte, der Glanzpunkt seines Volkes; aber diese Wahrheit der Geschichte ist von ihm in die Verklärung der wahrsten Poesie erhoben. Denn es lag zwar dieser wunderbare Seezug, als Camoens sein Epos anfing, erst vierzig Jahre rückwärts, aber wenn auch nicht die Entfernung der Zeit, so breitete doch die Entfernung der bisher unbekannten Meere und Länder im hintern Asien über diese Fahrt romantischen Duft genug, um das Gewöhnliche zu beschatten und seinen Helden und dessen Thaten und Gefährten in ein poetisches Licht zu erheben. Und überdieß hatte Camoens fast alles mit Augen gesehen und erlebt, was er besang: daher die lebendig wahren Farben seines Gedichtes. Es ist nur zu bedauern, daß Camoens sich nicht ganz frei gehen ließ, sondern dem epischen Ideal und Abgott der damaligen Zeit, dem römischen Virgil, in einigen Fußstapfen folgte, und dessen Göttermaschinerie in sein romantisches Gedicht hinein trug. Die alte Mythologie hat er jedoch so genial zu gebrauchen gewußt, daß ihre Sagen bei ihm wie neu und in eigenthümlicher Größe erscheinen. Auch alle poetischen Geschichten und Sagen seines Volkes hat er in dem Kranz seines Gedichtes zusammen gefaßt, das farbiger ist und stärker duftend, höherer Wohlgerüche voll als Ariosts Roland, wie Indiens Natur, in deren Mitte Camoens dichtete, farbenreicher und berauschender ist, als die Natur Italiens wo Ariost sang.

Auch viele Lieder hat Camoens gedichtet, tief und zart, der süßesten Schwermuth voll, wie des Glücks beglückter Liebe, und jedes Wort ist schönster Wohllaut und jedes Lied ist nur eine einfache Blume, aber stark duftend, wie die Nelke und das Veilchen.

In diese Lieder hat er sein Jugendglück und seine Jugendliebe gehaucht; seinen Schmerz aber, als diese Liebe ihm zum Unglück wurde, seine wunde Brust, hat er, als ein Adler des Gesanges, eingetaucht in das Morgenroth seines Volkes und sich in dessen Glanzmeer verloren und vergessen.

Die Lusiade war ihm Alles. Auf der Fahrt nach China vom Sturm überfallen, und aus dem gescheiterten Schiff ins Meer gesprungen, ruderte er mit dem linken Arm durch die Wellen, in der rechten Hand hielt er die Handschrift seiner Lusiade übers Wasser empor, und als er glücklich die Küste erreicht hatte, dankte er dem Himmel mehr für die Rettung seines Gedichts, als seines Lebens. Dreißig Jahre hatte er an der Lusiade gearbeitet, von ihr hatte er viel für sein äußeres Glück noch gehofft. Nach sechszehnjähriger Abwesenheit kehrte er im Jahr 1569 nach Lissabon zurück, nach dritthalb Jahren konnte er sein Gedicht erst zum Drucke bringen, er widmete es dem König Sebastian, und was gab ihm dieser für sein Nationalgedicht? einen jährlichen Gnadengehalt von fünf und zwanzig Thalern, und an diesen Bettlerpfenning wurde noch die harte Bedingung geknüpft, daß der Dichter dafür den Hof überall hin begleiten mußte. Einen Sklaven hatte er von Indien mit sich gebracht. Dieser Getreue bettelte des Nachts für seinen Herrn Stückchen Brod an den Thüren, sonst wäre der Nationaldichter verhungert. Aber nicht, daß er also betrogen und verlassen war von König und Vaterland, drückte ihn zusammen und in die Grube hinab vor der Zeit, noch vor der Neige des männlichen Alters, sondern das, daß er es sehen mußte, wie sein geliebtes Portugal, das er in seinem Gedicht verherrlicht hatte, seine Macht, Selbständigkeit und Freiheit an den spanischen König Philipp II. und seinen Alba verlor. Er starb im Jahr 1579 im Hospital, ein paar Kapuziner drückten ihm die Augen zu und begruben ihn auf ihrem Kirchhof.

Eine Nation, die an ihrem größten Dichter also handelte, war nicht werth, noch weiter einen großen Dichter zu bekommen und im Lied verherrlicht zu werden: verdient aber hatte sie es, ruhmlos auch politisch unterzugehen. Cortereal, Zeitgenosse von Camoens, und wie er epischer Dichter, und

Lobo, ein Lyriker zu Ende des sechszehnten Jahrhunderts, zugleich ein guter Erzähler, sind unbedeutend gegen Camoens. Es half nichts, daß im Jahr 1640 Portugal sich wieder unabhängig von Spanien machte, der Geist war hinweg aus dem Volke, hinweg die Poesie des Worts, wie der That, und die Inquisition, wie sie unter König Sebastian angefangen hatte, vollendete die Entnervung und Entseelung Portugals. Im französischen Geschmack schrieb die Gräfin Vimiero im Jahre 1788 noch ein Preisstück von einem Trauerspiel Osmia, welchem die Akademie den Preis zuerkannte, und das regelmäßige und glatte Verse, aber keinen Funken von Poesie mehr hat. Die Portugiesen und das Portugal, welche Camoens besungen hatte, sind ein untergegangenes Heldenvolk und Heldenland, und mit Camoens ist die große Poesie der Portugiesen zu Grabe gegangen. Der Ruhm der gewesenen portugiesischen Nation, wo wär' er, wenn sie nicht lebte in dem unsterblichen Gedicht des Camoens?

Altenglische Romantik.

Zur See hatte die portugiesische Nation ihren höchsten Ruhm gewonnen und die Poesie des Camoens war wesentlich Seepoesie. Dieß führt uns eigentlich von selbst auf die Meere beherrschende Nation der Engländer und ihre Poesie. Wie der Schotte, so ist auch der Engländer von Haus aus poetisch. Aber von den ältesten Aeusserungen der Poesie in dem heutigen England ist kein Denkmal vorhanden, nur Spuren der Ueberlieferung und Sage weisen auf eine Poesie daselbst in den ersten Jahrhunderten nach Chr. Es gab Barden, wie in Schottland und Irland, und Merlin leuchtet

in fabelhaftem Glanze durch das Nebelgrau der fernen Vor=
zeit als ein wunderbar mit der Natur im Bunde stehender
Sänger und Weiser.

Doch muß man neben der Naturkunde und andern Kennt=
nissen, die dem Merlin eigen waren, unter diesem Meister,
wie unter einem Barden überhaupt, sich mehr einen Musiker
als einen Dichter vorstellen, mehr einen solchen, der zu seinem
Harfenspiel schön sang, als gerade einen, der schöne Lieder
machte. Es war Sache der Barden, ebensowohl hauptsächlich
überliefertes Altnationales absingend fortzupflanzen, als auch
selbst zu dichten. Der Bardenorden, großentheils aus Prie=
stern oder zur Zeit, da das Christenthum im Land herrschend
wurde, aus geheimen Anhängern der alten Freiheit und des
altheidnischen Glaubens bestehend, und nur zum Theil aus
bloßen Musikgelehrten, war der Hauptnerv des alten freien
Volkslebens, und darum wurde er als besonders gefährlich
im Laufe der Zeit von den fremden Eroberern ausgerottet.
Aus dem frühesten Mittelalter sind die Lieder der englischen
Barden meist verloren. Nur etwas über hundert kleine Ge=
sänge der Barden von Wales, vom fünften bis zum zehnten
Jahrhundert, sind bis jetzt aufgefunden. In diesen ist neben
der Alliteration schon der vollkommene Reim ausgebildet, und
die Versmaaße sind mannichfaltig. Auch hat man noch Mähr=
chen und Sagen aus der Götterlehre, welche die Barden zum
Unterricht der Jugend gebraucht haben sollen. Eine Samm=
lung solcher Sagen und ritterlich=romantischer Beispiele ist
vorhanden unter dem Namen „das Buch der Mabinogion".
Aber wir haben auch noch viele altenglische wie altschottische
Volksballaden, die bis in das zwölfte Jahrhundert, wohl
hundert Jahre über den Untergang des Bardenordens im
eigentlichen England, hinaufreichen. Volk und Barden haben
sie wohl mit einander gemacht. Diese Balladen sind theils
wild, heroisch, schaudrig, theils innig, natürlich, rührend.

So werden wohl die Grundeigenschaften der Bardenpoesie in ihrer Blüthezeit gewesen seyn. Lebensfrisch sind alle.

Die Bewohner der drei britannischen Reiche sind von Haus aus ein poetisches Volk. In unsern Tagen hat man sich gewöhnt, den Engländer fast nur mitten drin in Politik, in Handel und Handthierung, in Fabriken und Kohlengruben, in Aktien und allen möglichen Geldgeschäften, ganz verkrämert, ganz materiell und metallen, zum Theil als poesiewidrigen Fashionabel im Almak=Frack, immer aber als Geldmenschen sich zu denken. Aber selbst noch heutzutage ist der Kern des englischen Volks von Natur poetisch: poetisch und für die Poesie gestimmt ist ursprünglich das britannische Herz, und zwar gestimmt für die ächte Poesie, für die Poesie der Lebenswahrheit und der Lebenstüchtigkeit, für eine kernhafte, starke, ja oft derbe und immer vielseitige Dichtung, wie für die zarteste Romantik der Natur und des Lebens. Nur die unächte Romantik, die des tüchtigen Gehalts entleerte, einseitige, falsche Poesie, die Poesie des bloßen Mondscheins und Blumenstaubs, hat bei diesem Volk niemals lang Glück gemacht und Wurzeln geschlagen. Diese Romantik, wenn die Barden sie getrieben hätten, hätte dem englischen König Eduard I. auch keinen Grund gegeben, die Barden niederhauen zu lassen, wie er an denen in Wales that, wegen ihres Einflusses auf's Volk.

Die Sagen von König Artus und der Tafelrunde sind zwar hier fast zu Hause, und alle Volkssagen davon sammelten sich in der erhaltenen Volksgeschichte von Wales. Helden und Heilige, Könige, Fürsten, Sänger und Zauberer, Britannen, Römer und Sachsen, Thaten und Geschicke erscheinen hier im Halbdunkel der Sagendichtung: es ist lauter Sagengeschichte. Daraus nahm Geoffroy Arthur den Stoff seiner lateinischen Geschichte der britannischen Könige, und weiter dann aus ihm oder auch aus der ursprünglichen Quelle jener Volksgeschichte kamen die Artus-Romane der mittelalterlichen Dichter. Der Barde Merlin wird in der mittelalterlichen Sage zum Zauberer und zum Sohn des Teufels und einer engelreinen Mutter umgefabelt, und zuletzt verschließt ihn seine geliebte Schülerin Viviane, die von ihm die Zauberkünste gelernt hatte, in eine Höhle: aus Eifersucht und Liebe, um ihn nie zu verlieren; sich und ihm zum Leide, denn den Zauber, womit sie ihn unbesonnen gebunden hat, können weder sie noch er wieder auflösen.

Aber der christlich-romantische Artus und seine Tafelrunde; der heilige Graal d. h. die Diamantschüssel, von welcher Dichtung und Glaube fabelten, daß sie Christus beim Abendmahl gebraucht und nachher Joseph von Arimathia dessen Blut am Kreuz darein aufgefaßt habe, eine Schüssel, an die man nun alle möglichen christlichen Wunder und Ritterabenteuer anknüpfte, und derartige mehr wunderliche als wunderbare, mehr phantastische als phantasievoll-schöne Erdichtungen konnten sich unter dem Klima Britanniens nicht lange behaupten, eben weil sie bodenlos waren. Der ächtpoetische tüchtige britannische Volksgeist befreite sich bald davon, indem er sie ironisirte, wie das gewiß sehr alte englische Rittermährchen „der Knabe mit dem Mantel" und vieles Andere beweist. Man muß die eigentlichen Engländer im engern Sinn, die Angelsachsen, unterscheiden von den Iren, Wälischen und Schotten; während man die Poesieen aller vier zusammen gewöhnlich unter dem Namen der britischen oder auch englischen Poesie im Allgemeinen begreift.

In Wales besonders hatte sich von der celtischen oder hier altbritannischen Poesie aus drei Gründen so Manches erhalten und fortgebildet. Einmal hatte Wales, besonders Süd-Wales mit seinen grünen Bergen und Thälern, mit seinen felsigen und zerrissenen Küsten, mit seinen romantischen Wassern, seinem Meer, seinen vielen Flüssen und kleinen

Seen, und mit dem Anhauch seines milden, laulichen Seehimmels, mit seinen blutigen Freiheitskämpfen gegen Römer, Sachsen und Normannen und mit seiner weit über tausend Jahre lang tapfer behaupteten Freiheit großartige Reize für die Poesie. Zweitens kam zu dem durch seine landschaftlichen Reize wie durch seine blutigen Nationalkämpfe reg erhaltenen poetischen Geiste noch der Vortheil, daß in dieses Gebirgsland die Reste der alten Britannen oder Kymren (Cimbern) sich gerettet hatten, als im Jahr 449 nach Chr. die Angelsachsen erobernd herüber gekommen waren. Und drittens blieb diese Landschaft schon dadurch poetisch, daß die gebirgige Beschaffenheit derselben die Bewohner auf Viehzucht, Fischerei, Austernfang, Berg= und Ackerbau anwies und die eigentliche Industrie und das Handelsgeschäftswesen mit aller daran hängenden Prosa bis auf den heutigen Tag daraus verbannt hielt.

Die Menschen in Wales sind noch heute eine poetische Erscheinung und sie machen auf die besuchenden Deutschen einen wohlthuend anheimelnden Eindruck wie die Tyroler, mit denen sie Aehnlichkeit haben sollen. Sie haben wärmeres Blut und ein lebhafteres Herz, als ihre Nachbarn und Sieger, die eigentlichen Engländer oder Sachsen. Grabsteinhaufen aus der Zeit altkymrischer Recken bezeichnen überall die Heroenwelt, die noch in den Sagen des Volkes lebt, und fragt man einen Eingebornen, was diese Trümmer bedeuten, so kann man aus seinem Munde einen oder den andern alten Reim hören, wie: „Weß das Grab am Berge dort? Vom Blut oft war sein Schwerdt roth. Ein wilder Kämpfer; gnad' ihm Gott!"

Daß die Bewohner von Wales, die Nachkommen der alten Cimbern, in der That ein Brudervolk der Deutschen sind, beweist nicht nur ihre Sprache, sondern auch manche Sage, die wenigstens noch auf den Lippen Einzelner fort lebt, und an Nationalsagen der Deutschen erinnert. So hörte noch vor wenigen Jahren ein deutscher Reisender die Sage von Owain Rothhand, einem Helden aus dem siebenten Jahrhundert, der am Morgen des unglücklichen Tages, da er gegen die Sachsen im Kampfe fiel, den Zauberbrunnen, aus dem er seine Rosse zu tränken pflegte, nach gebotener Weise wieder zu verschließen vergaß, und nun in einer Grotte an dem Owainsteinsee auf dem Großenberg, welcher See sich aus jenem Brunnen sofort ergossen hat, verzaubert sitzt und schläft, und schlafen muß, bis der Tag kommt, wo das alte Cimbernland wieder groß und unabhängig werden wird.

Der Eisenwerkmann in Wales erzählt gläubig von dem Wundergarten in der unergründlichen Tiefe des Lachenthalsees, unterhalb der Breconer Hörner, dem höchsten Berg in Südwales. In diesem Garten wohnt das stille Volk der Elfen, „die schöne Hausgenossenschaft". Vor Zeiten erlaubte dieselbe auch den Sterblichen, diesen Sitz der Lust und Wonne als bescheidene Gäste gelegentlich zu besuchen, bis zuletzt ein vorwitziger Bursche verbotener Weise eine Blume stahl: da ergrimmten sie und verschlossen den Garten und mit ihm alle Wege des Gedeihens und Segens für das Land. Von nun an, bis dieser Zorn versöhnt und jener Garten wieder geöffnet seyn wird, hat das Land auf kein irdisches Glück zu rechnen.

Die besser erzogene Waleserin lächelt zwar dazu als zu einem Mährchen, das in offenbarem Widerspruch mit dem Worte der heiligen Schrift stehe; setzt aber gleich hinzu, was ihre Base vergangenen Winter selbst mit Augen gesehen habe, das sey eine Meerjungfrau, wie sie, auf einer Klippe am Ausfluß des Teivy sitzend, sich im Meerwasser beschaut und ihr Haar gekämmt und über das kalte Wetter geweint habe. Und gleich bestätigt ein anderer ihre Erzählung, indem er den Reim singt: „Eine Jungfrau sitzt am Meer, und kämmt ihr

Haar und weint sehr, den ganzen warmen Sommer lang, daß gar so kalt der Winter."

So wenig hat der christlich religiöse Eifer vermocht, die alte Naturpoesie und Naturreligion aus diesen Gebirgsherzen ganz auszurotten, und so sehr die hier herrschend gewordenen Methodisten nicht bloß die Erinnerungen an das Heidenthum, sondern, wie alle weltliche Lust, so auch die weltliche Volks= poesie für sündhaft ausschreien, so haben dennoch die düstern Bußgesänge der methodistischen Bethäuser so wenig als früher schon der Glockenklang der katholischen Kirchen und Klöster die neckischen Elfen und die andern Geister der alten wäl= schen Poesie, wie jener Reisende sagt, aus dem Schooß die= ser Gefilde, aus der Wiege dieser Quellen, aus dem Boden dieser Seen ganz verscheucht, wo sie seit Jahrtausenden hei= misch gewesen.

In der wälischen Sprache, der Sprache der alten Cim= bern, erkennen die Meister der Sprachenkunde eine in Wort und Laut eben so reiche als feine, eben so gewaltige als liebliche Mundart, eine Schwester unserer deutschen, und die Kunst dieser Barden gilt ihnen als die Wiege unseres Reims.

In gar Vielem stimmt mit Wales Irland überein, nur nicht in der Ausdauer und in der Tapferkeit. Die Ir= länder sind wie die Bewohner von Wales Celten: Irländer und Wälische sind Brüder durch Abstammung, und in den Tagen der vorchristlichen Zeit waren die Iren gesang= und bardenreich, wie ihre celtischen Brüder von Wales und in den schottischen Hochlanden. Seit der Einführung des Chri= stenthums in Irland, dem grünen Erin, war mehr die Ge= lehrsamkeit als die Poesie der Irländer in Ruhm. Der Irländer war von jeher das gerade Gegentheil von dem Angelsachsen oder Engländer. Der Irländer ist und war träumerisch, fantasiereich und fantastisch, lebensfroh bis zum Leichtsinn, träg, unpraktisch, launig, geschwätzig, witzig, aben=

teuernd, arm aber mit Wenigem zufrieden. Er verlangte und vertändelte in Liebe und Lust seine Zeit, früher, wenn er Brod und Buttermilch oder gar, wenn er, wie später, sein gebranntes Wasser bei Kartoffeln hatte. Aber bei all dem, daß er von so außerordentlicher natürlicher Heiterkeit ist wie ein Kind, ist er auch melancholisch, so wunderlich die Melancholie mit dem Vorigen sich zusammen reimt. Seine Melancholie ist durch die Verhältnisse herbei geführt: das irische Volk ist seit einem Jahrtausend ein unterdrücktes Volk, ein Volk des Leidens.

Dieses Volk voll Anlagen, dieses durch und durch poetische Volk, hatte das äußere Loos so manches begabten fantasiereichen Einzelnen, der, wenn er es nicht zu einem innern Halt und festen Charakter bringt, mit seinen Anlagen wegen seines träumerischen und beschaulichen Wesens es in der Welt nicht weit bringt, und von der nächsten besten Prosa des rührigen Verstandes in Allem überflügelt wird, zu leiden hat und verkümmert. So ist Irland, das poetische Erin, eine Beute geworden und ein Knecht Englands, des prosaischeren aber energischen und charaktervollen Sachsenvolkes.

Sein allgemeiner poetischer Sinn ließ zwar das irische Volk seine Leiden noch mit einer gewissen Leichtigkeit tragen, so lange der Hunger nicht verzweiflungsvoll wurde: aber selbst dieser allgemeine poetische Sinn, diese so reich unter das Volk gestreute Anlage zur Poesie konnte es im Mittelalter und bis in die neuere Zeit herein zu keinem großen Dichter und Gedicht im eigentlich nationalen Sinn bringen. Poesie-Funken sprühen hervor und leuchten allwärts im Land wie Johanniswürmchen, ächt poetische Funken: aber kein Altar ist, an dem ein großer Nationaldichter die schöne Flamme einer großartigen nationalen Poesie priesterlich pflegte. Religiöser und politischer Druck ließen es später, innere Spaltungen und Zerrissenheit ließen es früher nicht dazu kommen.

So sehr bewährt es sich auch bei den Irländern, daß eine wahre Poesie und Literatur überhaupt nur auf der Grundlage eines wahren nationalen Lebens möglich ist, eines rühmlichen Volksthums, oder wenigstens großer nationaler Erinnerungen.

Sie waren nicht immer so, die Irländer. In den alten Tagen der Freiheit waren sie anders, und noch im späteren Mittelalter, noch an dessen Neige suchten die Barden durch ihre Gesänge ihr Volk aus diesem Leichtsinn und dieser Trägheit dadurch aufzurütteln und die alte Thatkraft in ihm wieder dadurch herauf zu beschwören, daß sie selbst das Räuberleben als ritterlich und heldenhaft priesen, und vor allem die Kühnheit, die Waffenregsamkeit und die Todesverachtung besangen. Der Angelsachse Spencer weiß darum über die irischen Barden nicht genug zu klagen.

Nach ihm wählten sie selten die Thaten guter Männer zu Gegenständen ihrer Poesie, sondern sie priesen immer diejenigen, welche sie am ausgelassensten in ihrer Lebensweise, am kühnsten und gesetzlosesten in ihren Handlungen, als die Verwegensten und Gefährlichsten in allen Arten von Ungehorsam und als die Bereitwilligsten zum bewaffneten Aufstand gefunden. Diese, klagt er, verherrlichen die Barden in ihren Reimen, und stellen sie den jungen Leuten als ein Beispiel auf. Von dem berüchtigten Räuber, der sein ganzes Leben von Fehde und Beute gelebt hat, sagen sie, daß er keiner von jenen müßigen Milchbärten sey, die hinter dem Ofen auferzogen werden, sondern daß er die meisten seiner Lebenstage in Waffen und tapfern Unternehmungen hingebracht habe, daß er niemals seine Mahlzeit gegessen, bevor er sie nicht mit dem Schwerdt gewonnen, daß er nicht die ganze Nacht bequem verschlafen, sondern daß er, selbst wach, auch Andere wach erhalte durch seine Angriffe auf ihre Häuser, an deren Flamme er seine Fackel anzünde, um sich in der Dunkelheit zu leuchten, daß der Tag seine Nacht und die Nacht sein Tag sey, daß seine Musik das Geschrei der Leute und das Klingen der Waffen sey, und daß er nicht sterbe von Vielen beweint, aber daß er Viele weinen mache wenn er sterbe, indem er seinen Tod theuer verkaufe.

Aus diesem merkwürdigen Trümmer der irischen Bardendichtung, was ohne Zweifel diese spencerische Mittheilung ist, spiegelt wenigstens Eine Seite der Wirksamkeit dieser irisch=celtischen Barden uns entgegen. Wie zart und lieblich diese irischen Barden daneben auch dichteten, dafür zeugen die erst vor Kurzem durch die Gebrüder Grimm bekannt gewordenen irischen Elfenmährchen, die zu den zartesten und lieblichsten gehören.

Auch die Gesänge, die Ossian's Namen tragen, lebten durchs ganze Mittelalter bis in unsere Tage in Herz und Mund manches Irländers, und in ihren alten Volksliedern, so viel davon erhalten sind, zeigen sie eine eben so regsame Fantasie und tiefe Empfindung als ein Auge für die Natur. Dabei ist das Fantastische überwiegend und der poetische Aberglaube. Fast jeden Hügel, jedes Gebüsch, jedes Thal und jeden Fluß hat die Volkspoesie mit Geistern und Sagen der alten Helden geweiht. Und das Volk weiß und singt nicht blos davon, sondern es glaubt auch daran; es glaubt seine Poesie; es lebt oder träumt hin in seiner Dichtung als in einer Wahrheit. Und zwar glaubt es seine altheidnischen Sagen ebenso ganz und fest als seine romantischen Legenden.

Irland ist noch in unsern Tagen, so zu sagen, im Mit= telalter drin und in der mittelalterlichen Romantik. Land und Luft, Volk und Sitten sind noch romantisch, wie vor tausend Jahren, und im grünen Erin drüben hat sich mancher englische Dichter schon seine poetischen Stoffe und Ideen geholt, so weit sie einen fantastisch=romantischen Geist athmen. Denn fantastisch=romantisch ist der Genius Irlands wie der des stammverwandten Schottlands, nicht aber der Englands. Irland hat bedeutende Dichter und besonders einen großen komischen Genius in der Neuzeit hervorgebracht: aber diese Dichter sind nur der Herkunft nach Irländer, ihrer Bildung und Sprache nach sind sie englische Dichter, trotz ihrer patriotischen Sympathieen für Irland.

Die durchweg poetische irische Nation hat trotz des langen Drucks noch so viel eigenthümliche ursprüngliche Kraft in sich, daß sie in der Poesie eine schöne Entwicklung erwarten läßt, sobald sie, was zu hoffen steht, ihre Freiheit und Nationalität und damit ein freudiges Selbst= und Lebens=Gefühl wieder gewonnen hat. So lang diese Güter ihm gebrechen, wird man es überall begreiflich finden, daß der oben besprochene Zug von Melancholie im Charakter des Irländers auch in seiner Volkspoesie und seinen Melodieen sich abdrückt. Ein berühmter Mann hörte eines Tags ein Volkslied zur Harfe singen, und sogleich sagte er: „Das muß ein unglückliches Volk seyn, von dem diese Melodie herrührt." Das gesungene Lied war, wie sich zeigte, ein irisches Volkslied.

Seit der Neige des Mittelalters ist gar manches herzergreifende Volkslied auf dem Boden Großbritanniens gesungen worden. Diese britischen Volkslieder der Irländer, Schotten, Wälschen und Engländer sind die köstlichsten unter den poetischen Gaben, welche der Verlauf des Mittelalters in Britannien an das Ufer der neuen Zeit absetzte. In ihnen lagen die Keime einer mannichfaltigen großartigen Poesie, welche die Neuzeit reifte und zur Entfaltung brachte. Die andre Art der Volkspoesie, der Volksroman, in welchem die alte romantische Volkssage sich ausbreitete und sich verflüchtigte, hat bei weitem nicht diesen Werth, weder an sich noch für die Entwicklung der nachfolgenden Poesie.

Es steht auch das Volkslied keiner Nation so hoch an

poetischer Kraft und ist so reich an poetischem Gehalt und so mannigfaltig, wie das der Briten. Die meisten Balladen haben die schottischen Hochlande. Da ist mit wenigen Strichen der Charakter des Volkes und Landes fest gezeichnet, Leidenschaft, Sitte, Sage und That wahr und bestimmt ausgeprägt; da ist alles markig, frisch, ursprünglich, natürlich, ausdrucksvoll, volksartig. Man lese nur die von Herder übersetzten in seinen Stimmen der Völker: den Schiffer; den eifersüchtigen König; das Mährchen von Wilhelm und Margaret; Wilhelms Geist; das Wiegenlied einer unglücklichen Mutter mit seinem seelenvollen Refrain; man sieht, während man es liest oder hört, die Mutter über die Wiege gebeugt, wie sie im Angesicht des Kindes die Züge des ungetreuen Vaters betrachtet, des Manns der süßen Falschheit, wie sie ihn im Kinde noch liebt, und sich mit ihrem Kinde weinend tröstet. Man lese den alten schottischen Gesang: O weh! o weh! hinab in's Thal!; oder das nußbraune Mädchen; oder die haarsträubende Ballade Edward, in der jedes Wort ein tragischer Dolch ist und dramatisch lebt; oder das Mährchen von der Judentochter; — das packt und durchrieselt mit Schauder noch in der Uebersetzung; und nun erst der Ausdruck und Eindruck des Originals! Herder erklärt „den Mord- und Nachtklang" des Originals mit Recht für unübersetzbar.

Da ist nicht, wie bei den Kunstdichtern, poetischer Gedanke, kein Sentiment, kein Witz und keine Weisheit, aber wirkliche Poesie, Wahrheit und Natur, das Lied athmet lebendig, es hat starke, eigenthümlich markirte Züge; es ist nicht sowohl schön gedacht, sondern es ist schön geboren, es ist schön, herausgetreten vor's Auge in Bild und Schall.

Das eigentliche Volkslied zeichnet sich dadurch überhaupt aus, daß es so recht aus Herz und Mark des nationalen Wesens und Lebens gewachsen ist, daß sich die ganze Besonderheit und Eigenthümlichkeit eines Volks darin abprägt, die poetische Geschichte seines Gemüths und seines Gemeinwesens. Weil es aus dem Kern des Volks erwachsen ist, hat das Volkslied nichts von fremdem, ausländischem Beigeschmack an sich, auch nichts von Gelehrsamkeit und Bücherweisheit, eben so wenig von Hofgeschmack und von der Verfeinerung der künstlichen Gesellschaftszustände, nichts von Vornehmheit: eben weil es naturwahr ist und in ihm der poetische Lebensgeist eines Volkes zur Erscheinung kommt, kann es diese Ansätze an seinem Gewächs nicht haben, es muß sie abstoßen als seiner Natur zuwider. Aber eben so sehr ist das Volkslied der Gegensatz des Pöbelhaften. Das Volkslied ist immer edel, und nie mit dem gemeinen Gassenhauer zu verwechseln. Weil das Volkslied aus dem, was die Seele, den Kern der Nationalität ausmacht, genommen ist, müssen auch seine Klänge an jedes Herz anklingen, wie aus jedem Herzen freudig oder traurig wiederklingen, welches nur immer national fühlt, und der Nationalität treu geblieben ist.

Das Alles zeigt sich recht in den irischen, schottischen und englischen Volksgesängen. Auch der verfeinertste bessere Brite, der nicht ganz entbritet, oder durch Ausschweifungen stumpf oder bloßer Geldmensch, ganz metallen geworden ist, hat noch immer ein gut Stück Herz für die Klänge und Weisen seines Volksliedes sich bewahrt. Der Arbeiter und Lord sind für seinen Hauch gleich besaitet.

Wie in Irland und Wales, so ist noch mehr in Schottland Berg und Thal, Fluß und See, Moor und Heide und Wald von der Volkspoesie verherrlicht: auf viel tausend Punkten hat die Volkspoesie sich gesetzt, und ihre Harfe in Klängen und Weisen hören lassen, die aus dem Herzen und dem Munde des Schotten wiedertönen, so oft er dieser Punkte gedenkt oder gar sein Fuß sie betritt. In's ganze Volk sind diese Lieder und Balladen übergegangen. Und wie veredelnd eine solche echte Volkspoesie wirkt, wie sie den Sinn des Volks heraufzieht und hebt, dafür zeugt die Zartheit und der Adel derjenigen Volkslieder, welche die beliebtesten sind auch in den untersten Schichten der Bevölkerung.

Die ernsten Schotten hatten ein weit glücklicheres politisches Schicksal als die Irländer mit ihrem träumerischen leichten Sinn: darum sind sie größer als die Iren und reicher an bedeutenden Poesieen. Vor dem Schotten hat der Engländer Achtung.

Die Angelsachsen brachten germanische Poesie mit hinüber nach dem jetzigen England, aber diese verlor sich bald auch hier wie in andern Ländern mit der Annahme des Christenthums, dessen Priester hier noch eifriger und erfolgreicher als anderswo die Reste der alten Heldensagen und Gesänge als heidnisches Teufelswerk beseitigten und verpönten. Nur heimlich schlichen alte angelsächsische Zauberlieder im Volk um. Jahrhunderte lang wurde nichts Neues gedichtet. Nur Stücke aus der Bibel und einige geschichtliche Thaten des Volks wurden in gelehrt trockener Weise gereimt. Drauf kamen die Dänen, und brachten ihre Skalden mit.

Dann kamen die Normannen im eilften Jahrhundert als neue Eroberer des Landes und mit ihnen die mittelalterlich französische Poesie und es regierte in Britannien wiewohl kurze Zeit die eben geschilderte bodenlose Ritterromantik der Tafelrunde und des Graals. Nur die Liebhaberei kann dieser Art Poesie bedeutenden Werth beilegen. National wurde diese höfische Poesie nicht, und weil sie im Volk nicht Wurzeln schlug, konnte sie auch nicht neue frische Zweige und Blüthen treiben.

Da auf diese Art celtische, römische, deutsche und französische Sprache neben Dänischem nach einander im Lande herrschend und zuletzt das Angelsächsische und Normannisch-Französische lange neben einander im Brauch waren: so bedurfte es zuerst einer

Verschmelzung dieser sprachlichen Elemente, es bedurfte erst der Bildung eines festen Sprachbodens, ehe eine selbstständige nationale Poesie daraus erwachsen konnte. Als aber das Angelsächsische und das Französische sich mit einander und mit den früheren Sprachresten fest verschmolzen hatten zu der jetzigen englischen Sprache; und als nun das poetische Herz der britischen Nation in einer gemeinsamen Sprache sich aussprechen konnte: da war die neue Poesie auch bald da, die Poesie der neuen Zeit, und zwar in ächtester, großartigster und manchfaltigster Gestalt. Shakspeare eröffnet als der Erste und als der Größte zugleich die Reihe der Dichter der Neuzeit.

Die neue Poesie in ihrer größten, in ihrer ganzen Kraft trat gerade an dem Orte hervor, wo die Bevölkerung im Allgemeinen am wenigsten poetisch ist und war, in Alt=England. England muß, im Ganzen genommen, gegen Irland und Schottland zurückstehen, was poetische Anlage und Stimmung betrifft. Der Engländer ist im Durchschnitt in allen Klassen prosaischer als der Ire und Schotte. Aber waren und sind die Iren und Schotten fast Alle, poetisch, so ragen in England Einzelne über alle Iren und Schotten hervor durch die Größe und den Reichthum der dichterischen Schöpferkraft, die sich in ihnen als in den poetischen Mittelpunkten ihres Stammes zusammendrängte. Der einzige Shakspeare Altenglands wiegt schwerer auf der poetischen Wage, als alle Dichter der drei britischen Reiche zusammen; und die wenigen alten englischen Lieder hinwiederum, aus denen hauptsächlich auch Shakspeare trank als den lebendigsten Quellen der ächtsten Poesie, wiegen auch schwerer, als die vielen Lieder und Balladen der Iren und Schotten. Sie sind die Diamanten unter den poetischen Edelsteinen.

Als die älteste unter den altenglischen Balladen gilt die

Chevy-Jagd, rauh, aber voll Leben und Heroismus; Worte, Gang, Klang und Weise klingen wie Angriff und Schlacht, Speer- und Schwerterklang. Das ist ein ganzes National-lied, und es bewegte Jahrhunderte lang jedes rechte englische Herz. Selbst ein großer Dichter, selbst Philipp Sidney, sagt davon: „Nie hört' ich diesen alten Gesang, ohne daß ich mein Herz von mehr als Trompetenklang gerührt fand. Und doch war's nur irgend von einem blinden Bettler gesungen, mit nicht rauherer Stimme als Versart."

Die altenglischen Balladen sind ganz „plan und simpel", aber die Poesie darin ist von ganz besonderer jungfräulicher Frische und schöner, kräftiger Natur. Die altenglische Poesie ist viel lustiger als die schottische: Herder hat das alte wun-derliche und fröhliche Mährchen von König Esthmer gar trefflich deutsch wiedergegeben, was Schritt und Tritt, Gang und Klang des Ganzen anbelangt; ebenso die lustigen Mäh-ren von den drei Fragen und von dem Knaben mit dem Mantel, ein überaus schalkhaft munteres Rittermährchen. Wie innig und herzergreifend dagegen ist nicht das Lied des wahnsinnigen Mädchens aus dem Thurme! Und vollends die kleinen alten Lieder, die Shakspeare in seine Schauspiele eingelegt hat, theils ganz, theils in Bruchstücken! Ich meine den Morgengesang aus Cymbeline; den Waldgesang, von dem Herder bezeichnend rühmt, es singe wie ein Vogel unter grünem Zweig; und das Sturmlied an den Winterwind, beide aus „Wie es euch gefällt"; das Grablied des Land-manns aus Cymbeline, „wie der letzte dumpfe Wurf der Grufterde auf den eingesenkten Sarg" sagt Herder davon; dann die himmlischen Seufzer, die wunderbaren Poesiehauche, wie aus „Maaß für Maaß" das Liedchen: Wend, o wende diesen Blick; oder das Lied Cäsario's: „Süßer Tod, süßer Tod, komm!" aus dem Dreikönigabend; dann die Laute aus den Tiefen der Seele hervor, die Romanzenbruchstücke aus dem Mund der Desdemona im Othello und der Ophelia im Hamlet; es sind Perlen frisch aus dem Meeresgrund des Gesanges.

Das sind jene wunderbaren alten Lieder und Weisen, von denen Shakspeare den Fürsten sagen läßt: „das Altvaterstückchen! Wir hörten's gestern Nacht, und mich dünkt, all mein Herz hob sich mir empor, o mehr als bei den luftigen Arien, dem Wortgelese unserer hüpfenden, taumelnden Zeiten — komm, Cesario; ein Verschen nur! es ist alt und plan; die Spinn= und Knittemädchen an der Luft, die Stubenmädchen, wenn ihr Garn sie weben, so singen sie's; es ist honigsüß, es dahlt so mit der Unschuldliebe, wie man vormals noch liebte." Eben dahin gehören auch die alten ächten und als solche leicht herauszufindenden Strophen des Liedes der Liebe: „Ueber die Berge, über die Wellen".

Die unendliche Zartheit, Innigkeit und Tiefe dieser kleinen Lieder bei dieser Anschaulichkeit für's Auge und diesem Zauber, mit dem sie in's Ohr fallen, übertrifft Alles. Ihre Melodie überschleicht das Gehör so, „wie das süße Lüftchen über's Beet von Veilchen haucht, und stiehlt und giebt Gerüche", sagt Shakspeare davon.

Die Dichter dieser Lieder sind unbekannt, eben so ist es die Zeit, in welcher sie aus dem ersten Herzen und Mund überflossen. Es ist wie bei den meisten Volksliedern aller Völker; genau ihr Alter kann man nicht angeben; daß sie alt, sehr alt sind, beweist die Aussage Shakspeare's, der sie Altvatersänge nennt und mit den Liedern und Weisen seiner Zeit in Gegensatz bringt.

So heiter und lebensfroh und muthig auch diese altenglische Volkspoesie über der irischen und schottischen steht, so zittert doch auch gerade durch die schönsten dieser altenglischen Lieder der Ton der Wehmuth, des Schmerzes. Ihr Liebes= und Lebensmuth ist von einer bald stärkeren bald leiseren Melancholie angehaucht. Ehe wir sehen, welchen

Einfluß auf die neuere Poesie diese Lieder hatten, und ehe
wir zu der Poesie der Neuzeit selbst übergehen, müssen wir
noch eine Volkspoesie betrachten, in der sich auch wie in der
irischen, vorzugsweise eine tiefe Melancholie ausspricht, und
die auch meist aus dem Herzen lang und viel unterdrückter
Völkerschaften hervorsingt, die Dichtungen der Slaven, und
zwar hier aus der älteren und mittleren Zeit ihrer Poesie.

Slavische Poesie.

Die slavischen Völker haben in der europäischen Politik
seit lange eine große Rolle gespielt, und sie traten immer
entschiedener hervor, ohne daß ihre geistige Entwicklung be=
achtet, näher bekannt und geschätzt worden wäre. Erst in
neuer Zeit, zuerst durch Herder, geschah Einiges für die
Kenntniß ihrer Poesie; später Mehreres durch Göthe's Auf=
munterung und Anderer Bemühungen; vor drei Jahren erst
hat der ausgezeichnetste Geist der slavischen Literatur, Adam
Mickiewicz, vor uns in vier Theilen ein Gemälde der gei=
stigen Entwicklung der meisten slavischen Stämme aufgerollt,
und gezeigt, wie viel Rühmliches, Schönes und Großes beson=
ders die Poesie bei einzelnen Völkern der Slaven hervorge=
bracht hat: durch ihn kennen wir erst recht die slavische Poesie.

Die slavische Poesie hat freilich noch immer wenig Blu=
men und blühende Gewächse getrieben, betrachtet man den
ungeheuern Raum, den die slavische Bevölkerung einnimmt,
und die Masse derselben. Die Länder, in welchen Slaven
wohnen, machen die Hälfte von Europa und den dritten
Theil von Asien aus, und siebzig Millionen Menschen spre=
chen in den Mundarten der slavischen Sprache, vom adria=

tischen Meere bis zum baltischen, und durch Asien oben bis gegen Amerika hin, unten durch die mongolischen und kaukasischen Völker hindurch tief in's Persische hinein und bis gegen China zu.

Unter den verschiedensten religiösen und politischen Gestaltungen, bei vielen Mundarten, die sich verschieden entwickelten, blieben der slavischen Sprache der Charakter der Einheit, und ihrer Poesie unverkennbare, gemeinsame Familienzüge. Da ist das alte Völkchen der Montenegriner, den Sitten nach ähnlich den Bewohnern des schottischen Hochlandes; da ist Raguza, das slavische Venedig; da ist das alterthümliche Illyrien, Bosnien, Herzegowina, das Königreich der Czechen (Böhmen), der slavische Theil des Königreichs Ungarn; da sind die übrigen Länder, die den größten Theil des österreichischen Kaiserstaats ausmachen; das russische Kaiserthum; das ganze ehemalige Königreich Polen; die Fürstenthümer Serbien und Bulgarien, und die von Slaven besetzten Theile der romanischen Moldau und Wallachei.

Die illyrische und serbische Poesie zeichnet sich unter der älteren slavischen am meisten aus, und wie einst im alten Jonien, sangen in Illyrien und Serbien Rhapsoden, oft blinde Greise, die Lieder aus alter Slavenzeit umher. Ursprüngliches, Bedeutendes jedoch in der slavischen Poesie überhaupt bieten nur die älteren Zeiten. Nach diesen verarmen die Jahrhunderte, und nur die neueste Zeit blühet wieder poetisch, aber diese Poesie hat fremde Säfte und Farben in und an sich.

1. **Volkspoesie der Serben und anderer Südslaven.**

Das Zeitalter des slavischen Heldengedichts, der Sagenkreis der heroischen Dichtung, fällt viel später als bei andern Nationen, in die Zeit, da die Slaven der Donaulande sogar schon Christen waren und die serbische Poesie bildet auch hier den Kern der ganzen slavischen. Dann folgt die romantische Dichtung, die aber reine Volkspoesie ist. Diese Volksromanzen, und zwar die ältesten darunter, gehören schon in die neuere Zeit, ins sechzehnte Jahrhundert. Ja selbst der Sagenkreis der heroischen Dichtung fällt nicht weiter zurück als ins vierzehnte und fünfzehnte Jahrhundert, und den Mittelpunkt desselben bildet der König Lasar (Lazarus) Brankowitsch, der letzte unabhängige Beherrscher Serbiens, der in der Schlacht bei Kossowa gegen den türkischen Sultan Amurath fiel, im Jahr 1389. Ein Gedicht aus diesem Kreis der heroischen Poesie ist die Vermählung des Lasar. Die Heiligen, die Mutter Gottes, die gottverfluchten Ungläubigen spielen in dieser heroischen Poesie der Slaven schon eine Hauptrolle. Der glänzendste Gegenstand aber ist der Kampf des Fürsten Lasar mit den Türken und sein Heldentod. Nach Mickiewicz besteht im Allgemeinen diese Heldenpoesie aus abgeschlossenen Bruchstücken, aus Schilderungen von Begebenheiten, die keinen gehörigen Zusammenhang noch unmittelbare Verbindung haben, sich jedoch immer an ein Hauptereigniß knüpfen. In diesen Bruchstücken, in diesen abgesonderten Erzählungen wiederholen sich häufig einige Verse, einige Meinungen, ein für allemal gegeben und allgemein angenommen. Das Volk weiß sie auswendig und bemüht sich sie überall anzubringen; verändert wieder allmählig den Text der Schilderungen, vermehrt oder verkürzt ihn, so daß unmöglich zu unterscheiden ist, was hierin Alterthümliches und was später Hinzugekommenes sich befindet. Allgemein gepflegt, in den Liedern des Volkes gesungen, durch Rhapsoden herumgetragen, lebt diese Heldenpoesie mit dem Leben des ganzen Volkes.

Schon hieraus erhellt, daß der alte Göthe Recht hatte, wenn er behauptete, bei den serbischen Liedern lasse sich nicht ermitteln, aus welcher Zeit die einzelnen seyen, sondern nur in welche Zeit die in einem Gedicht behandelte Begebenheit gesetzt werden müsse, da sie nur mündlich überlieferte Gesänge waren, und erst in unsern Tagen aufgeschrieben wurden.

Von den oben genannten Rhapsoden sagt Mickiewicz: Diese Sänger, häufig auch Schöpfer volksthümlicher Gedichte, sind noch zur Vollendung der Aehnlichkeit mit Homer arm und blind. Nicht nur auf den Bergen, auch auf dem platten Lande Serbiens bedeutet ein Blinder und Dichter dasselbe; das Almosennehmen giebt ihnen jedoch nicht den niedrigen Charakter der Bettler, setzt sie nicht im mindesten herab. Geachtet und gastfrei aufgenommen gehen sie von Dorf zu Dorf, singen Gebete und Lieder ab, häufig auch dichterische Erzählungen. Der Hauptherd der Dichtung dieser Gattung ist in den Berglanden, in den Gegenden der Carnagora, in Bosnien und Herzegowina. Hier bilden sich Heldengedichte und gehen von hier aus in die Ebene.

Der Erste unter den Serben, der die Aufschreibung dieser Volkspoesieen unternahm, war Karadzicz, der im Jahr 1814 eine Sammlung derselben herausgab. Unser Göthe, mit seiner angebornen Vorliebe für eigenthümliche Volksgesänge, hatte schon ein Menschenalter vorher und seitdem nach serbischen Volksliedern geforscht, aber umsonst; der in einer französischen Uebersetzung mit beigefügtem französischem Text ihm in die Hände gekommene Klagegesang der edlen Frauen des Asan Aga, den er noch als Student zu Straßburg verdeutschte, hatte ihn sehr dafür eingenommen, aber er hatte nie einen Serben bewegen können, selbst durch Freunde in Wien nicht, vaterländische Lieder zu diktiren. Die Serben fürchteten, wie Göthe sagt, daß man diese Naturlieder mit einer ausgebildeten deutschen Dichtkunst ungünstig zu vergleichen und dadurch den roheren Zustand ihrer Nation spöttisch kund zu geben gedenke. Die guten einfachen Menschen konnten sich keinen Begriff machen, wie man ihre kunstlosen im eigenen Vaterland von gebildeten Männern verachteten Gesänge einigermaßen hoch schätzen könne.

Auch Wuk Stephanowicz Karadzicz hatte Mühe und große Schwierigkeiten, seine vaterländischen Volkslieder in die Feder zu erhalten. Die Armen, die Bettler wollten nicht singen vor einem Mann, der das Aussehen eines Fremden hatte. Da hatte er das Glück einen Rhapsoden zu finden, der alle Landeslieder wußte und der im tiefsten Elend war. Es war dieß ein Greis, ernster und sonderbarer Art, einst ein wandernder Kaufmann, der später, da er einen Türken erschlagen hatte, gezwungen war in den Bergen sich aufzuhalten, wo er sein Gedächtniß mit dem ungeheuern Schatz der Volksdichtungen bereicherte. Nachdem er lang als Räuber im Gebirge an den Türken sich erholt hatte und doch dabei, wie Karadzicz von ihm aussagt, bieder und ehrlich geblieben war, fristete er zuletzt sein Leben dadurch, daß er auf dem Rücken Holz in die Stadt trug. Karadzicz nahm ihn zu sich, gab ihm zu essen und zu trinken und später ein bequemes Obdach in einem Kloster, wo er etwa hundert Bruchstücke von Heldengedichten und Romanzen diktirte und viele Lieder verbesserte; er sang nicht minder gut als er vortrug. Der Ausbruch der serbischen Revolution ließ aber den altergrauen Rhapsoden nicht länger Lieder diktiren, er lief aus dem Kloster, ergriff die Waffen und fiel im Kampf gegen die Türken.

Karadzicz vermochte später den vor einigen Jahren vom Thron gestürzten Fürsten Milosch, der zwar kaum seinen Namen zu unterschreiben versteht, aber ein großer Liebhaber der Dichtkunst ist, alle im Land befindlichen Sänger, welche die Volkslieder zur Gusle, einem sehr einfachen Saiteninstrument, vorzutragen verstanden und einen gewissen Ruf darin hatten, an seinem Hofe zu versammeln.

Einer war nicht gekommen, der alte Milim, und dieser war gerade der Berühmteste in Gesang und Vortrag: die Hochzeit des Zernojewicz, das längste und wichtigste Volksgedicht der Serben sollte er ganz vorzüglich vortragen. Der Fürst befahl den Dichter ausfindig zu machen und ihn lebendig oder todt zu bringen. Man fand und brachte ihn, erhielt aber von ihm nicht was man erwartet hatte. Der alte Milim, der berühmte Rhapsode, war überaus gealtert, dabei ganz zerfetzt von Yatagan- und Säbelhieben, die er als vieljähriges Glied einer Räuberbande empfangen hatte und endlich noch war er der wunderlichste, eigensinnigste und mißtrauischste Kauz. Vortragen wollte er gar nicht, dazu war er nicht zu bringen; nicht einmal singen wollte er. Man mußte ihn erst mit Branntwein betrunken machen, eh man ihn zum Singen brachte. Hatte er aber ein Gedicht angefangen, so durfte man ihn nicht unterbrechen; sonst war er durch keine Bitten mehr zu bewegen, den Gesang zu beendigen. Die Geschwindschreibekunst verstand in Serbien Niemand. Man mußte also, um alle Verse in dem Maaße aufzufassen, wie sie aus dem Munde des Sängers kamen, ihn mit mehreren Schreibern umringen. Der Fürst, der zugegen war, hatte Leute in seinem Gefolge, die im russischen Heere gedient und sich in höheren russischen Kreisen die Anmaßung und das Herabsehen einer oberflächlichen Bildung angelernt hatten; auch waren einige zugegen, die ein paar Jahre auf deutschen Hochschulen gewesen waren und von dorther etwas von dem wissenschaftlichen Dünkel besaßen, der es für ein Merkmal des Wissenschaftlichen hält, das Populäre und somit auch die Volkspoesie gering zu schätzen. Diese jungen gebildeten Herren in ihrer Geistlosigkeit nahmen die Sache lächerlich und machten sich einen vornehmen Spaß daraus. Sie fanden es unbegreiflich, wozu dieses mühevolle Aufschreiben und Sammeln so unbedeutender Sachen

dienen solle; sie verlachten den Sammler Karadzicz und sei=
nen alten zersetzten Räuber aus den Bergen, den Sänger
altväterischer, verschollener Volkslieder. Ja, sie überredeten
den ohnedieß mißtrauischen Alten, auch Karadzicz habe ihn
nur zum Besten und thue alles bloß des Spaßes halber.
Im tiefsten Herzen beleidigt und ergrimmt entlief der Sän=
ger Milim vom Hofe und verbarg sich im unzugänglichsten
Gebirg, man konnte ihn nicht wieder ausfindig machen.

Der dritte Hauptsänger, aus dessen Munde Karadzicz
altvaterländische Lieder auf's Papier nahm, war wiederum
ein Räuber, und zwar auch ein Räuber von Handwerk, viel
berühmt durch seinen Vortrag, und vieler trefflichen Gesänge
kundig. Den hatte man aus dem Kerker hervor geholt, wo
er gefangen saß wegen Mordes, den er an einem Weibe
verübt hatte, und zwar darum, wie er sagte, weil sie eine
Hexe gewesen sey, die ihm sein Kind bezaubert habe.

Gewiß, diese Umstände sind romantischer Art, und das
jetzige Serbien, wenigstens das Gebirge, ist noch so sehr in
der Romantik drinnen, als nur irgend ein altes Volkslied,
das aus früheren Jahrhunderten herüber durch die Berge,
durch die Schenken und die Gassen zur Gusle klingt.

Dieses romantische Volk konnte seine großen Anlagen
zur Dichtkunst nur wegen der kurzen Dauer seiner Selbst=
ständigkeit nicht höher entfalten.

Zu Ende des dreizehnten Jahrhunderts war Serbien
ein Reich, dessen Gränzen und Herrschaft vom adriatischen
Meerbusen bis zu den Bergen Griechenlands und gegen die
untere Donau hin reichten. Auf dem Throne saß das Haus
Nemanicz. Auf den Feldern von Cossowo (d. h. Amselfeld)
erlag das junge Reich, nachdem der König und die Blüthe
der Nation durch Verrath gefallen waren, der Uebermacht
der Türken; die Besten flohen in die Ferne; und über Ser=
bien herrschte seitdem der Osmane. So haben sich, sagt

Mickiewicz, „alle Rückerinnerungen der Serben in einem Kampf= platz eingeschlossen, ihre ganze nationale Poesie irrt traurig um einen einzigen Grabhügel auf den Feldern von Cossowo herum. Die Geschichte der hier längst vorgefallenen, nur durch Verrath verlorenen Schlacht ist für sie wunderbar frisch und gegenwärtig. Nicht zerstreut durch das jetzige Treiben, die Ereignisse der neuern Zeit, haben sie die Schlacht fort= während vor Augen. Heute noch geht der Serbe vor diesem Ort weinend vorüber, als wenn der Kampf vor einigen Ta= gen erst vorgefallen wäre. Er spricht von ihm wie von etwas Gegenwärtigem".

Wie gleicht hier der Serbe dem Bewohner von Wales und Irland! Die alten Reste von Nationalität, die nir= gends als in ihrer Volkspoesie überdauern, sind ihrer Liebe innerlich noch heute die rechte Gegenwart. Von denen na= türlich, die ihr Herz an das Fremde verloren haben, kann nicht die Rede seyn, nur von denen, die ihrer Nationalität, und damit ihrem ursprünglichen Selbst, sich selber treu blieben. So tief liegt im Menschen der Glaube, daß ein Volk wahrhaft lebt und ist, nur so lang es politisch frei, eine selbstständige Nation ist.

Nach Mickiewicz und auch nach allen Kennern, welche jene ältesten heroischen Dichtungen der Serben zu Gesicht bekamen, würden diese poetischen Bruchstücke ein serbisches und gewissermaßen ein slavisches Nationalepos bilden, wenn sie nicht zu lückenhaft wären und sich in eine feste Ordnung bringen ließen. Es ist wahr, diese Rhapsodien vom Czar Lasar, von seinem Kampf mit den Türken und seinem Tod auf dem Amselfelde sind eben so voll des wahren epischen Geistes, eben so reich an tiefsinnigen Anschauungen und edeln durch ihre schlichte Einfachheit rührenden Zügen, wie je das Epos der gebildetsten Nationen sie aufwies. Sie sind, sagt ein deutscher Kenner, sichtbar aus dem unversieglichen Brun=

nen ächter Poesie, dem warmen Volksgemüth empor gewachsen und aufgeblüht. Wir finden hier, der übrigen charakteristischen Merkmale des Epos nicht zu erwähnen, allen hinreißenden Enthusiasmus, der im Volke so leicht erwacht, wo ein Held, seine nationale Idee verkörpernd, das Banner erhebt, das des Volkes Farben zeigt; und wie ein mächtiger Schlachten=adler schwebt die Poesie dieses Ruhmes, des Todestrotzes und der Aufopferung für das Vaterland über dem blutigen Cos=sowo=Felde oder den weißen Thürmen von Lasars Hofburg Kruschewacz.

Der Rythmus dieser Dichtungen ist nach eben demselben äußerst einfach; das Versmaaß besteht aus fünf trochäischen Füßen, die Cäsur fällt auf's zweite Maaß. Diese Einfach=heit macht den Vers sehr leicht und daher rührt wohl zum Theil auch die Menge der Dichtungen in jenen Gegenden; denn wo der Rhythmus schwieriger ist, liebt das Volk in Prosa zu erzählen.

Nach dem Verfall der Unabhängigkeit Serbiens und gegen Ende des Heldenkreises läßt Mickiewicz den zweiten Kreis serbischer Poesien beginnen, welchen er den der Ro=manzen nennt. Die Volksbegebenheiten, sagt er, hören auf Hauptgegenstand der Dichtung zu seyn, der Volksgedanke wählt sich irgend einen vereinzelten Mann, häuft in ihm seine Vorstellungen zusammen, und macht ihn zum Vertreter des Zeitalters. So ist unter den auf die Bühne kommenden Gestalten im romantischen Kreise besonders Wukaschins Sohn, Marko der Königssohn, bemerkbar. Alle glänzenden Thaten der serbischen Ritter hat man ihm zugedacht; er ist der Held auf allen Schlachtfeldern, er trägt in sich alle Züge des gesammten serbischen Volksthums. Hiedurch hat er Aehn=lichkeit mit Artus dem König der Tafelrunde, der auch den Mittelpunkt der ritterlichen Dichtung des europäischen We=stens bildet. Wie nach den Volkssagen Artus bis auf den heutigen Tag lebt, so gilt auch Marko in der Volksdichtung der Donauslaven für unsterblich, wiewohl eine andere Sage ihn dreihundertjährig sterben läßt.

Marko reitet ein Pferd hundert und fünfzig Jahre u. s. w., rohe, barbarische Züge finden sich an ihm. Wie überhaupt aus den ins Deutsche übertragenen Romanzen ersichtlich ist, zeichnen sich, wie Göthe hervorhebt, die ältesten bei schon bedeutender Kultur durch abergläubisch=barbarische Gesinnungen aus; es finden sich Menschenopfer, und zwar von der widerwärtigsten Art; eine junge Frau wird eingemauert, um die Feste Scutari unbezwinglich zu machen. In den ältesten Liedern sieht es eben noch scythisch=heidnisch aus; die mittleren Gedichte haben einen christlicheren Anstrich.

Aber diese, eine Art romantischer Dichtung, besingen nur einzelne Ritter in ihren Liebschaften und Abenteuern, in die sie Rachsucht oder Ehrgeiz treibt, mit einem Wort in Privatbegebenheiten.

In diesen Romanzen haben nach Mickiewicz die serbischen Dichter die höchste Stufe der Vollkommenheit erlangt. Das schönste und zugleich das längste in diese Reihe gehörende Gedicht, das die Ausdehnung eines ganzen Gesanges der Ilias hat, ist das schon genannte von der Hochzeit des Cernojewicz. Mickiewicz zergliedert die Schönheiten dieses Gesangs und sagt, ohne Zweifel besitze kein einziges Volk etwas Aehnliches, das in jedem Betracht so vollständig, so gut durchgeführt und zugleich in den Einzelheiten so vollendet wäre. Man darf jedoch nicht vergessen, daß dieser berühmte Pole ungebührlich verliebt in alles Slavische ist und höchst ungerecht gegen die Deutschen. Die Serben sollen noch eine Reihe ähnlicher Romanzen haben von mehreren hundert, von tausend und einigen hundert Zeilen, und es ist zum bewundern, daß so weitläufige Gedichte, nur von Mund zu Mund gehend, dreihundert Jahre bestehen konnten. Man sieht auch daraus, daß das Gedächtniß der Slaven und ihre Auffassungsgabe mit Grund berühmt sind.

So sehr Mickiewicz diese Romanzen preist, und mit Recht, so wahr ist sein Zusatz, eine Dichtung, welche bloß mit dem Ruhm dieses oder jenes Geschlechtes, dieser oder jener Familie sich befasse, verdiene nicht die erhabene Benennung einer Nationalpoesie, denn sie berühre weder die Angelegenheiten der ganzen Christenheit, noch auch die des ganzen Stammes der Slaven, und es bleibe zu beklagen, daß sie es nicht zu einer höheren Poesie, zu einem volksthümlichen Epos gebracht haben.

Zwischen die ritterlichen Romanzen und die Liederpoesie hinein schlingt sich eine fantastische Mittelgattung, die das Wunderbare zur Grundlage hat.

„Dieses Wunderbare, sagt Mickiewicz, tritt hier unter der Gestalt eines fantastischen Wesens, der Wila, auf. Anfänglich kam diese Ausgeburt allem Anschein nach von den Fremden. Die Wila ist etwas den Genien, Gnomen, Sylphen Aehnliches, sie vereint in sich die Eigenschaften aller dieser Fantasiegeschöpfe. Die Dichter stellen sie immer als eine außerordentlich schöne Jungfrau dar. Sie erhebt sich in die Lüfte, jagt den Wolken nach. Gefährlich ist's, ihr zu begegnen, und besonders, ihre Spiele zu stören. Wir erblicken sie in sehr alten Dichtungen schon."

Die eigentliche Liederpoesie wird bei den Serben die weibliche Dichtung genannt, weil diese Lieder fast ausschließlich von Frauen und der Jugend erfunden und gesungen worden, und theils auch, weil man sie nur von blinden Frauen herum getragen sieht, wie von den Greisen die Heldengedichte. Ein deutscher Kenner behauptet, es sey ein Unterschied des Glücks, das die Heldengedichte, und das die Liederpoesie habe. Wenn die Greise das Original häufig verbessern, so thun die alten Weiber an den Liedern gerade das

Gegentheil, sie verderben meist die serbische Poesie; sie neh=
men ihr jenes Aroma, jenes Musikalische des Styls, das ihre
Hauptvorzüge ausmacht.

Nichts Anmuthigeres giebt es, sagt Mickiewicz, als den
Styl dieser Lieder. Er ist sogar besser und genauer, als
derjenige der Heldenlieder. Es ist die höchste Vollkommen=
heit, zu welcher der slavische Styl sich erheben konnte. Diese
Anmuth rührt gewiß von der Reinheit der Sitten, von der
streng bewahrten Bescheidenheit im Leben dieses Volkes her.
Darum wird die Kunst auch nie dazu gelangen, die jung=
fräuliche Unschuld der slavischen Volkslieder nachzubilden,
gerade so wie es unmöglich ist, die naiven Bewegungen
eines Kindes nachzubilden. Diese Liedchen lassen sich in keine
schulgemäße Eintheilung bringen. Es ist dieß weder eine
lyrische noch dramatische Dichtung. Es sind kleine Gefühls=
bilder, und zwar von Gefühlen, die öfters ohne Ursache und
Zweck zu seyn scheinen. Die griechische Idylle in lyrischer
Form hat am meisten Spur davon an sich; der reinste Ur=
stoff dieser Gattung, des dramatischen Volkslieds, blieb jedoch
bei den Slaven. Am meisten fesselt die Aufmerksamkeit die
Harmonie, d. h. die vollkommene Wahl der Form, die
genaue Uebereinstimmung des Gefühls mit der Sprache.

Es scheint viel zu seyn, was hier der Slave Mickiewicz
behauptet, der übrigens selbst ein großer Dichter ist: aber
der deutsche und größere Dichter Göthe hat diese serbischen
Lieder nicht viel geringer gestellt.

Göthe sagt von den serbischen Liebesliedern, man nehme
sie nur nicht einzeln, sondern in ganzer Masse an sich heran,
damit man sie recht genießen und schätzen kann. Sie sind
von der größten Schönheit. Sie verkünden vor allen Din=
gen ein ohne allen Rückhalt vollkommenes Genügen der Lie=
benden an einander, zugleich werden sie geistreich, scherzhaft,
anmuthig; gewandte Erklärung, von einer oder von beiden

Seiten, überrascht und ergötzt; man ist klug und kühn, Hindernisse zu besiegen, um zum ersehnten Besitz zu gelangen; dagegen wird eine schmerzlich empfundene unheilbare Trennung auch wohl durch Aussichten über das Grab hinüber beschwichtigt. Alles, was es auch sey, ist kurz, aber zur Genüge dargestellt, meistens eingeleitet durch eine Naturschilderung, durch irgend ein landschaftliches Gefühl oder Ahnung eines Elements. Immer bleiben die Empfindungen die wahrhaftesten.

Weiter sagt Göthe, es sey gewagt, die Manchfaltigkeit der Motive und Wendungen, welche wir an den serbischen Liebesliedern bewundern, mit wenig Worten zu schildern. Er findet sie theils von unendlicher Schönheit, theils scherzhaft theils leidenschaftlich, theils wunderbar und seltsamlich, diese gar lieblich, jene sehr und höchst schön, andere wie dunkle vom Grab aufblühende Pflanzen. Doch ist Göthe der Meinung, selbst die zartesten Liebesgedichte der Serben, selbst die von der höchsten Schönheit haben etwas Frembes für uns. Natürlich, sonst wären sie nicht eigenthümlich. Von den Heldengedichten sagt Göthe, wenn sie gleich von den leisesten menschlichen Empfindungen durchflochten seyen, halten sie sich immer von uns in einer gewissen Entfernung. Er meint, sie stehen auf einem rauhen Grund und Boden; dieses südöstlich Nationelle habe etwas Rauhes, Hartes, Widerborstiges; selbst die besten Familienverhältnisse lösen sich gar bald in Haß und Parteiung auf, ja in Schwäche und Verrath der Nation an die Fremden, die Türken; und diese unerfreulichen Ereignisse werden noch mehr verdüstert durch das Magere, Düstere ihrer Art heidnischer wie christlicher Religion, durch einen seltsamen, ahnungsvollen Aberglauben, der die Vögel als Boten gelten läßt, und durch sie, durch wunderliche Ahnungen und Weissagungen die Wackersten verschüchtert; der durch Menschenopfer Städte zu befestigen gedenkt; nachdem Alles einer

Schicksalsgöttin, mehr schadend als wohlthätig, die erst als ferne Laut= und Bergstimme, dann als sichtbare schöne Jägerin, selbst als verwundbares Wesen erscheint, in den wichtigsten Angelegenheiten gehorchen muß; ein Glaube, der Todte auferstehen und auferstehende Todte besuchen läßt. Von Engeln, schließt Göthe, läßt sich hie und da was blicken, aber untröstlich, und nirgends hin ist ein freier und ideeller Blick zu thun.

Auch in den romantischen Helden Marko ist Göthe nicht so verliebt, wie Mickiewicz. Er nennt ihn einen absoluten, monstrosen Helden, kurz angebunden, wie irgend einer, der uns, so sehr wir ihn auch anstaunen, keineswegs anmuthen möge. Und Göthe hat nicht Unrecht. Hören wir. Eine unglückliche Mohrenprinzessin besucht den gefangenen Helden Nachts im Gefängniß, ungesehen, tröstet ihn mit freundlichen Worten, beladet sich mit Schätzen, befreit ihn und entweicht mit ihm im Dunkel der Nacht. Liebevoll umfängt er sie in der Finsterniß. Als er Morgens das schwarze Gesicht und die weißen Zähne gewahr wird, zieht er ohne Weiteres den Säbel, seiner liebevollen Retterin haut er den Kopf ab, der Kopf ruft ihm noch Vorwürfe nach. Reuig stiftet er Kirchen und Klöster. Aber dadurch, meint Göthe, wird er schwerlich die Gottheit und unsere Gemüther versöhnen. Zwar ist er der Held, welcher den Blick des unüberwindlich bösen Bogdan durch seinen Heldenblick zurück drängt, so daß jener nichts weiter mit ihm zu thun haben will, und welcher die Wila, die Schicksalsgöttin, selbst beschädigt und sie Beschluß und That zurück zu nehmen zwingt, aber wohlthuend ist er uns so wenig als seine Genossen.

Aus diesen Urtheilen Göthes wird klar, daß Niemand in der serbischen Poesie etwas Sentimentales, wohl aber Gestalt= und Charaktervolles zu erwarten hat. Für uns Deutsche haben in neuerer Zeit besonders Grimm, Gerhard und das Fräulein Therese von Jakob, jetzige Frau Robinson in Nord=

amerika, viele der serbischen Poesien verdeutscht, die letztere unter dem Namen Talvj, nach den Anfangsbuchstaben ihres Gesammtnamens, Therese Amalie Louise von Jakob. Zu den schönsten der bis jetzt verdeutschten Gedichte gehören wohl in ihrer Sammlung unter den Liedern der Liebe das erste von dem sittsamen serbischen Mädchen, welches die schönen Augenwimper niemals aufschlägt: das dritte, wo die Gattin Morgens erwacht, der Geliebte noch so süß schläft, sie sich scheut ihn zu wecken und in wunderbaren Lauten das Morgengefühl zartester Liebe sich kund giebt; das achte, wo zwei Nachtigallen der Verlobten Freundesbotschaft bringen und ihren dritten Gesellen den Bräutigam vermissen; das eilfte, worin ein Mädchen wünscht ihrem Geliebten als quellender Bach durch den Hof zu fließen; das dreizehnte, worin das Mädchen, um den Geliebten besorgt, nicht singen will, um nicht froh zu scheinen; das siebenzehnte, worin ein Mädchen ein vertraulich frohes Gespräch mit dem Pferde hält, das ihr seines Herrn Neigungen und Absichten verräth; das zwanzigste, das auf anmuthigste Weise erörtert, warum die Jugend dem Alter vorgezogen wird; das fünf und zwanzigste von der schönen Kellnerin, die ihren Geliebten nicht mit unter den Gästen sieht; das sechs und zwanzigste, ein Lied der Liebe, von dem Göthe sagt, daß es die Vergleichung mit dem Hohenliede Salomos aushalte; das acht und zwanzigste, worin ein Mädchen ihre eigene Augen und die des ungetreuen Liebhabers verwünscht; das dreißigste, worin der Liebende die Geliebte schlafend findet und zart sie aufweckt; das sechs und dreißigste, worin das verlassene Mädchen im Schnee dahin irrt, aber nichts fühlt, als das erkaltete Herz; das neun und dreißigste endlich von der stillen Neigung. Auch das drei und dreißigste, Treu im Tod, und das vierte, Scheiden zum Tod, sind ganz eigenthümliche und wunderbare Gesänge.

Es ist in diesen Liedern eine unendlich wahre Empfindung und Natur, und Form und Sprache sind ganz Eins damit; das Herz hat sich in Ton und Bild darin verkörpert; einzig schön und wahr ist das jedesmalige Gefühl im Tone wiedergegeben, das innerste Leben drückt sich im Laut ab. Mit den britischen haben die serbischen Volkslieder ganz eigenthümlichste Reize und Vorzüge der Form und des Inhalts vor allen andern Volksliedern voraus. Von den bisherigen Uebersetzungen sind die, welche Karadzicz dem alten Göthe zu lieb verdeutschte und die, welche Grimm und Gerhard gaben, in Sinn und Sylbenmaaß den ursprünglichen Liedern am nächsten; sie geben das Nationelle am meisten wieder, nach dem Urtheil der Kenner, aber nach eben diesen sollen die geheimeren Schönheiten dieser Lieder nahezu unübersetzlich seyn, und so ernst und streng Grimm ans Original sich gehalten, so hätte doch, scheint es, Talvj Art und Weise jener Lieder besser getroffen, ob sie sie gleich freier gab, wie auch Herder und Göthe in dem, was sie verdeutschten.

Durch Gerhard wurden wir auch mit einer weiteren Art serbischer Lieder bekannt, mit ihren eigentlichen Gesellschaftsliedern, lustigen oft leichtfertigen Weisen, die bis zum Taumel fortzureißen einen fröhlichen Sängerkreis im Stand seyn möchten, mit einem sinnig wiederkehrenden Refrain, den derartigen Liedern der Franzosen ähnlich. Als diese serbischen Fröhlichkeitslieder dem alten Göthe vor Augen kamen, war er nicht wenig verwundert, daß er ein halbrohes Volk wie die Serben, mit der durchgeübtesten Nation, den Franzosen, gerade auf der Stufe der leichtfertigsten Lyrik zusammentreffen sah. Das überzeugte ihn noch mehr davon, daß es eine allgemeine Weltpoesie gebe und sich nach Umständen hervorthue. Weder Gehalt noch Form, sprach er, braucht überliefert zu werden; überall, wo die Sonne hin scheint, ist ihre Entwicklung gewiß.

Das zeigt sich auch bei den Bewohnern des ganzen Donaugeländes; selbst in den Steppen der Wüste. Die lyrische Poesie blüht allenthalben dort herum. Der Illyrier und Montenegriner sang von je her religiöse Hymnen und Liebeslieder, selbst eine Art geschichtlicher Lieder von seiner Väter und seinen eigenen Thaten; und der Kosake ist voll lyrischer Poesie.

Die Kosaken sind ein ganz eigenthümliches kriegerisches Volk. Mickiewicz meint, es sey zusammengeschmolzen aus Slaven, Tartaren und Türken. Die Kosakensprache ist die kleinrussinische, eine Mittelsprache zwischen der polnischen und russischen. Ihre Wohnsitze sind eigentlich ein unermeßlicher Landstrich, von der untern Donau, beinahe von Belgrad ab, einerseits rund um den Fuß der Karpathen herum, andererseits am schwarzen Meer hinter dem Dniepr und Don bis nach dem Kaukasus hin, breite unendliche Steppen. Ein großer Theil davon heißt Ukraine, d. h. das Gränzland; jetzt besetzt, jetzt von Einwohnern wieder entblöst, diente die Oede seit Jahrhunderten den durchziehenden Horden als Pferdeweide, bis die Kosaken hier sich setzten.

Nach Mickiewicz sind die Flächen der Ukraine ein Hauptsitz der lyrischen Poesie der Slaven. Von hier aus, sagt er, haben Lieder unbekannter Dichter häufig das ganze Slaventhum durchzogen. Der Kosak sitzt neben seiner Erd- oder Rohrhütte, er lauscht schweigend seinem Pferd, das unfern grast, er läßt seinen Blick in der grünen Steppe herum schweifen, und sinnt und träumt über die Kämpfe, die hier Statt fanden, über die Siege und Niederlagen, die hier noch einst vorkommen werden. Denn diese Steppen sind von je her die Wahlstatt gewesen für Kriegsheere des Ostens und Westens. Das Lied, das der Brust des Kosaken entquillt, wird zum Ausdruck des Nationalgefühls; allenthalben mit Feuer aufgefaßt, geht es von Geschlecht zu Geschlecht. Die

Donau, der heilige Strom der Slaven, übernimmt fast immer eine Stelle in diesen Liedern. Er durchzieht diese geheimnißvollen Ebenen, dieß sehnsuchtsvolle Land der unerrathenen Verhängnisse, und zuweilen ist er in diesen Liedern die allerletzte Gränze der bekannten Welt; zuweilen mit Blut gefärbt, wie der homerische Scamander, wälzt er die Rüstungen, die Leiber der Kämpfer und die Schätze der Könige.

Diese wunderbare und leere Wahlstatt, schließt Mickiewicz seine Betrachtung hierüber, wo die Ueberlieferung keinen Stein findet, auf dem sie ausruhen könnte, ja nicht einmal einen Baum zum Anlehnen — hier, nach den Worten eines alten Sehers, auf dieser von Pferdehufen durchwühlten, von Leibern der Gefallenen gedüngten, mit ihren Gebeinen besäeten und einem Regen warmen Bluts benetzten Ebene ist üppig emporgeschossen das Trauergefühl. Sehnsucht und Trauer athmen hauptsächlich die Dichtungen jener Gegenden. So Mickiewicz.

Sonst sind die Lieder der Kosaken auch wie die der Serben dreifacher oder vierfacher Art: Lieder der Heldenzeit, welche die Vorzüge ihrer Heerführer besingen; Lieder ritterlicher Abenteuer; Liebes- und gesellige Lieder.

Sowohl über die Färbung dieser Kosakenlieder, als auch über die der slavischen Poesie überhaupt, verweist Mickiewicz an die Oertlichkeit, die Natur dieser Gegenden. Diese, sagt er, steht in enger Verbindung nicht nur mit der Poesie des gemeinen Mannes, sondern auch mit der der Gebildeten. Die Sagen und Lieder sind voll von Schilderungen, Vergleichungen und Andeutungen, welche man weder fühlen noch verstehen kann, sobald nicht fortwährend die Bilder und Erscheinungen der Natur dem Geiste vorschweben. Die Heuschrecke z. B. ist in der Ueberlieferung und der Poesie des Volkes immer das Sinnbild der Tartaren. Lasset uns die Heuschrecke zertreten, war lang der Kriegsruf der Polen.

Das Volk behauptete von Alters her, auf den Flügeln dieses Insektes stehe mit Zauberzeichen geschrieben: „Gottes Strafe". Die alterthümlichen Lieder dieser Gegenden scheinen der Wiederhall von Vogelstimmen und Insektenschwirren zu seyn. Betrachtet man, sagt Mickiewicz, die glänzenden Strophen eines unserer neusten Dichter, so scheint es wirklich, als summten ganze Bienenschwärme, Schmetterlinge und kleine Fliegen mit goldenen Flügelchen über die grünen Steppen der Ukraine einher. Er meint den Dichter der Ukraine Bohdan Zaleski. Von diesem sagt er an einem andern Ort, man könnte ihn für einen Zeitgenossen der griechischen Lyriker nehmen, weil er ihre Begeisterung, ihren Glanz und ihre Kunst besitze; die ganze Frische einer reichen Fantasie mit der am meisten vollendeten Form vereinigend, sey er im Stande gewesen, die Vergangenheit mit feuerstrahlendem Leben zu beseelen.

Die Dichtungen dieser Steppenbewohner tragen wie ihre Sitten und die Natur des Landes, wie ihre Lebensweise und eigentlich auch ihr Glauben, noch heute dieselbe Farbe, wie vor einem halben oder ganzen Jahrtausend. Der Kosak namentlich zeichnet sich mitten im russischen Heerlager vor allen andern Schaaren sehr abweichend aus, durch Leben und Fröhlichkeit. Der Kosak trillert noch heute am Lagerfeuer sein Liedchen durch die Nachtkühle und gedenkt singend der fernen Geliebten am Don.

Und wie die freien Schwarzen, die Montenegriner, so haben auch die viel wilderen, weißen freien Männer, die Albanesen, ihre seit Jahrhunderten sich gleich bleibende Volkspoesie. Noch heute wie vor Alters, ähnlich der Heroenzeit Homers, sitzen die Albanesen und Bosniaken am Festtag, ohne Messer und Gabel, um das Festmahl, das in einer gebratenen Ziege oder einem Schaaf besteht, die in ihrer ganzen Gestalt auf einer Schüssel von Eichenholz aufgetragen werden: Honig mit Rahm macht den Schluß des Mahls. Der Familienvater hält mit Ehrfurcht die Schulterbeine des geopferten Thieres gegen das Sonnenlicht, um die Schicksale seines Geschlechts darin zu lesen; der Kristallbecher kreist in der fröhlichen Runde; mimische Tänze beginnen; der Barde erhebt sich mit dem Saiteninstrument und der Gesang erschallt; denn jeder Stamm hat seinen Barden, der die Thaten der Vorfahren und des gegenwärtigen Oberhaupts des Stammes besingt, oft grausame und schwarze Thaten.

Die Gesänge sind in Verse abgetheilt, die nach einer eintönigen Melodie abgesungen und in bestimmten Zwischenräumen von durchdringendem Geschrei unterbrochen werden. Ihr Kriegsmarsch, ein Schlachtlied, das schon die Gefährten Scanderbegs sangen, soll von grausenhafter Wirkung seyn. Dieses Albanien ist von Italien nur durch einen engen Kanal getrennt, und liegt also dem gebildeten Europa näher, als die meisten andern Völkerschaften des Morgenlandes; und doch hat es vom Abendland nichts angenommen, und es ist gerade derjenige Theil des türkischen Reichs, der die meiste Barbarei in sich schließt. Der Ursprung des Volksstamms der Albanesen, der weißen oder unabhängigen Männer, liegt in geheimnißvollem Dunkel, Einige setzen ihn in die Zeiten der Pelasger hinauf, und geben den griechischen und slavischen Racen Albanien zur gemeinschaftlichen Wiege.

Neugriechische Volkspoesie.

Die albanesischen Namen von Dörfern und Flecken bezeugen, daß die Albanesen ehemals über den größten Theil der griechisch=slavischen Halbinsel sich hingestreckt haben, und hinter der nördlichen Abdachung des Olympus, in dem altgriechischen Thessalien reden die Griechen theils mit slavischen Worten untermischt im Haus und im Umgang, theils geradezu in ganzen Landstrichen slavisch.

Bekanntlich ward in neuer Zeit viel gestritten über das Geschlecht der Neugriechen. Während die Griechen selbst ihre rein hellenische Abstammung von den Siegern bei Marathon und Salamis mit Leidenschaft verfechten, machte sich eine deutsche Ansicht mit überwiegender Gelehrsamkeit und an Ort und Stelle erhobenen Beweisen dafür geltend, daß bei weitem der größte Theil der Neugriechen des Festlandes slavischer Abstammung seyen.

So viel ist augenscheinlich und darum unläugbar, daß das neugriechische Volkslied nicht bloß in Einzelheiten, sondern dem ganzen Ton und der ganzen Form nach mit der slavischen Volkspoesie, zumal der serbischen, zusammen klingt. Fallmerayers Ansicht hierüber ist durch die neuen Untersuchungen von Sanders über das Volksleben der Neugriechen, zunächst über derselben Volkslieder und Kunstgedichte sehr gestützt worden. Nach den neugriechischen Volkspoesieen ist eine Berührung griechischer und slavischer Völker unläugbar, und wie die Griechen von den Slaven empfangen haben, so haben auch die Slaven von den Griechen angenommen.

Wo altgriechische Anschauungen bei Slaven und Neugriechen zugleich sich finden, da sind solche natürlich von den Griechen zu den Slaven übergegangen, wiewohl keineswegs von den Neugriechen. Denn bei diesen war die Volkspoesie nicht bloß bis zur Schwelle der neuen Zeit wie im Grabe, in welches sie ein finsteres Pfaffenthum hinabgelegt hatte; sondern gerade die schönsten serbischen Volkslieder haben nichts gemein mit der neugriechischen Volkspoesie, wohl aber was Tiefe des Geistes und Schönheit der Form betrifft, erinnern sie an die altgriechischen Volkslieder, wie wir sie früher be-

sprochen haben, und wie sie uns theilweise die altgriechische
Blumenlese erhalten hat.

Auch Mickiewicz findet die kleinen serbischen Volkslieder
den uralten in der griechischen Anthologie ähnlich, und selbst
denen des alten Anakreon stehen manche nicht fern. Woher
diese Aehnlichkeit komme, dafür läßt sich Manches beibringen
aber nichts beweisen. So viel ist gewiß, daß auch die Helden=
gedichte der Serben mit der homerischen Dichtung viel grö=
ßere Aehnlichkeit haben, als die Poesie irgend eines Volkes
der Welt. Manche Erzählung ist ganz nach Art der home=
rischen Gesänge, ganz plastisch und ganz episch, die Beson=
derheit des Dichters tritt ganz zurück und überall spricht nur
die Sache.

Ihre Göttervorstellungen mögen die Serben auch von
den alten Griechen empfangen haben; denn die Heiligen in
der serbischen Poesie sehen den Göttern Griechenlands sehr
ähnlich, und es scheint, wie es anderswo nachweisbar erging,
so wurden auch hier die altheidnischen Götter im Amt be=
lassen und nur zu Heiligen umgetauft, als man das serbische
Volk unter die christliche Taufe und den christlichen Namen
brachte. Die Donau=Slaven und die Polen hatten das Chri=
stenthum nur aus politischen Gründen annehmen müssen,
gerade wie später ein großer Theil den Islam annahm. Der
Held der Romantik, der fabelhafte Königssohn Marko, ist so=
gar slavischer Muselmann, wie die Arnauten, Bosniaken und
andere.

Wie bei allen eroberten Völkern, so haben sich Sprache
und Sitte, Volksglauben und Volkspoesie gegenseitig berührt
bei Slaven und Griechen, Slaven und Türken, Slaven und
Teutschen. Die neugriechische Poesie kann sich aber in keiner
Weise mit der serbischen messen, obwohl sie schätzenswerthe
Volkslieder hat. Dichterisch ausgezeichnet und wirklich schön
sind nur einzelne Liebeslieder, besonders der Inselgriechen,

die entschieden altgriechischen Blutes sind. Die andern Gesänge haben mehr nur patriotisch geschichtlichen Werth. Solche epirotische hat auch Göthe übersetzt. Woher die von ihm übersetzten neugriechischen Liebeslieder sind, sagt er nicht; sie gehören aber zum Lieblichsten ihrer Gattung, diese kleinen Dinger, und haben den Klang der Lieder von Chios. Das Gedicht Charon, auch von ihm verdeutscht, ein ächt poetisches Stück, trägt sehr die serbische Färbung.

Außer den historischen Volksliedern, romantischen und häuslichen Liedern, haben die Neugriechen Sprichwörter, Räthsel und Lieder des Weins. Im Durchschnitt ist die neugriechische Poesie leichteren Gehalts.

Czechische (altböhmische) Volksdichtung.

Die serbische Poesie bleibt bei weitem das Bedeutendste, was aus dem ganzen Bereich der slavischen Dichtung bis jetzt bekannt ist. Aelteres findet sich bei den Czechen und den Polen. Zu diesen dürfte jedoch der Gesang „Libussas Gericht" nicht gehören, so sehr man diese Dichtung als die älteste empfehlen und sie auf die Scheide des neunten Jahrhunderts hinaufsetzen möchte. Dem Vorgeben nach wurde dieses Bruchstück eines Gedichts kürzlich erst in Prag entdeckt. Es erzählt mythische Thaten aus den Zeiten, da die Lechen und Czechen in Böhmen und Mähren einwanderten. Es hat einen reinen Styl, genau befolgtes Versmaaß und Gleichförmigkeit grammatikalischer Regeln, und Mickiewicz bewundert es um so mehr, weil darin sogar Verse vorkommen, die als Muster des Wohlklangs gelten können, und die Sprache desselben sich schon vollkommen gebildet zeigt.

Aber gerade das macht es verdächtig, und eben so sehr der Inhalt; denn es beleuchtet, wie Mickiewicz selbst zugiebt, dieses sparsame auf vier Seiten gedruckte Bruchstück manche Frage, sowohl in der Geschichte als auch in der Gesetzgebung und Sprachforschung, über die in neueren Zeiten zwischen den gelehrten Slaven hin und her gestritten wurde. Darum wurde dieß Bruchstück mehrfach von Slaven beanstandet, als ein untergeschobenes Gedicht, und selbst Dobrowsky, der Altmeister der czechischen Alterthumsforscher, hat sich für die Zweifler nicht blos entschieden, nicht blos sich gegen das hohe Alter desselben erklärt, sondern es geradezu unächt, ein untergeschobenes Geschreibsel genannt.

Meist ächt dagegen sind die Gedichte, welche die sogenannte Königinhofer Handschrift enthält. Wenzeslaw Hanka entdeckte zufällig im Jahre 1817 in der Stadt Königinhof einige alte Gedichte in czechischer Handschrift. Die Handschrift selbst gehört dem dreizehnten Jahrhundert an, die Gedichte selbst sind älter, dafür beruft sich Mickiewicz mit andern Kennern mit Recht auf den eigenthümlichen Styl, das Anschauliche und die Urkraft dieser Dichtung. Eines dieser alten Gedichte besingt den Kampf der Czechen mit Ludwig dem Deutschen, in der Mitte des neunzehnten Jahrhunderts. Der Volkszorn gegen die fremden Feinde leuchtet darin, gegen sie, welche die alten Freiheiten und den Glauben der Väter vernichten, fremde Götter einführen, die Vögel aus den heiligen Hainen verscheuchen, die Bäume ausrotten, die Opfer- und Gebetstätten zu besuchen verbieten, und nur Eine Gattin von Jugend auf bis zum Tod zu haben befehlen. Der Kampf des Heidenthums mit dem Christenthum ist bei den Slaven, wie bei den alten Sachsen, durchaus ein Freiheitskampf: denn mit dem christlichen Glauben wollte der Zehnte der Kirche und die Feudalherrschaft des deutschen Adels den bisher freien Männern aufgelegt werden.

Die Czechen, in ihren Gebirgen glücklich eingeschlossen, bald auch politisch mächtig, brachten es doch nicht zu einer bedeutenden und eigenthümlichen Poesie. Fortwährend in Berührung mit der deutschen Bildung, wollten sie diese bei sich häuslich machen, sie nahmen sie von Außen, hatten aber im Innern nichts sie zu nähren. Ihre Poesie ist nicht selbstständig, sie war immer nachahmend. Die Czechen dichteten theils der serbischen, theils der deutschen Poesie nach. Waren aber auch ihre späteren Dichtungen nicht sowohl eigene Erzeugnisse aus ursprünglicher Kraft, so waren sie doch glücklich im Nachdichten. Die Fürstentafel und das Roß aus dem Berge, zwei altböhmische Sagen, tragen zwar ganz das Gepräge der serbischen Form, aber sie haben einen ganz böhmischen Kern, und sind in ächt poetischem Geiste lehrhafte politische Nationalsagen. Man findet diese beiden in Herders Stimmen der Völker. Göthe hat ein altböhmisches Liedchen mitgetheilt, das überaus reizend ist, unter dem Titel: „das Sträußchen". Aber man fühlt diesem den deutschen Hauch an, es ist ein deutscher Ableger. Wegen dieser Nachahmung des Deutschen, fing man allmählich an, sagt Mickiewicz, die Muster der Nachahmung vorzuziehen, und die deutsche Sprache nahm den Vorrang vor derjenigen der Väter; als sie sich zur Vertheidigung ihrer Volksthümlichkeit erhoben, fiel ihr Kampf unglücklich aus; der Religionskampf ließ sie gegen sich selber wüthen; Oestreich wußte die Ermüdeten zu unterjochen, und zerstörte die nationalen Denkmale Böhmens, als eines gefährlichen Geistes voll.

Volkspoesie der Polen und Russen.

Noch weniger bedeutend durch eigenthümliches Gepräge ist die ältere Dichtung der Polen und Russen. Eine Ausnahme macht aus dem dreizehnten Jahrhundert eine poetische Erzählung vom Zuge Igors, des Fürsten von Nowogrod. Der Dichter desselben ist unbekannt. Auch diese Dichtung trägt stark die Farbe des Landes und hat sehr schöne Stellen, ja außergewöhnlich schöne Stellen. Die Bilder sind alle aus der Natur genommen und ihr gemäß dargestellt. Alles ist kurz und kraftvoll. Der Slave, sagt Mickiewicz, kann dieß Gedicht nicht ohne Freude und Rührung lesen; die bekannten Bilder erinnern ihn an Alles, und stellen ihm die Begebenheiten in so örtlichem Lichte dar, daß es ihm scheint als wären sie von heute, jede Beschreibung ist wahrhaft, lauter Leben athmend in den Einzelheiten.

Vergegenwärtigen wir uns, um von Ton und Farbe dieser Dichtung einigen Begriff zu erhalten, ein paar Stellen daraus.

Igors Flucht aus der Gefangenschaft, dem ein geneigter Polowzer, Namens Owlur, ein Pferd zuführt, beschreibt der Dichter also: „Auf schwillt das Meer um Mitternacht, Wassersäulen schweben durch die Nebel; Igor, dem Fürsten, zeigt Gott die Pfade aus dem Polowzer Land in das Land der Russinen zum goldnen Thron der Väter. Es erlosch die Abendröthe; Igor schläft, Igor wacht, Igor mißt die Gedanken, die Gefilde vom großen Don bis zum kleinen Doniez. Um Mitternacht mein Roß! — Owlur pfiff über dem Flusse, heißt den Fürsten achtsam seyn. Fürst Igor war nicht da. Es brauste und dröhnte die Erde, es rauschte das Gras, der Polowzer Zelte steigen empor. Fürst Igor springt gleich einem Hermelin zum Schilfe, gleich dem Taucher in das Wasser; schwingt sich aufs schnelle Roß, und springt herab von ihm dem hurtigen Wolfe gleich, und läuft zur Aue des Doniez, und fliegt wie eine Falke in Nebel gehüllt, tödtend Gänse und Schwäne zum Früh=, Mittag= und Nachtmahl. Dieweil Igor gleich dem Falken flog, lief Owlur wie ein

Wolf, triefend vom kalten Thau. Doch zersprengten sie ihre schnellen Rosse. Fürst Igor, sprach zu ihm der Doniez, der silberne Fluß; Ruhm hast du genug, Kontschak hat genug des Aergers, und Russinenland an Dir Freude! Igor sprach: o Doniez! auch du hast nicht wenig des Ruhms, wiegend den Fürsten auf deinen Wellen, grünes Gras ihm bettend auf deinen silbernen Ufern; ihn umhüllend mit laulichen Nebeln unter dem grünen Schatten der Bäume; ihn bewachend gleich dem Gogol in dem Gewässer, wie Kübiza auf Strömen, wie die Schwarzente in den Lüften." —

„Auf der Fährte Igor's reitet Gsak mit Kontschak, damals krächzten nicht die Raben, die Dohlen verstummten, die Elstern schwazten nicht, sprangen auf Aesten hin und her, nur die Spechte zeigten durch ihr Klopfen den Weg zum Fluß, Nachtigallen verkündeten durch frohe Gesänge das nahe Licht." —

„Da spricht Gsak zum Kontschak: Bis der Falke in's Nest fliegt, werden wir den Jungen mit unsern vergoldeten Pfeilen erschießen. Kontschak sprach zum Gsak: Bis der Falke in's Nest fliegt, werden wir den Jungen fesseln durch eine schöne Maid. Drauf entgegnete Gsak dem Kontschak: Wenn wir den jungen Falken fesseln durch die schöne Maid, so haben wir dann nicht den jungen Falken, noch die schöne Maid, und die Brut schlägt uns in unserm Polowzer Lande." —

Der junge Falke, den dieses Zwiegespräch der beiden angeht, ist der Sohn Igor's, der noch gefangen in den Händen der Polowzer zurück ist. In der Gefangenschaft knüpfte sich ein Liebesband zwischen ihm und der Tochter des heidnischen Polowzer Fürsten, und nachdem er sich aus der Gefangenschaft befreit hatte, vermählte er sich ihr, und gab ihr bei der Taufe den Namen Swoboda.

Das Gedicht schließt mit dem allgemeinen Jubel über Igor's Rückkehr. „Die Sonne strahlt am Himmel, Fürst

Igor ist im Russinenland. An der Donau singen Mädchen, ihre Stimmen wehen über's Meer gen Kijow. Ringsum jubeln alle Lande, es frohlocken die Burgen. Heil den Fürsten und ihren Genossen, die da kämpfen für die Christen gegen Heidenhorden!" —

Hören wir noch das Klagelied, das der Dichter der Fürstin Jaroslawna, der Gemahlin Igor's, in den Mund legt, während Igor in der Schlacht ist.

„Jaroslawna's Stimme ertönet. Wie der Kukuk einsam klagt sie in der Frühe; fliegen werde ich, sprach sie, wie ein Kukuk längs der Donau; tauchen werde ich den Biberärmel in den Fluß Kojala; trocknen werde ich dem Fürsten seine blutigen Wunden am erstarrten Körper." —

„Jaroslawna weinet frühe in der Burg Putiwl auf dem Söller, also klagt sie: Wind, o Wind! warum, o Herr, wehst du so gewaltig? wozu führst du die Geschosse des Chans auf deinen harmlosen Schwingen gegen die Schaaren meines Geliebten? War dir's zu geringe, unter den Wolken ob den Bergen zu wehen, Schiffe wiegend auf dem bläulichen Meere? Warum verwehst du, Herr, meine Freude über das Gras hin?" —

„Jaroslawna weint früh auf dem Söller der Putiwlsburg: O hochberühmter Dniepr, du hast durchbrochen die steinigten Berge durch das Polowzerland, du wiegtest auf dir die Schnabelschiffe Swintoslaw's wider des Kobjak's Schaar. Trage, o Herr, in sanfter Bewegung mein Liebchen zu mir, auf daß ich am Morgen nicht Thränen ihm nachsende in's Meer." —

„Jaroslawna weint früh auf dem Söller zu Putiwl, also klagt sie: Helle und dreimal helle Sonne! Allen bist du warm und schön. Wozu, Herrscherin, breitest du aus deinen brennenden Strahl über die Heere meines Gatten?

Im wasserlosen Gefild hat ihre Bogen der Durst ausgetrocknet, und die Sehnsucht ihnen die Köcher verschlossen." —

Die Niederlage ist also eigenthümlich schön beschrieben: „Sie schlugen sich einen Tag, sie schlugen sich den zweiten; am dritten Tag gegen Mittag senkten sich die Banner Igor's. Da mangelte es am blutigen Wein, da endigten den Schlachtschmaus die tapfern Russinen. Ihre Gäste haben sie getränket, und sie selber sanken nieder für ihr Russinenland. Das Gras senkte sich vor Leid, und die Bäume neigten sich vor Gram zur Erde. Das Unheil schwirrte in Gestalt der Jungfrau in Trojansland, wie mit Schwanenfittigen ob dem blauen Meere beim Don sich schwingend, und rief mordliche Zeiten herbei." —

Da in dieser Uebersetzung der Rythmus des Originals verloren geht, und manches Bild unserer Anschauung und Sprache fremd ist, so muß bedeutend viel von der Schönheit des Originals eben damit für uns verloren gehen. Doch kann ein empfängliches Aug und Ohr auch aus dieser Uebersetzung die plastische Form und den eigenthümlichen Klang des Gedichts herausfühlen. Die Form des Originals ist leicht und einfach wie das Versmaaß, das den Slaven höchst musikalisch und harmoniereich klingt.

Weder in Polen noch in Rußland machte die Poesie von da an Fortschritte, ja sie war wie abgeschnitten. Die Schuld lag an den politischen und religiösen Verhältnissen. Fürsten- und Adelsdespotismus lastete fürchterlich schwer auf dem Geist dieser Länder und ließ denselben schon allein nicht zum Dichten und Singen kommen. Auf Polen lastete noch überdieß die lateinische Sprache, die zur Herrschaft gekommen war, und unter deren Herrschaft die Nationalsprache sich befand, wie Aschenbrödel unter der bösen Stiefmutter. Mickiewicz will zwar glauben machen, das Volkslied habe für sich in der Tiefe des häuslichen Lebens immer fort geblüht, und es habe nur nicht auf die Oberfläche sich emporschwingen können unter der groben Schichte des lastenden Lateins. Aber wo sind diese Volkslieder des polnischen Zweigs der Slaven? Wer hat eines gesehen? Mickiewicz weiß nicht eines namentlich zu nennen oder beizubringen. Nur die polnischen Gesangbücher wurden bereichert. Diese Gesangbuchlieder sollen ausgezeichnet seyn und die in ihnen ausgesprochenen Gefühle, namentlich die der Liebe und Verehrung der Mutter Maria für den göttlichen Sohn, sollen so zart, so rein und himmlisch seyn, daß dieselben in Prosa übertragen so viel hieße, als die Heiligkeit verletzen. Wenn alle sind wie die Hymne auf die Auferstehung, aus welcher Mickiewicz Stellen mittheilt, so haben die Polen wirklich alterthümliche Kirchengesänge, wie sie außer den Italienern kein Volk sonst hat, einzig an Volksthümlichkeit des Tons und der Färbung, wie an erhabener Einfalt.

Die Hymne des unbekannten Volksdichters lautet: „Und als Christus der Herr auferstanden war, zeigte er sich seinen Lieben, schickte Engel zur Mutter, Hallelujah."

„O allerliebste Engel, geht zur allerheiligsten Jungfrau, meiner geliebtesten Mutter, Hallelujah."

„Grüßet sie von mir und stimmt freudigen Gesang an: himmlische Königin, freue dich, Hallelujah."

„Sey erfüllt von Wonne, meine Mutter, und von Freuden nach jener großen Trauer, Hallelujah."

Und die allerheiligste Jungfrau antwortet: „Willkommen, Jesus, du Allerholdester, mein allerliebster Sohn, Freude jeglicher Seele, Hallelujah."

„Schon bin ich gar sehr freudig, daß ich dich lebend wieder sehe, als wär ich neu geboren. Hallelujah."

Gnädig sprach sie mit ihm, küßte ihn auf den Mund, schied von ihm in Freuden, Hallelujah.

In der That das ist innig, einfach, erhaben und schön

zugleich, und wenn man sich dazu die Kraft des Musikalischen noch hinzu denkt, so muß diese Hymne von wunderbarer Wirkung beim Vortrag seyn.

Die polnische Poesie nährte sich nicht aus der eigenen slavischen Wurzel fort, sondern sie nahm ihre Nahrung aus der Fremde, aus der altrömischen und aus der neuitalienischen Poesie. Im sechzehnten Jahrhundert, da man schon in Polen in allen Gesellschaften und Kanzleien lateinisch sprach und schrieb, zeichnet sich Kochanowski durch seine eigenthümlichen Dichtungen aus. Er zeichnet sich dadurch aus, daß der Nachklang der heimathlichen Gesänge Polens und Rothrußlands — er war auf der Gränze beider geboren — ihn glücklich davor bewahrte, ganz zu verlateinen; denn zuerst dichtete er lateinisch. Er übersetzte darauf die Psalmen der Ebräer in die slavische Sprache seiner Heimath in edelm, hellem und leuchtendem Styl, in dichterischem, kühnem Gang, in freien, großen und herrlichen Bewegungen, mit Würde und Feierlichkeit. Das wird dieser Uebersetzung nachgerühmt: er scheint es unserem Luther gleich gethan zu haben, nur daß er nicht, wie Luther, durch diese Uebersetzung zugleich der Schöpfer einer neuen Sprache für sein Volk wurde.

Nachdem er die Psalmen im Slavischen nachgedichtet hatte, war er vernünftig genug, als Dichter den lateinischen Staub von seinen Füßen zu schütteln und in polnischer Sprache weltliche Dichtungen zu geben. Es ist nur Schade, daß er nicht ganz aus den alten Volksliedern schöpfte, und die Form seiner Gedichte nicht aus dem manchfaltigen Gang und Ton des Volksgesangs bereicherte, sondern noch horazisch und katullisch seyn wollte, um es den Gelehrten seiner Zeit recht zu machen. Die Treny oder Trauerlieder, die er auf den Tod seiner in der Kindheit gestorbenen Tochter dichtete, beweisen, daß der Geist des volksthümlichen Gesangs, der Nationalgeist mächtiger in ihm war als der fremde. Diese

Trauerlieder haben einen ganz eigenthümlichen Reiz darin, daß sie einfach und tief zugleich sind, vom zartesten, reichsten Gefühl und dabei von großer Kraft, und das Naive des Volkslieds mit der klaren Form der altklassischen Elegie sich in ihnen verschmolzen hat. Diese polnischen Klagelieder Kochanowskis sind in der That einzig in ihrer Art und mußten das polnische Herz um so mehr bewegen, als alle Farben darin ganz örtlich sind. Aller Glanz der Poesie ist verschmäht: nur das natürlichste Gefühl tritt auf in der einfachsten natürlichsten Einkleidung, und das gerade macht die poetischste Wirkung.

Kochanowski ist auch im eigentlichen Sinne nationaler Dichter, er hat ein Herz für sein Volk und er straft voll Vaterlandsliebe die Gebrechen seines Volks, die Nachäfferei des Auslandes, die Leichtfertigkeit in den großen nationalen Fragen des Glaubens und der bürgerlichen Stellung nach Innen und Außen, den Geld- und Kaufmannsgeist, der es kleinlich umstricken wolle. Doch ist er mehr lehrhaft als satyrisch. Die Polen sagen, man könne Kochanowski's lyrische Erzeugnisse nicht übersetzen, ohne daß sie ihre eigensten Schönheiten einbüßen. Das bewiese allerdings allein schon, daß er ein ächter und ein nationaler Dichter ist. Doch ist bei ihm bei weitem das Meiste in der Form nicht vollendet, nur ein Theil seiner Gedichte sind Meisterstücke. Auch im Dramatischen versuchte er sich, aber nicht volksthümlich; sein Stoff war ganz abseits, aus Homers Ilias genommen, weil das sachverständige Publikum des Dramatikers in Polen damals nur der Adel war, und zwar nur der mit klassischer Literatur genährte, gelehrte Theil des Adels; der übrige Adel hatte noch gar keinen Sinn für dramatische Kunst. Der Schluß des Dramas ist von ausgezeichneter Schönheit, doch ist es ohne eigentlichen dramatischen Nerv. Merkwürdig ist dieses der Kunstform des Griechen Sophokles nachgedichtete Drama immer, da es weit früher ist, als etwas derartiges in Deutschland. Werthvoll sind auch Kochanowski's witzige Kleinigkeiten, niedliche Liedchen, und seine Vorhersagungen für Polen. In den letzten läßt er starke Lichter auf die öffentlichen Zustände seines Vaterlands fallen.

Die natürliche Einfalt und der genaue klare Styl dieses Dichters fanden keine Nachahmung. Das Gesuchte, das Uebermachte griff auch in Polen um, wie in Italien. Die Dichtungen entleerten sich des Gehalts und haschten darnach, durch ungewöhnliche Reime und Verschlingungen des Versbaus auffallend sich zu machen.

Ausgezeichnet nach ihm ist der Russe Schymonowitsch, von geringer Herkunft, ein Idyllendichter im Geist Theokrits, mit lebhaftem Gefühl für die Natur und schönem Talent für das Dramatische und für Landschaftsmalerei in der Dichtung. Zuerst nationalisirte er nur Lieder der alten Griechen, indem er sie in polnische Farben tauchte. Dann entnahm er aus dem slavischen Volkslied die Seele für eigene Gedichte und gab ihnen eine wahrhaft lyrisch-dramatische, lebenvolle Form. Berühmt sind als solche dramatische Idyllen von ihm „das Liebespärchen"; „die Schnitter"; „das Aussterben".

Das Liebespärchen ist ein reizendes, kleines Schauspiel, voll treuer anmuthiger Natur, und wahrhaft dichterischen Auftritten. Wirklich außerordentlich schön ist die von Mickiewicz mitgetheilte Scene, wo der Hirte mit seiner Heerde an der Stelle vorüberzieht, an der die Geliebte im Wald eingeschlafen ist. Dabei ist Alles ganz örtlich und volksthümlich, und wunderbar ist auch hier Göthe's Wort bewahrheitet, daß überall, wo die Sonne hin scheint, die Entwicklung der wahren Poesie gewiß ist. Es ist eine Naturwahrheit reinster und zartester Art in den Dichtungen dieses Russen, die oft an die Idealität homerischer Naturwahrheit in der Odyssee erinnert, und beweist, wie die niedersten Zustände der Gesellschaft von einem wahren Dichter in ein poetisches Licht gehoben und geadelt werden können.

Noch höher halten die Polen seine „Schnitter". Ein eingelegtes Liedchen darin ist so ganz Volkslied, daß es ein polnisches Nationallied geworden ist; denn Schymonowitsch, der Russe, schrieb polnisch, und zwar klassisch polnisch. Er verstand es, die Natur und das häusliche Leben in ihren Geheimnissen zu überraschen und ihnen die feinsten Züge für seine Gemälde abzulauschen.

Dieser russische Dichter lebte unter der Regierung Fedor Jwanowitsch, unter dem das moskowitische Großfürstenthum sein goldenes Zeitalter hatte. Dieser Fürst war der Sohn Iwan des Grausamen, des heuchlerischsten Scheusals, das je auf einem Thron gesessen ist. Von Jwans Regierung sagt Mickiewicz, gestützt auf den berühmten russischen Hof-Geschichtschreiber Karamsin: „Es war durch seine grausame Tyrannei eine solche Angst ins Blut der russischen Völker eingegangen, daß sie den Unterthanen zu einer angebornen Angst wurde. Von großfürstlicher Seite war jedes Gefühl, das fähig gewesen wäre, Widerstand zu erzeugen, bis auf den letzten Ueberrest ausgerottet worden. Jene Verbrechen, welche bei andern Völkern eine allgemeine Empörung der Gemüther hervorgebracht hätten, z. B. die öffentliche Schändung der Frauen, das Hinschlachten der Kinder u. s. w. erweckten in den Russen nur Verwunderung".

Wo solche Angst in den Gebeinen eines Volks ist, da vergeht ihm das Singen. Wo so bleierner Druck auf den Häuptern lastet, da kann sich das höchste Vermögen, die Fantasie, die dichtend schöpferische Kraft, nicht entwickeln. Auf dem Boden, den die Henkersknechte düngen mit Menschenblut und lebendig gekochtem Menschenfleisch, wie es Jwan that, können keine Blumen, kann kein grünes Hälmlein der Poesie sprossen. Darum war unter Jwan die Poesie todt: gleich

unter seines Sohnes menschlich milder Zeit sang Schymono=
witsch, unter den russischen Dichtern der größte. Darauf
ward es wieder stille; der Despotismus der folgenden Zeiten
schnürte der Poesie wieder die Kehle zu.

Polen war literarisch nicht todt, aber seine Literatur,
die gerade um diese Zeit in ihren größten Glanz eintrat,
war in allen andern Zweigen bedeutend, nur nicht in der
Dichtkunst. Die Beredsamkeit des öffentlichen Lebens in den
Fragen des Glaubens, der Freiheit und des Vaterlands leuch=
tete am schönsten auf in dem Lithauer Skarga, einem ka=
tholischen Priester, der als geistlicher Volksredner wie auf
dem Reichstag, als Geschichtschreiber und als Staatsmann sich
auszeichnete. Seine Beredsamkeit wird wahre Poesie gleich
der Poesie der ebräischen Propheten: die Gedanken sind bild=
lich, in kurze Sätze ausgeschnitten, und auch dem Klang nach
wie Verszeilen.

Die Neuzeit hat ausgezeichnete Dichter der Slaven auf=
zuweisen. Vor dieser neuesten, der jetzigen Zeit, hat Dal=
matien den letzten bedeutenden slavischen Dichter geliefert.
Er kam von der Halbinsel des adriatischen Meeres, von Ra=
gusa. Gundulicz ist sein Name, und er schließt mit einer
epischen Dichtung in zwanzig Gesängen den so eben durch=
laufenen Kreis ab. Der Held dieses Epos ist Wladislaw IV.
Es soll ein lyrisches Epos seyn und große Aehnlichkeit mit
der neusten polnischen Lyrik haben. Zu Anfang des sieb=
zehnten Jahrhunderts verfiel dann das Denken und Dichten
in allen slavischen Ländern. Die Jesuiten wurden mächtig
darin, und ihre Hand dämpfte und erstickte die Regsamkeit
des Geistes, während in Rußland die Regierung dasselbe
that. Die Stimme des Liedes schwieg im Volke. Nur die
Kosaken und die Serben singen ihre volksthümlichen Ge=
sänge fort.

So sind wir wieder auf die Serben zurückgekommen,

von denen wir bei der Betrachtung der slavischen Poesie ausgingen. Mickiewicz selbst, der stolze Pole, hat das serbische Volk den Tonkünstler und Dichter des ganzen slavischen Stammes genannt. Weniges haben die andern Slaven gedichtet, was diesen Serbenliedern gleich käme, welche die Begeisterung des Augenblicks geboren, in denen darum Inhalt und Darstellung so ganz eins sind und die sich unter Tausenden von Lippen, über die sie kamen, erst recht zu ihrer reinen nationalen Schönheit abrundeten, weil, was der Augenblick gebar, Gemeingut des Volkes wurde, habe das Liedchen ein frischer Bursche oder ein Mädchen, ein blinder Greis oder eine blinde Alte erfunden. Durch alle Formen, von den einfachsten bis zu den künstlichen, ist die serbische Volksdichtung hindurch gegangen, und es ist kein Wunder, daß auch die slavischen Türken oder eigentlich die Slaven, welche den Islam bekennen, die serbischen Lieder singen, denn sie sind zu reizend, um diese alten Stimmen ihrer Volkspoesie über dem Koran vergessen zu können.

Ja die türkische Poesie überhaupt hat viel von der slavischen angenommen; nur übertreibt der Türke, ächt orientalisch, und selbst der Slave, der den Koran liest, und man darf den Werth ihrer Dichtungen nichts weniger als nach der reizenden Einfachheit des trauerspielartigen Gesangs von der edlen Frauen Asan Agas messen, den Göthe uns übersetzt und den ein morlakischer Dichter, ein mahomedanischer Slave, kein christlicher, gedichtet hat. In Karabzicz Sammlung der Serbenlieder unterscheidet man gar leicht die, welche muselmännischen Dichtern angehören, trotz ihres serbischen Ueberwurfs, an den orientalischen Auswüchsen.

Daran aber, daß die schöne Volksromanze, während die Poesie überall sonst bei den Slaven erstarrt war, in den Bergen Serbiens und in den Steppen der Ukraine fortblühte und wuchs; daran zeigt sich wieder, wie die freie Luft zum

Gedeihen schöner Poesie gehört. Man kann auf gelehrtem Weg Gedichte machen; man kann auch Poesieen bestellen und krönen: aber was will solches alles heißen gegen die Blüthen der Poesie, die in Einfalt frisch und unmittelbar das poetisch begabte Herz eines freien Volkes treibt? Die gelehrten Poesieen sind keine Kunstwerke, sie sind dieß so wenig, als sie unmittelbare Naturgewächse sind; sie sind lediglich nichts als Arbeiten; das Mühselige, das Welke, das Kümmerliche daran sind eben so viele Anzeichen ihres kurzen Daseyns. Weil sie selbst nichts von der siegreichen Kraft des Genies in sich haben, vermögen sie nicht, das Volk zu besiegen und alle Herzen zu zwingen; weil sie selbst kein Leben in sich haben, können sie nicht lebendig in den Herzen bleiben; sie sind nichts, selbst gegen die Lieder der Barbaren. Das sieht man an denen der Tscherkessen und Tartaren am Kaukasus.

Kaukasische Poesie.

Die Tscherkessen am westlichen Abhang des Kaukasus sind zwar nicht ein ächtes und gerechtes Rittergeschlecht im romantischen Sinn, wozu es romantische Reisende des Abendlands schon stempeln wollten. Aber ein freies, tapferes, heldenmäßiges Volk sind sie, wenn auch ein barbarisches Volk. Ihre Herzen sind hart, wie das Eisen in ihren Gebirgen und ohne Mitleid wie das ewige Eis ihrer Hochalpen. Aber von ihren Felsen herab, "dem Haus der Freiheit, das ihnen Gott gegründet", singen auch sie und lauschen den Gesängen, und zwar Poesieen wild und rauh wie die Wildnisse ihrer Gebirge und grausam wie ihre Thaten, aber auch großartig wie ihre Alpennatur, und von edelsten Zügen nicht leer, so wenig als bei großen Schatten der Charakter dieses Bergvolks es ist. Wie der Heldenmuth der Tscherkessen im Kampf der Schlacht der höchsten Begeisterung fähig ist, so ist auch Begeisterung in ihren Gesängen. Kikoakoa heißt ihr Barde. Denn auch der Kaukasus hat seine Barden und seine Bardenlieder. Die Thaten des Heldenmuthes sind es vorzugsweise, welche er in Reime bringt und beim Klang der zweisaitigen Leier vorträgt, nicht singt, sondern singend erzählt, damit der Name des mit Ehre Gefallenen sich erhalte für die kommenden Geschlechter. Der Engländer Bell hat in seiner Beschreibung des Tscherkessenlandes neben andern Poesieen uns auch Stellen aus einem Bardenlied auf den Heldentod eines Fürsten mitgetheilt. Darin heißt es: „Gott sey gedankt, rief des Erschlagenen Mutter, daß mein Sohn gefallen auf dem Feld der Ehre und nicht bei einem Raubzug! der Sohn, den ich mit Schmerzen geboren und an meiner Brust getragen, war von Gott erkoren zu einem Märtyrer für Freiheit und Glauben." Mit Recht wurde diese Stelle in ihrer einfachen Schönheit, in der selbst der Schmerz der Mutter um den gefallenen Sohn nicht so mächtig ist, daß ihn die stolze Freude nicht überwöge, mit den Versen Shakespeares zusammengestellt, worin er den alten Seyward bei der Kunde vom Fall seines Sohnes, welchen Macbeth erschlagen, das große Wort sprechen läßt: „Hätt' ich so viele Söhn' als Haar' ich habe, ich wünschte keinem einen schönern Tod."

Nach allen Reisenden macht es ein großartiges Bild, wenn sich im Sonnenaufgang Himmel und Berge entschleiern, und der gewaltige Kaukasus wild und kühn aus den Wolken hervortritt. Eben so sind die Nächte überaus schön, wenn der Mond mit seinem milden Lichte die riesenhaften Felsen erhellt und die Stille des Gebirges nichts unterbricht, als das feierliche Tosen der Ströme. Sollte sich eine solche

Natur nicht in der Poesie ihrer Bewohner abprägen, die selbst eine durchaus poetische Erscheinung machen? Denn sie sind nicht nur wohl gebaut, sondern fein gebaut, ritterlich kräftige, schlanke, wunderbar gewandte Gestalten, diese Alpensöhne, mit dem Auge des Adlers und der Behendigkeit des Rehes; sondern diese eisernen Herzen mit dem trotzigen Muth, mit der Todesverachtung und der unerbittlichen Härte gegen den Feind, sind zugleich einnehmend wie ein Weltmann und einfach wie ein Kind, hängen mit glühender Begeisterung am Vaterland und den Sitten ihrer Ahnen, haben eine liebevolle Achtung für ihre Väter und Greise, sind, wenigstens größtentheils, gastfreundlich, unverbrüchlich in der Treue des gegebenen Worts, keusch, ritterlich selbst gegen gefangene Mädchen, und voll Schnellkraft des Freiheitssinnes. Sie haben Laster mit andern Völkern gemein, große Tugenden vor ihnen voraus. Der Krieg der letzten Jahre wird von ihnen blutig grausam geführt: unpartheiischen Augenzeugen aber muß man es glauben, zu Allem, was die Bewohner des Kaukasus thun, wurden sie durch die Schandthaten und Scheußlichkeiten ihrer Feinde gereizt, es ist nur furchtbare Vergeltung an denen, die den Krieg nicht menschlich gegen sie führen.

Der Kampf dieses Bergvolks ist die schönste Heldenpoesie an und für sich, wie sie kein heroisches Zeitalter schöner bietet. Oder wo wäre mehr Poesie der Oertlichkeit, der Kämpfer und des Kampfes? Ein klarer, reiner Morgen steigt empor. Die Feinde lagern oben auf einem Gebirgsgipfel. Glühend hängen die ersten Lichter des Morgenroths jenseits der nächsten Höhen an den schneebedeckten Felsgipfeln. Es wird Tageslicht. Die östlichen Ausläufer des Kaukasus mit ihrem prachtvollen Waldgrün und den röthlich braunen Spitzen ziehen sich fast zu ihren Füßen hin, hie und da blitzen vom Morgenroth überhaucht wie einzelne große Kristallstücke, die Gebirgswasser empor, an anderen Stellen steigen dünne Nebelmassen auf und verdichten sich zu einzelnen Wolkenbällen; und während dem lichtet sich auch das Land jenseits der Berge. Wälder und Auen, durchzogen von röthlich schimmernden Flüssen, dehnen sich weiterhin. Einzelne Flecken und feste Orte leuchten mit ihren weißen Kalkwänden daraus hervor, und am Horizont breitet sich ein hellglänzendes silbernes Band — das kaspische Meer. Links liegt das flachere von Flüssen vielfach durchschnittene, und mit reichem Wachsthum geschmückte Land. Rechtshin wie rückwärts verliert sich der Blick in dem Gebirge, dessen Gipfel theils frei, theils bewaldet, theils schneebedeckt, tausendfach gestaltet, einer hinter dem andern sich hervorheben. Das ist der Einblick ins Land der Tschetschenzen, in das nördliche Daghestan.

Auf einer andern Seite dehnen sich die Steppen, kaum hie und da in kleinen Hügeln emporwachsend, wie ein grünes weites Meer, aus dem die Ansiedlungen wie kleine weiße Kreidefelsen auftauchen. Prächtige Eichenwälder, in der Steppe zerstreut, erscheinen nur wie niederes Gebüsch. In weiter Ferne bildet die Küste dieses Wiesenmeeres der Zug der schwarzen Gebirge, und noch weiter im Hintergrunde, in Silberglanz von der blauen Luft sich abscheidend, ragt der Elbrus, der König des Kaukasus, mit seinem sattelförmigen Gipfel über Alles hinaus. Durch das ganze Gebirge strecken uralte Buchen, Eichen, Eschen, Ulmen, Zitterpapeln, oft von ungeheurer Dicke der Stämme, ihre tausend grünen Arme nach dem Himmel auf. Noch hat die Axt des Holzfällers hier nicht geklungen, diese Wälder sind ganz jungfräulich, ihren Boden bekleidet eine so üppige Decke von hohen Blumen und Schlingpflanzen, daß der Marsch nicht wenig dadurch erschwert wird. Der tosende Aksai, der furchtbar reißende Koisuh und andere Ströme durchschneiden die Landschaft, und tausende von kleinen reißenden Gebirgswassern stürzen von allen Seiten diesen großen Flüssen entgegen.

So malerisch schildern Reisende das kaukasische Land. Das ist das Haus der Freiheit, wo die unbezwungenen Männer wohnen, oft unerreichbar in den Felsgipfeln horsten, hinter den Klippen lauern, Tod und Verderben herabsprühen auf den Feind, der sie unterjochen will.

So poetisch als diese Oertlichkeit ist die Erscheinung der Bewohner. Es wohnen darin verschiedene kleine Völkerschaften. Die edelsten unter allen sind die Tscherkessen. Sie haben Fürsten, Edle, Freie, Leibeigene. Auch der Edle gewinnt mit Hacke und Pflug sein Brod, lieber jedoch mit dem Säbel. Die Tscherkessen sind ein schönes Volk, viele zeichnen sich durch ungemeine Schönheit des Leibes aus, durch einnehmendes Wesen und ritterliche Manieren. Stolz und keck ist ihre Haltung, reich ihr Waffenschmuck. Der Edle unter diesen freien Söhnen des Gebirgs, wenn er ganz gerüstet ist mit glänzendem Panzer, Helm, Armschienen von polirtem Stahl, kostbarem Gürtel, Köcher, Degengehäng, Flinten, Pistolen und Dolchen, ist ganz den ritterlichen Helden des Mittelalters ähnlich, ist aber noch eine poetischere Erscheinung als diese durch das Schlanke und Feine der Gestalt, durch den behenden, leichten, fast schwebenden Gang. Selbst ihre gewöhnliche Kleidung ist malerisch, der bunte pelzverbrämte Turban, der braune buntverbrämte Rock mit ledernem Gürtel bei dem gemeinen Mann, dabei schöne Waffen im Gürtel und auf dem Rücken; die Edeln auch für gewöhnlich reicher gekleidet, bei öffentlichem Auftreten mit silber= und goldgestickten Röcken und prachtvollen Dolchen und Säbeln mit silbernen und goldenen Griffen. Alles an ihnen trägt bei zur malerischen Figur, und selbst die Gesichter mit freiem, offenem, keckem, etwas wildem Ausdruck machen diese Räuberhäuptlinge, die dabei einen so ritterlichen Anstand zeigen, äußerlich zu einer durchaus poetischen Erscheinung.

Die Tschetschenzen, von den Tscherkessen durch Sprache

und Abkunft geschieden, aber eins mit ihnen im Kampf gegen
die äußeren Feinde, sind äußerlich auch in Tracht und Ge=
stalt diesen gleich; nur düsterer, dunkler gefärbt ist ihr Ant=
litz, ihr Blick weniger offen, unheimlich, mordlustblitzend. Diese
Tschetschenzen sollen die Urbewohner der kaukasischen Land=
zunge seyn, und ihre rauhen Sitten und ihr kriegerischer
Sinn sind noch dieselben, wie bei ihren Altvordern, die vor
dritthalbtausend Jahren „die steile Felsburg des Kaukasus"
bewohnten, und die der Altgrieche Aeschylus zeichnet als
„wilde Schaaren im Lärm der erzklirrenden Lanzen furcht=
bar". Den Tscherkessen giebt ein anderer Ruhm eine höhere
Weihe. In ihnen sucht und findet die scharfsinnigste und
tiefste Forschung das Brudergeschlecht der alten Hellenen, de=
ren Wiege in die Thäler des Kaukasus verlegt wird, in
welchen die Tscherkessen wohnen. Von da seyen Pflanzvölker
in vorgeschichtlichen Zeiten in die milderen Landschaften am
Hämus und Olymp gekommen, und das älteste Griechenland
sey nicht im Peloponnes, nicht in Attika oder Doris, sondern
in den Thälern des Kaukasus zu suchen. So umgiebt die
Tscherkessen eine nicht bloß angedichtete, sondern mehr als
wahrscheinliche Glorie der Stammes=Einheit mit dem schönsten
und größten Volk der Weltgeschichte, den alten Griechen.

Eben so poetisch ist die äußere Erscheinung ihrer Frauen.
Sie gehören zu den schönsten der Erde. Malerisch ist ihr
Putz, die schwarzen Haare fallen in langen, zierlichen Flech=
ten unter dem Schleier herab, der Kopf ist nur leicht bedeckt
mit einem goldgestickten Mützchen, ihre reizenden Körperfor=
men sucht ein weißes Tuch zu verhüllen, das um Kopf und
Schulter geworfen wird, wenn sie ausgehen. Geraubte tscher=
kessische Mädchen haben das Kosakengeschlecht am Don ver=
schönert. Und welcher Adel ist in diesen tscherkessischen Weibern!

Es ist in ihnen ein kriegerischer Amazonengeist. Kehren
ihre geliebten Helden siegreich aus dem Kampf zurück, so

belohnen Frauen und Mädchen dieselben mit Freudenruf, Schmeichelwort und Liebkosungen, und sie selbst sind kühn, tapfer und todesverachtend, wie die Frauen und Jungfrauen der alten Germanen. Ein junges Mädchen aus der Familie eines der bedeutendsten Häuptlinge ist von den Russen gefangen. Beim Rückzug erhält sie ihr eigenes Pferd wieder, einer aus dem Gebirg, der den Russen Treue geschworen, wird ihr zum Führer und Wächter gegeben. Die Jungfrau hat ihre ganze Gestalt in ein großes, weißes Tuch eingehüllt: nichts ist von ihr sichtbar als ihre großen, blauen Augen, die sie oft wehmüthig nach den Bergen der Heimath zurück wendet. Ihre Umgebungen würdigt sie keines Blicks, sie scheint keineswegs niedergeschlagen, sie reitet in stolzer Haltung schweigsam den andern Gefangenen voraus. Der Feldherr, der der Schönen nicht traut, befiehlt dem Führer sie nicht ein Nu aus den Augen zu lassen. Es geht über Bergströme. Man kommt an die Chobse. Der Strom ist stark angeschwollen; seine hochschäumenden Wogen rollt er brausend ins Thal hinab. Mit Mühe wird eine Furth gefunden, wo das Wasser den Pferden nur bis zur Mitte des Sattels reicht. Die Vorhut kommt glücklich hinüber; ein Pulverkarren und eine der Kanonen fallen ins Wasser. Weiter oben ist eine zweite Furth gefunden, wo man die Gefangenen hinüber bringt. An der untern Furth hat alles seine Aufmerksamkeit auf die gesunkene Kanone gerichtet, sie hören einen kurzen Schrei, und gleich darauf sehen sie einen weißen und hinter diesem einen dunkeln Körper blitzschnell auf der schäumenden Fluth vor sich vorbei schießen. Die gefangene Fürstin ist's und ihr Wächter. Um zu entfliehen, hatte sie sich mitten im Strom vom Pferd ins Wasser gestürzt. Ein wenig weiter abwärts theilt sich die reißende Chobse in zwei Arme. Der Wächter will die Schwimmende einholen und ergreifen, das Heldenmädchen stößt ihn heftig zurück; er läßt nicht ab; lieber als sich gefangen zu geben, will sie ihn mit sich in die Tiefe ziehen. Er ist dem Untergang schon sehr nahe. In dem Augenblick werden die Schwimmenden und Ringenden in den seichteren Arm des Stromes getrieben. Es gelingt ihm mit Mühe mit den Füßen Grund zu fassen, sich los zu machen, sich zu retten, und die Widerstrebende, die ihm sein Feldherr auf die Seele band, an ihren langen Haaren fest zu halten. So wird die Jungfrau abermals gefangen und ans andere Ufer gebracht. Hier steht sie wie ein Marmorbild, ohne Schleier, die Hände auf der Brust gekreuzt, das nasse Gewand fest an ihrem Körper anliegend. Da steht sie, ein wunderschönes Mädchen, mit niedergeschlagenen Augen, blond, bleich, bewegungslos, nur von Zeit zu Zeit streicht sie das triefende um die Schultern herabhängende Haar mit der Hand aus der Stirn. Im ganzen Kreise der Männer, der sich um das schöne Heldenmädchen versammelt hat, herrscht die größte Stille, trotz der großen Aufregung nach so mancher kaum überstandener Gefahr. Auch der Feldherr heftet eine Weile stumm die Augen auf die Schöne. Wie viele russische Gefangene würde wohl der Feind für das Mädchen uns geben? fragt er darauf einen ihm ergebenen Häuptling. Sechs, antwortet dieser. Nimm sie, spricht der Feldherr, und bring mir die Russen morgen. Der Häuptling drückt seine rechte Hand an die Stirn, küßt sie, das Zeichen des gewöhnlichen Grußes, schwingt sich auf sein Pferd, läßt die frei gegebene Fürstin auf ein anderes heben, ergreift dessen Zügel, und führt sie wieder zurück über den Fluß. Von ihr kein Blick des Dankes. Nur als sie sich zum Wegreiten wendet, mißt sie mit ihren schönen Augen den Feldherrn vom Kopf bis zu den Füßen, und wieder eingehüllt verschwindet sie bald aus den Blicken. —

Das ist ein Stück neuste Geschichte aus dem Kaukasus. Ist das Poesie? Ist das eine plastische Episode eines Hel=

bengedichts? Hat das homerische Epos viele schönere Stellen als diese?

Aber neben diesem Amazonengeist wohnt auch Milde und Weiblichkeit in der Brust dieser Schönen des Kaukasus, und es soll sich hierin das ganze schöne Geschlecht des Gebirges gleichen, so verschieden die einzelnen Völkerschaften und die Männer unter sich sind. Frauen und Mädchen pflegen die Verwundeten mit Anmuth; sie schenken den armen Gefangenen eine gütigere Behandlung, sie lindern ihr unglückliches Loos, schönen Mitleids voll, und besonders von den tschetschenzischen Frauen wird erzählt, daß sie den Fremden ziemlich geneigt und der Liebe nicht fremd sind. Romantische Abenteuer kommen vor. Zum Gefangenen, der in Ketten gramvoll Nächte durchwacht, tritt leise eine schöne Trösterin, um ihm an ihrer Brust die Freiheit und das Vaterland vergessen zu machen; oder ihn zu befreien und mit ihm zu fliehen.

Und nun vollends in den Männern des Gebirgs, in den Kämpfern zu Fuß und Roß, welche innere wie äußere Poesie liegt nicht in diesen? Welche Plastik in Allem, wie sie sind und was sie thun!

Beim Familienfest, bei einer Hochzeit oder Todtenfeier, sitzt eine Zahl einflußreicher Edler Tscherkessiens. Unter dem Schatten alter Eichen lagern sie am Feuer, diese kaukasischen Ritter; der Lammbraten wird behaglich verzehrt; der Becher mit dem Purpurwein geht im Kreise der Zecher herum, und bei rohem Leierklang giebt ein Barde den Gesang zum Besten. Er trägt eine alte Heldensage vor, eine Geschichte der Vorzeit, die Sage von den Amazonen, die Thaten der alten Stammhelden, oder auch die Thaten und Helden der Gegenwart. Guz Beg, der Löwe des Kaukasus genannt, der tapfere Dschimbulat, Mansur, Ali Jubghe, Hassan Bey, die bekanntesten Häuptlinge, die in den drei letzten Jahrzehnten als

Anführer der Tscherkessen gegen die Russen auftraten, sind die Helden der Neuzeit und die besonderen Lieblinge der tscherkessischen Barden. Das Wunderbare, zu welchem auch die Kaukasier wie alle Gebirgsvölker Neigung haben, darf natürlich auch in der Poesie der tscherkessischen und tschetschenzischen Heldensagen nicht fehlen: Ein gespenstiger Reiter von riesenhafter Gestalt — so singt im Erzählerton der Barde zur Leyer — ragt hoch zu Roß aus den Haufen der Kosaken, sein schwarzes Pferd trägt ihn wie der Sturmwind durch das Getümmel des Kampfes und seine gewaltige Lanze wirft alles nieder, was sich ihm nähert. Vergebens knallen hundert Feuerwaffen gegen den gespenstischen Riesen, den keine Kugel tödtet. Da versucht es Held Dschimbulat mit dem alten Eisen, und seine Schaschka schmettert den unheimlichen Gegner blutig auf die Erde.

Der Reim — denn die Erzählung des Barden ist in Reimen — ist zu Ende, die Leyer klingt noch aus; das ritterliche Blut der Männer am Feuer ist warm geworden; denn Verewigung der Thaten durch den Barden beim Klang der zweisaitigen Leyer gelten ihnen nächst der Beute und dem Triumph der Blutrache als der reizendste Lohn für die Gefahren des Kampfes; es erwachen die Gelüste nach dem Donner des Gefechtes; man wird auf der Stelle einig, einen Ueberfall gegen die Feinde der Freiheit und des Glaubens auszuführen. Flinke Reiter jagen ins Innere des Gebirges, die übrigen Verwandte und Freunde zu laden, und den ihren Bannern folgenden Freimännern und Leibeigenen zu befehlen, sich schleunigst mit Roß und Wehr am bezeichneten Ort einzufinden. Ist ein hinreichender Haufe Streiter beisammen, so wird in der Nacht nach der Gränze aufgebrochen. Es steckt in diesen Gebirgsfürsten, sagt der Reisende, eine enthusiastische Liebe für Waffenspiele und Waffenruhm, sie betrachten ihre Kriegszüge am Kuban als eine lustige Ab=

wechslung ihres eintönigen Lebens auf den Bergen. Die Tscherkessen, diese westlichen Kaukasier am Kubanfluß und am schwarzen Meer trieben auch bisher ihren Krieg gegen die Russen, mehr wie eine Reihe Kampfspiele als wie einen wirklichen Krieg, und wie die homerischen Helden kommt dazwischen hinein Kosak und Tscherkesse über dem gefrornen Kubanstrom auf dem russischen Markt zusammen, zu handeln, oder auch des Zeitvertreibes wegen, zu sehen, wie es beim Nachbar dem Kosaken steht; und in dem Tscherkessen, der jetzt behaglich auf dem Marktplatz einherschlendert, erkennt der Kosak gar oft den Mann wieder, dessen Schaschka seinen Lanzenstoß vor wenigen Wochen im Kampf parirte. Der Augenzeuge versichert ausdrücklich, daß bei so zufälligem Wiedererkennen ächt homerisch von Groll keine Rede ist: heute wird zwischen Kosaken und Tscherkessen freundlicher Händedruck, morgen unfreundlicher Bleikugelgruß und Schwerdtschlag gewechselt.

Die Tscherkessen fechten nur für ihre Freiheit, nicht für den Glauben. Die mahomedanische Religion wird von ihnen nicht mit Religionseifer betrieben: die Unabhängigkeit ist ihnen über Alles. Die Tschetschenzen, diese östlichen Kaukasier, sind von glühendem Religionseifer beseelt. Alle ihre großen Anführer waren Priester und Ritter in Einer Person, und ihr jetziger, Schamil, ist Feldherr und Prophet zugleich. Der bardenverherrlichte Scheich Mansur wußte zwanzigtausend geistliche Verse auswendig. Freund, sprach Mansur zu dem Engländer Bell, wenn die Türken und England uns verlassen, wenn alle unsere Widerstandskräfte erschöpft sind, dann werden wir unsere Häuser, unser Eigenthum, verbrennen, unsere Weiber und Kinder erwürgen und auf unsere Felsen uns zurückziehen, um dort kämpfend zu sterben bis auf den letzten Mann. — War in Scheich Mansur, dessen Heldenmuth solche Worte findet, Poesie?

Die Tschetschenzen mit ihrem glühenden Glaubensfanatismus führen darum den Krieg, der zugleich ein Unabhängigkeits- und ein Glaubenskrieg ist, nicht wie die Tscherkessen als ein Kriegsspiel, sondern in der ganzen Furchtbarkeit seiner Poesie, schrecklich schön. Heldenthaten drängen sich, jede Zeile, in der sie zur Sprache kommen, ist Poesie. Es ist nicht ein Krieg prosaischer Art, wie es vorwiegend die europäischen sind: es ist, sagt einer der Reisenden, selbst im Einzelkampf zwischen dem flinken Kaukasier und dem Russen der Kampf des Königsadlers mit dem Steinbock, der dem geflügelten Gegner die starken Hörner zeigt, sich aber nur vertheidigen, nicht angreifend ihm folgen kann in die Lüfte und am Ende die Beute seiner scharfen Krallen wird. Denn wie ein Raubvogel umkreist der Kaukasier seinen Feind, ermüdet ihn mit geschwungenem Säbel und erspäht seine verwundbarste Seite. Und vom Allgemeinen des Kampfes sagt ein anderer Reisender: Lebhaft wird man an die große Bewegung in der christlichen Kirche, an die Kreuzzüge erinnert, und Heldenthaten, Heroenmuth, gläubige Todesfreudigkeit sind heute unter diesen Muselmannen nicht seltener als damals in den christlichen Schaaren. Selbst bei den kleineren Gefechten sieht man einzelne Priester den Koran in der einen, den Säbel in der andern Hand schwingen, geistliche Lieder singen, den Kämpfern die Seligkeiten des Paradieses verheißen und an der Spitze ihrer Gebirgsbrüder auf die Feinde ihres Glaubens und ihrer Freiheit einstürmen.

Chasi-Mollah, ein früherer Anführer aus dem Anfang der dreißiger Jahre, ist wie Mansur Priester und Held. Ihn umschließt, wo er sich zeigt, die heilige Schaar, die Schaar der Müriden. Er hat sie selbst gebildet: sie sind halb Krieger halb Priester; sie haben sich alle freiwillig dem Tod für den Glauben geweiht. Sie sind die Unbedingten seines Winkes. Sie predigen unermüdet den Glaubenskampf, und leuchten vor in der Schlacht mit einer Heldentapferkeit, die von keinem Volk und zu keiner Zeit übertroffen worden ist. Eine Zahl zieht sich singend vor der Uebermacht der Feinde in ein stark befestigtes Haus zurück. Die Bomben und Kartätschen schlagen unaufhörlich darein. Sie singen und vertheidigen es mit Wuth. Es wird in Brand gesteckt, sie fechten und singen, und gehen singend in den Flammen unter. Auf einem andern Punkt ficht Chasi=Mollah selbst. Nach dem fürchterlichsten Widerstand ist Bresche geschossen, er blutet aus vielen Wunden, er kämpft fort bis zum letzten Athemzug, er verhaucht auf der Bresche seine Heldenseele.

Ein ander Mal sind sechs berittene Tschetschenzen im Wald von großer Uebermacht umzingelt. Fechtend drängen sie sich immer mehr zusammen; sie haben nichts zuletzt als einen einzigen majestätischen Baum zum Rückenschutz. Sie erkennen, daß der Sieg unmöglich ist, gefangen aber geben sie sich nicht. Sie suchen sich Bahn durch den Kreis der Feinde zu hauen. Umsonst. Nur einer durchbricht den Kreis und will davon sprengen. Die andern fünf fechten nur noch, so viel Feinde als möglich mit ins Verderben zu ziehen. Sie gewahren ihren Genossen im Fliehen. Sie rufen ihm zu. Alsbald reißt er sein Pferd herum, haut sich Bahn bis zu den Freunden, wirft sich an ihre Seite und ficht mit ihnen, bis sie alle über einem Leichenhügel fallen.

Gerad auf über dem Koisuh, der hier eine große Krümmung macht, hebt sich die Felsenburg Akulcho. Nur an einer einzigen schmalen Stelle ist der Felsen vom festen Land zugänglich; der Koisuh mit seiner tosenden Fluth umgiebt ihn fast rings. Ueber drei natürliche Terrassen führt ein sehr schmaler Felspfad in die Bergfeste. Sie vertheidigt das Haupt der Gebirgssöhne mit einem Theil seiner heiligen Schaar. Nach Monate langer Belagerung, nachdem mancher Tod von oben herabgesandt worden, nachdem die Feinde Tausende bei den Stürmen verloren, wird die dritte Felsenterrasse erstürmt. Die Vertheidiger ziehen sich in Höhlen nach der Flußseite hin zurück, zu denen kein Pfad führt. Aber der Felsenberg ist ganz umstellt, Keiner kann entrinnen. Der russische Feldherr schickt durch Eilboten an seinen Kaiser die Siegeskunde, daß der gefürchtete Anführer der Gebirgssöhne in seinen Händen sey. In der Hauptstadt, am Hof ist Jubel. Es ist dunkle Nacht. Nach der Flußseite hin hängt das Felswerk der Veste weit über die Wellen hinüber. In der Nacht fertigen die Eingeschlossenen aus Balken und Brettern eine Art Floß, und stürzen sich in den Koisuh hinab. Von beiden Ufern regnen die Kugeln auf sie; sie schiffen mit dem Strom. Hier ist der Häuptling, ruft's auf den russischen Seiten. Ihn zu tödten oder zu fangen, stürzen sich berittene Kosaken in den Strom, das Fußvolk folgt dem Ufer entlang dem Floß, damit keiner entkomme. Alles ist dahin gerichtet. Indem springt ein Mann oben aus der Höhle in den Koisuh hinab, schwimmt mit kräftigen Armen durch den Strom, erreicht eine von Wachen entblößte Uferstelle, und entkommt mitten durch ein Heer glücklich in die Berge. Dieser Mann ist der Anführer des Gebirgs. Die auf dem Floß werden sämmtlich getödtet. Den Führer zu retten, indem sie die Aufmerksamkeit der Feinde von ihm ab und ganz auf sich lenkten, hatten sie freiwillig sich zu opfern beschlossen. Als ein Wunder erscheint die Rettung ihres Helden den Seinen, und während die Feinde sich noch ansehen, wie das Alles geschehen, überfällt sie der Held im Rücken mit neuen Schaaren.

Ist das Romantik des Krieges? Wie von dem Boden Kleinasiens das erste und größte Heldengedicht, das Homers, ausgegangen ist: so wird von diesem selben Boden wieder das größte Heldengedicht der Neuzeit ausgehen, wenn die Helden und ihre Thaten von den Barden in den Bergen des Kaukasus nur treu aufgefaßt und ins Lied gebracht sind;

unter dem lebendigen Gesang und seiner fortbildenden Kraft im Munde der nächsten paar Menschenalter werden sich die einzelnen Bardenlieder zu immer reinerer Poesie abschleifen und runden. Es hat sich hier bloß Natur= und Geschichts= wahrheit ins Wort abzudrücken.

In den kaukasischen Bergen kann man sich überzeugen, wie das homerische Epos, wie alle Heldenpoesie entstanden ist: es geschah, es lebte, was gesungen wurde; es ist nicht Erdichtung, nur natürliche Nachzeichnung der poetischen Wirk= lichkeit durch Volkssänger; und spät erst trat die Kunst zu diesen natürlichen Volksgesängen hinzu, und glättete, und fügte zusammen, und füllte die Lücken aus: die Kunstpoesie legt an die Naturpoesie nur die letzte Hand. Und weil so etwas ursprünglich Leben hat, theilt es sich lebendig mit und bleibt in den Herzen als ein für Jedermann Gegenwärtiges. Solche Poesie gewinnt und bezwingt nicht bloß ihre Nation, sondern die Völker, die Menschheit, weil sie die ersten und hauptsächlichsten Bedingungen dazu in und an sich hat, Wahr= heit und Leidenschaft, poetische Wirklichkeit, und weil sie ver= möge ihrer Wahrheit bei scharf ausgeprägter Besonderheit das allgemein Menschliche vor Augen stellt.

Der ganze Stamm dieser Gebirgsvölker ist so zu sagen Dichter, Dichter der That, und hat jetzt seine Heldenzeit; diese, durch Barden erst noch roh im Liede fest gehaltenen Helden und Abenteuer werden bald zum zusammenhängenden Heldengesang geworden seyn.

Wie sehr diese Söhne des kaukasischen Gebirges die rechte Ansicht von Poesie und das rechte Gefühl für Gesang haben, beweisen sie dadurch, daß wenn sie die Russen singen hören und sehen, in ihren stolzen Gesichtern der verachtendste Hohn sich malt: in dem russischen Heer nämlich müssen die Soldaten auf Commando singen, Sängerchöre im Kleinen und Großen singen nur, wie es auf Befehl genau voraus bestimmt ist. Diese anbefohlene Gesangesfröhlichkeit hat natürlich nichts Herzerfreuendes an sich, und der Tscherkesse weiß, wie jeder Gebildete, daß ein rechter Gesang nur aus freier, froher Brust kommt.

Selbst bei den Tartaren ist mehr Poesie, lebendige Poesie als bei den Russen. Auch sie sind ein muthiges, Freiheit liebendes Volk, und z. B. die Klage um eine gestorbene Braut, die sich in Herders Stimmen der Völker findet, und den Tartaren Sibiriens angehört, ist ein eigenthümlicher Gesang. Selbst der Glaube dieser Nomaden, daß die Seelen der Verstorbenen freie Vögel werden, ist nicht unpoetisch. Auf dem blanken See bist du gefallen — so klagt der verlassene Jüngling — o daß ich dich hätte fallen gesehn! Auf den Wellen hätt' ich dich ergriffen; denn wo fänd ich Eine, die dir gliche? Hätt' ich Habichtsflügel, in die Wolken folgt' ich dir, und holte dich hernieder. Mit ihr ist mein Leben mir verloren. Voll von Traurigkeit, mit Schmerz beladen zieh ich in den Wald. Ich will den Seevogel jagen. Rings umher die Augen will ich forschend drehn am See, ob meine Liebe sich mir zeigt, ob ich sie wieder finde. — Dieses kleine tartarische Lied, aus dem hier nur einzelne Zeilen gegeben sind, wird hinreichen um zu zeigen, wie der Saamen der Poesie unter allen Völkern und Himmelsstrichen fortkommt, wo der Hauch der Freiheit ist, und in den Urwäldern und Steppen Sibiriens zur Blume und zur süßen Frucht wird, sind auch hier Blume und Frucht ein seltenes Gewächs. Ueberall, wo es nicht entmenscht ist, hat das Herz die gleichen Gefühle, und kleidet dieselben ein in die Farben der jedesmaligen Naturumgebungen.

Wir haben gesehen, wie in der slavischen Poesie die wilden Thiere des Waldes als Bilder für die Dichtung dienen, der Wolf, der Bär, der Auerochse, weil sie die natürlichen Herrscher des ungeheuern Waldstreifs waren, der durch die

Mitte der slavischen Länder zieht. Der Kamtschadale nimmt
seine Bilder von seinem Nordlicht, seinem Winter, seinem
Sonnenauf- und Untergang, von seinen blanken Seen, von
seinen See-Enten, von seinen Hunden, von seinen Wallfischen
und seinem Cedernbaum: was dem Italiener seine Citrone
ist, sind dem Kamtschadalen seine Preiselbeere. Nur seine
Einbildungskraft träumt anders als andere Völker, nicht sein
Herz fühlt anders; und dieses Herz hat so seine eigene Poesie, wie
die äußere Natur unter verschiedenen Himmelsstrichen ihre eigene
Poesie in Gebilden und Farben hat. Hat doch auch Sibirien,
das grausige, dumpfe Sibirien, seine ganz eigenthümlichen
Naturschönheiten, die kein südliches und westliches Land hat,
wie sein Nordlicht und seinen Sonnenaufgang nach der langen Winternacht, oder wie ein ungenannter Augenzeuge davon
gesagt hat, die schlafende Natur hat hier besonders lebhafte
Träume. Die Einbildungskraft des abergläubischen Sibe-
riers sieht einen Kampf ringender Geister, eine Geisterschlacht
zwischen Himmel und Erde darin, wenn durch seine lange,
wehmuthsvolle aber erhabene Nacht das Nordlicht in seinen
wunderbaren Ausströmungen leuchtet; wenn der dunkelblaue
Himmel von Millionen heller Sterne funkelt, welche wie die
glänzenden Augen überirdischer Wesen mit einem Ausdruck
des Schmerzes und des Mitleids, wie der Augenzeuge sich
ausdrückt, auf die traurige Erde herniederflimmern; wenn
dann von Zeit zu Zeit plötzlich eine blaue Flamme über den
ganzen Norden ausströmt, zart durchsichtig, vorübergleitend
wie ein Schatten, und wenn dann aus dieser blauen Flamme
schnell wie der Blitz helle Säulen hervorschießen, sich durcheinander drängen in blauen mannchfachen Bildungen und Gestalten wie Geisterwesen, wie in Zorn und Rache jetzt er-
glühend, jetzt wie ein Kampfspiel spielend, während unter
ihnen die todtenbleiche Einöde sich plötzlich mit Feuersgluth
überzieht; und wenn sie dann wieder verschwinden schnell wie

sie kamen und wuchsen. Nicht minder poetisch und zauberhaft ist das Gedicht, welches die Natur beim Frühlingsanfang dichtet und vor die Augen zaubert. Nach dreimonatlicher immerwährender Nacht beginnt Vormittags um eilf Uhr die Morgendämmerung. Das Meer erstreckt sich ruhig, unbeweglich wie die Ewigkeit, von zauberischen Kristallbergen bedeckt, in der Morgenröthe mit tausendfältigen Farben glühend. Von der See weht ein sanftes Lüftchen und lindert den Frost. Vom Gipfel des Felsen erschallt der freudige Ruf, der die Ankunft des alle Wesen belebenden Lichtes verkündet, der Ruf: es ist da! es ist da! und der goldene Rand der Sonne erscheint. In Millionen Brillantfunken zerstreuen sich ihre über die Maaßen glänzenden Strahlen in der mit Reif gefüllten Luft und leuchten wie feurige Sterne auf der Spiegelfläche der Eisberge; das Meer stellt in der Ferne zauberhafte Thürme, Schlösser und Städte dar, als wären sie aus reinstem Kristall erschaffen; verschiedene Gestalten kommen näher und versinken wieder in die Tiefen unter die dahinrollenden Wellen; die fernsten Gegenstände scheinen mit der Hand erreichbar. Kaum hat sich die Sonne ein wenig gehoben, so beginnt sie wieder zu sinken; in einer Stunde schließt sie den Morgen und den Abend und damit das Zaubergedicht ab.

So bietet dem Sibirier selbst die Natur seines Landes äußere Poesie genug, um solche in seiner Dichtung, in seinem Lied abzuprägen.

Und wie bei diesen, wie beim Araber, Tartaren und Kosaken aus einzelnen Lieblingsbildern und Lieblingsgegenständen ihres Gesangs leicht auf die Natur ihres Landes und die Thiere und Gewächse desselben sich schließen läßt: so läßt sich vom Süden bis zum Norden hinauf durch die slavischen Länder diese sogar an einzelnen Bäumen nachweisen, die von den Dichtern in ihren Liedern gebraucht werden. Die majestätische Eiche, die zahlreich sich hier findet, ist der Liebling des Liedes in Podolien, Volhynien und einem Theil der Ukraine; die Fichte kommt nicht vor im Lied, weil sie im Lande wenig vorkommt. Weiter hinauf in Lithauen und Finnland wählt der lithauische und finnische Dichter gerne die Birke für sein Lied; denn die weiße Birke mit ihrem schönen aufgelösten Haar herrscht auf diesem Boden über die andern Bäume.

Volkslieder der Nordslaven, Letten und Finnen.

Den nördlichen Slaven kann sich der deutsche Geschichtschreiber nicht ohne ein Gefühl der Wehmuth und der Scham nähern. Sie wohnten und wohnen zum Theil noch vom Ausfluß der Elbe bis zur Mündung der Weichsel, während weiterhin die Lithauer und Finnen durch die Küstenländer hin bis tief in Nordasien hinein sich streckten. Die Nordslaven waren, wie aus ihren eigenen und den deutschen Geschichtschreibern des Mittelalters unverkennbar sich herausliest, ein gar freundliches und friedliches Volk, gutmüthig, redlich, treu und gastfreundlich, das die Freiheit liebte, und auch tapfer war, aber eben so sehr einem ruhigen Leben, der Musik und andern Friedenskünsten sich ergeben hatte. Dadurch war ein schöner Zug von Milde und im Vergleich mit ihren damaligen deutschen Nachbarn eine ziemliche Bildung in ihr Wesen gekommen, aber das milde und gebildete Volk erlag seinen rohern aber weit kriegerischern deutschen Nachbarn, welche die guten Wenden und Sorben und andre slavische Zweige theils ausrotteten, theils deutsch machten, in fortwährendem, entsetzlich gräuelvollem Kriege von Seite der Deutschen. Die Deutschen wollten und wollen diese Gräuel mit dem Mantel des auf diesem Weg eingeführten Christenthums bedecken.

Aber die Herrschsucht und die Habsucht der deutschen Fürsten hatte unendlich mehr Theil an diesen Kriegen, als das Christenthum, und keinenfalls war das der Weg, den Christus für die Ausbreitung seiner Lehre vorgezeichnet hat. Wie im Süden größtentheils, wie von Karl dem Großen im Norden einst gegen die Sachsen, so wurde auch gegen die Nordslaven, die völlig harmlos, liebenswürdig, friedlich saßen, und weder einen Angriff machten, noch erwarteten, denen man aber räuberische Einfälle andichtete, durch eine Reihe blutigster, grausamster Kreuzzüge das Christenthum gepredigt und aufgezwungen. Am ärgsten machte es Heinrich der Löwe, von seiner Herrschsucht und seinen Pfaffen verblendet, und der mit Feuer und Schwerdt unbarmherzige Deutschorden, und es ist eine ungeheure Lüge, wenn man das Christenthum in Deutschland allein oder auch nur hauptsächlich durch die stille Macht des Wortes, mit dem Schwerdt des Geistes ausbreiten läßt. Nur in Mecklenburg hielten sich die Slaven, aber Sprache, Sitten und Glaube sind, wie in Pommern, durch die Menge der zwischen hinein angesiedelten Deutschen verschwunden. Meißen, die Lausiz, Brandenburg, Steyermark, Krain und Kärnthen, eben so Schlesien und Mähren, haben ein ähnliches Schicksal gehabt: es waren lauter Slavensitze.

Wie die Czechen in Böhmen, so brachten es auch ihre Brüder die schlesischen und mährischen Slaven, nur eben so weit in der Dichtung, daß ihre Gesänge die tonangebende Poesie der Serben nachklangen. Eben so war es in Steyer und Krain und in der wendischen Mark; und ebenso wie in Böhmen, Mähren und Schlesien zu den einheimisch slavischen auch rein deutsche poetische Sagen sich heimisch machten, findet man in Krain und Steyermark, nicht bei den dort wohnenden Deutschen bloß, deutsche Sagen, wie sie allwärts in den deutschen Gauen gehen, z. B. den Tanz des Wassermanns; ja die slavischen Laibacher behaupten ausdrücklich, diese Geschichte sey zu Laibach geschehen, und der Wassermann habe das schöne Mädchen in die Laibach hineingetanzt, und sie nennen nicht bloß Jahr, Tag und Stunde, wo die grauserliche Geschichte geschehen sey, sondern sie zeigen auch die Stelle, wo die beiden, der Wassermann und die schöne Laibacherin, in dem grünspiegelnden Wasser verschwunden seyen. Die Poesie ist hier keineswegs wie bei ihren nächsten Nachbarn, den Bosniaken und Morlaken, zu Hause, sie ist selten im Volke, und was vorkommt, ist deutscher oder serbischer Nachklang. Nur die Natur dieses Landes ist eigenthümlich poetisch; ihre Fantasie hat sich in den wunderlichsten Formen ausgeprägt unter der Erde, und in großartigen Bildungen über der Erde. Sie hat besonders in ihren Höhlen durch ihre Fantasien in Stein die Einbildungskraft der Bewohner gefüllt, und zwar mit Gespenstern. Die abergläubische Einbildungskraft derselben sieht in den figurenähnlichen Höhlengebilden Thiermenschen, Heren und Kobolde, die zur Strafe für ihre Sünden in Stein verwandelt büßen müssen; Teufelsfratzen; Bergmännlein mit langem, gelbem Mantel, scharfgezeichnetem Gesicht und blitzender Juwelenkrone auf dem Haupte; Wölfe mit feurigen Augen; Riesen mit Schlangenleib und drohender Keule. Die Natur ist frei auch in diesem Lande und darf frei ihr poetisches Spiel treiben; aber die slavischen Bewohner dieser Lande waren von ihrer Unterjochung an sehr gedrückt, wenigstens das Volk. Hier ist die Poesie der Menschenbrust stumm geblieben, wenige deutsche Liederstimmen ausgenommen, obgleich von diesem schönen Alpenland nicht gilt was Hormayr von Ungarn sagt, daß die Dichtung nicht verweile wo es recht eben und flach sey.

Es ist wahr, in Ungarn, wo Slaven, Deutsche und Magyaren, welch' letztere eine Art Hunnen sind, zusammenwohnen, ließ sich bis gegen die neue Zeit keine Liederstimme hören, als serbische Klänge, oder in fremden Zungen. Sie sangen lateinische oder serbische Kriegs= und Heldenlieder aus den Türkenkriegen, da die Ungarn immer ein sehr kriegerisches Geschlecht waren, und so sehr an den Tafeln der Fürsten und der Großen Gesang alte Sitte war, so scheint es doch bei diesen Magyaren immer gewesen zu seyn, wie schon am Hof des Poesie liebenden Königs Etzel, der, so sehr er Gesang liebte und jeden Abend von Jungfrauen und Männern sich singen ließ, mit gothischen Liedern sich begnügen mußte, weil seine Hunnen keine Dichter waren. Die Slaven in Ungarn waren die Unterdrückten, und denen genügte es natürlich an den Liederschöpfungen ihrer glücklicheren slavischen Brüder in andern Gegenden. Das unabsehbare Flachland Ungarns mit seinen Weiden, Marschen und Kornfeldern war zudem anderthalb Jahrhunderte von den Türken überschwemmt, und halbtürkisch gemacht. Aber aus den Bergen Ungarns kamen höchst romantische Sagen und Legenden hervor, wie innerhalb derselben die Natur manches Wunderbare und Poetische aufzeigt in ihren Gebilden.

Nicht so liederarm sind die Nordslaven. Die Lithauer haben viele Lieder in ihrer zierlichen Sprache. Durch Reichthum an Vokalen, die nur durch einen oder keinen Consonanten verbunden sind, fast der griechischen Lieblichkeit sich etwas annähernd, ist sie viel wohlklingender als die polnische. Große Dichtungen haben sie nicht, aber allerliebste Liederchen, welche nicht bloß männliche Dichter, sondern auch Mädchen dichten wie singen, und welche sie Dainos nennen. Herder hat zuerst solche lithauische Volkslieder verdeutscht, und Rhesa hat später eine ganze Sammlung derselben herausgegeben. Diese Lieder sind meist Liebeslieder; Freud und Leid des Herzens vom ersten Begegnen der Liebenden an bis zum häuslichen Herd, zum Familienleben, sind ihr Gegenstand. Ihr Ton ist ein ganz eigenthümlicher. Denn die Lithauer sind ursprünglich den Deutschen ähnlicher als den Slaven. Man weiß nicht, woher die Lithauer kamen; sie traten auf einmal aus ihren Wäldern und Sümpfen hervor, wurden aus einer Horde ein Volk, den Polen und allen Slaven feindlich, dann mit Polen vereint und dessen Beherrscher.

Dieser Lieder Ton ist sanfte Melancholie, und Rhesa sagt ausdrücklich, über die lithauische Poesie überhaupt verbreite sich eine ernste Wehmuth wie ein Trauerflor, und die Liebe sey hier nicht eine ausschweifende Leidenschaft, sondern jene ernste heilige Empfindung der Natur, die den unverdorbenen Menschen anlasse, daß etwas Höheres und Göttliches in dieser wundervollen Seelenneigung liege. Göthe hat bemerkt, daß der eigentliche Lebensbeginn, das Verhältniß der Eltern zu den Kindern, hier ganz und gar fehle, und daß man bei diesem Volk darauf weder sittlich noch dichterisch aufgemerkt habe. Die Mädchen, sogleich wie sie erscheinen, wollen heirathen, die Knaben zu Pferde steigen. Auch diese Lieder also sind das, was Herder von den Volksliedern sagt, Abdruck des Herzens, Bild des häuslichen Lebens derer, die sie singen, ihrer Sitten, ihrer Eigenheiten, ihrer Zustände.

Die lithauischen Lieder sind höchst einfach, aber gerade die einfachsten Verhältnisse haben nach Göthe für die poetische Behandlung und Wirkung die größten Vortheile; daher denn auch die höhern, gebildeten Stände, sagt er, meistens wieder, in so fern sie sich zur Dichtung wenden, die Natur in ihrer Einfalt aufsuchen.

So beschränkt, überaus beschränkt der Kreis des Gemüthslebens ist, in welchem sich die lithauischen Lieder bewegen, und so gebunden an wenige Anschauungen die Einbildungskraft darin sich zeigt: so ächt poetisch sind diese Lieder. Als einst Lessing, der doch mit dem reinsten Honig der Poesie der klassischen Völker sich genährt hatte, in einem lithauischen Wörterbuch blätterte, hielt er überrascht still, wie einer, der in einer Sandwüste unvermuthet auf duftende Blumen stößt: er war auf einige lithauische Dainos gestoßen. „Seltenheiten, sagt er selbst, die mich unendlich vergnügten, und aus denen alle lernen könnten, daß unter jedem Himmelsstriche Dichter geboren werden, und daß lebhafte Empfindungen kein Vorrecht gesitteter Völker sind. Welch' ein naiver Witz! welche reizende Einfalt!"

Merkwürdig, daß es gerade auch die lithauischen Lieder sind, von denen Göthe noch im Alter Anlaß nahm, eine ähnliche Bemerkung zu machen. „Die Dichtergabe, sagt er, ist viel häufiger als man glaubt. Es giebt nur Eine Poesie, die ächte, wahre; alles andere ist nur Annäherung und Schein. Das poetische Talent ist dem Bauer so gut gegeben als dem Ritter. Das Volk aber ist der Natur, und also der Poesie, viel näher als die gebildete Welt." Das ist gewiß eine für gewisse Leute beachtenswerthe Bemerkung Göthe's.

Wie alle ächten Volkslieder, sind sie ganz dramatisch, lauter Handlung und Leben, wenn gleich ohne starke Leidenschaft, wenn gleich elegisch. Man begreift Lessings Entzücken, wenn man Lieder liest, wie die kranke Braut; wie das Brautlied; wie den versunkenen Brautring; wie des Mädchens Trauer um ihren Garten. Durch den Birken- und Fichtenwald trägt den Bräutigam sein Hengst zum Hofe des Schwähers. Schönen Abend, Frau Schwieger, was macht mein liebes, junges Mädchen? Krank, ist die Antwort. Er weint vor der Thüre, wischt sich die Thränen, drückt der Kranken die Händchen, steckt ihr den Brautring an den Finger. Wirds dir nicht besser, Mädchen? sagt er. Nicht besser, spricht die Braut. Sie sieht sich durch die eine Thüre als Leiche hinaustragen und durch die andere die Hochzeitsgäste reiten zur Hochzeit mit einer andern neuen Braut, die hereintritt. — Im Brautlied spricht ein Mädchen mit sich selbst, sie hab' ihrer Mutter schon vor Sommers Mitte auf=

gesagt: Euch, liebe Mutter, dir ein Spinnermädchen, ein Webermädchen, ich habe gnug geschenert und gefegt und gnug gehorcht der lieben Mutter, muß nun auch horchen der lieben Schwieger. Drauf redet sie ihr Jungfernkränzchen, ihr Rautenkränzchen an, ihre Seidenflechten, ihr gelbes Haar, die sie nun lassen muß, wie ihre goldenen Ringlein, und Nähzeug und ihr Häubchen bleiben ihr allein. — Im letzten der genannten Lieder sitzt ein Mädchen, den Kopf auf dem Arm. Das Singen ist ihr vergangen. Sie fand ihr Gärtlein verwüstet, Rauten zertreten, Rosen geraubet, die Lilien meist zerknickt, den Thau gar abgewischt. „O weh, da konnt' ich mich selbst kaum halten, sank hin im Rautengärtlein mit meinem braunen Kranze."

So köstlich sind diese Lieder. Es sind nur Umrisse, aber welche? und wie viel sagen sie! Wie geheimnißvoll, und doch so lebendig und greiflich! Die Musik dieser Lieder ist nicht so viel werth. Es sind nur wenige Töne, so viel das Volk auch singt in Liefland und Kurland, wie in Lithauen. Bei aller Arbeit wird gesungen.

In Liefland und Kurland, wie in Pommern und dem Herzogthum Preußen, war derselbe Stamm ausgebreitet, der den Kern der Lithauer bildete, der lettische Stamm, und die Lieder aller Anwohner der Küstenländer des baltischen Meeres, von der Weichselmündung bis zum Peipus-See kann man unter dem Namen der lettischen Poesie zusammenfassen, obgleich der Name Letten jetzt ein besonderer Zweigname geworden ist für ein zerstreutes Völkchen, das sich durch Sprache und anderes Innere und Aeußere von den Lithauen abscheidet. Man nennt gewöhnlich Letten und Esthen zusammen, die Esthen sind aber keine Letten, sondern Finnen, und Letten und Finnen sind keine Slaven.

Wie von der slavischen, so ist die Sprache der Letten im engern Sinn auch von der deutschen, von der dänischen,

schwedischen, russischen, von der aller Nachbarvölker verschieden.
Von allen Sprachen am ähnlichsten ist sie dem Sanskrit der Indier; ein Abzweig des großen indisch-germanischen Stammes, und darum, trotz der Verschiedenheit, der deutschen Sprache vor allen andern europäischen noch am nächsten, wenn nicht näher noch vielleicht der celtischen, der gälischen Sprache. Den Gälen näherten sich die Letten auch in ihrer Götterlehre und in ihrem heidnischen Priesterthum, und in der Erde, im Wasser, in den Bäumen, in der Luft, sahen sie Geister von eigenthümlicher Naturbildung, wie die Gälen und wie die Indier.

Die Letten hat die Natur als ein sehr poetisches Volk von sich gegeben, aber ihre Poesie ist unter tausendjährigem Druck gewesen, und weil sie noch so schön ist unter dem Druck und unter dieser Länge des Drucks, zeugt sie von ungemeiner Naturanlage. Die Natur war auch ihr einziger Lehrmeister, ihre Poesie ist ganz Natur und ihre meisten Lieder machen sie aus dem Stegreif. Lied heißt in ihrer Sprache Singe. Ein solches Lied hat Reime, aber nur männliche; weibliche Reime kommen nicht vor, so sehr ihre Sprache dazu fähig ist. Deutsche, die sie oft gehört haben, sagen, die lettische Sprache sey schon halb Poesie. Sie rühmen auch den gemeinsten Letten nach, daß sie einen unüberwindlichen Hang zur Poesie haben, und, wenn sie froh sind, weissagen oder in Versen reden. Zum Heldenlied haben sie es nie gebracht. Hippels Vater, wie der berühmte Hippel in seinen Lebensläufen erzählt, pflegte zu sagen: „Wenn die Letten gekrönt werden sollen, so ist's ein Heu- oder höchstens ein Kornkranz, der ihnen zusteht. Das Genie ihrer Sprache, das Genie der lettischen Nation ist ein Schäfergenie. Von Helden ist kein Zug in ihnen. Würden sie wohl seyn und bleiben was sie sind, wenn nur wenigstens

Boden zur Freiheit und zum Ruhm in ihnen wäre? In Kurland ist Freiheit und Sclaverei zu Hause."

Hippel wohnte unter ihnen: frei sind nur die Deutschen und der Adel; der gemeine Lette wie der Esthe sind leibeigen von je her gewesen, Sclaven zuerst der polnischen Slaven, dann der Deutschen, jetzt der Russen. Zärtlich sind ihre Lieder, ländlich zärtlich, und sehr eigenthümlich. Verliebte Melancholie ist ihr Grundzug. Sie wissen, sagt ein Kenner davon, die kleinen nachdrücklichen Nebenumstände, die ersten einfältigen Bewegungen des Herzens so geschickt anzubringen, daß ihre Lieder ungemein rühren. Ihre Musik ist auch besonderer Art, aber roh, unentwickelt; ihr Gesang ist nur ein Geleier.

Wir sehen hieraus, auch diesen Letten und Esthen, denen die Natur einen unfreundlichen und veränderlichen Himmel und das Schicksal ein gedrücktes Loos zugewiesen haben, ist ein Trost gegeben in ihrem Gesang gegen Vieles, was auf sie drückt, und ein Ersatz für Vieles, was sie an Genüssen entbehren müssen. Scharfsinnig sind sie auch, sie haben Räthsel ausgezeichneter Art; Räthsel uralten Gepräge, von den Vätern her. So eines heißt: Ich keimte. Als ich gekeimt hatte, wuchs ich. Als ich gewachsen war, ward ich ein Mädchen. Als ich ein Mädchen geworden war, ward ich eine junge Frau. Als ich eine junge Frau geworden war, ward ich ein altes Weib. Als ich ein altes Weib geworden war, bekam ich erst Augen. Durch diese Augen kroch ich selbst heraus.

Die Auflösung dieses Räthsels, das gewiß alle wahren Eigenschaften eines Räthsels an sich hat, ist der Mohn. Das Mädchen ist die Mohnblüthe, wie ein Mädchenkranz gestaltet. Der Mohn wird eine junge Frau, wenn seine Blüthe blaß und welk wird und die Blätter hängen läßt, wie die Weiber ihre Kopftücher. Der Mohn wird ein altes Weib, wenn die Blüthe abgefallen ist. Die Augen, die er als altes Weib erst bekommt, sind die Saamenlöcher. Durch diese fällt der Saamen heraus, das ist sein Auskriechen durch die Augen.

Der treffende Witz dieses Völkleins zeigt sich in den Liedern oft auch satyrisch und boshaft: was es seit lange zu erdulden hatte, das mußte auch die ursprünglich harmlose Zunge spitzen und schärfen. Mancher Vers könnte in der griechischen Anthologie stehen. So heißt es in einem: Liebe Sonne, wie so säumig? warum gehest du so spät auf? — „Jenseit jenem Hügel säum' ich, wärme da verwaiste Kinder." — In solcher Form der Schönheit findet man bei ihnen den Witz.

Die neben ihnen sitzenden Esthen — in wie vielem gleichen sie ihnen nicht? und darum gleichen sich auch die Lieder beider. Ihr wenig bewässertes Land hat auch wenig Naturschönheiten, wohl aber Sand und Steine, und ist arm. Hier scheint man von je her nur die Unterdrückung gekannt zu haben. Der „Klagegesang der Leibeigenen über ihre Tyrannen" wird von Herder ein wahrer Seufzer genannt aus der nicht dichterisch, sondern wirklich gefühlten Lage eines ächzenden Volkes. Sehr markig zeichnet sich darin die esthnische Einbildungskraft ab und man wird dabei an Göthe's Wort von der Kraft der Poesie erinnert: „Und wenn der Mensch in seiner Qual verstummt, gab mir ein Gott, zu sagen was ich leide." —

Für den schrecklichen Druck dieser begabten, harmlosen Menschen, seit mehr als einem Jahrtausend, hat sich an einem ihrer Bedrücker, an dem Deutschorden, das Gottesgericht längst vollzogen: wird für die andern es immer ausbleiben?

Die Sclaverei, die härteste Leibeigenschaft, hat auch ihnen die gewöhnlichen sittlichen Nachtheile gebracht; aber ursprünglich ist die Seele dieses Volks eine schöne Seele, und lieblich an Farbe und Duft sind die Blumen, welche die

Poesie daraus trieb. Diese Liedchen sind von wahrer Zart=
heit und Seelenschönheit, die der Liebe wie die der Hochzeit,
und auch voll Handlung und Leben, dramatisch=lyrisch. Man
lese nur das Liedchen: Jerru (Georg). „Wenn der Maien=
käfer schwirret, früh im kühlen Thaue, hüpf ich, Liebe, dir
entgegen, weißt, auf jener Aue." Das ist der letzte von den
drei Versen dieses Liedchens, dessen erste Zeile anfängt mit
des Mädchens Frage: Jerru, Jerru, darf ich kommen? —
Wunderbarer Zauber der Natur, unter allen Völkern gleich!

Und welch' lieblicher Spott, welch' zarter Sinn, welche
Lebensfrische und Wahrheit ist in dem Lied vom Hagestolzen,
dem die Schwester guten Rath giebt und ihn lehrt, wenn
er's nicht länger kalt, hart und einsam haben wolle, soll er
ein Weib sich nehmen, aber, sagt sie, Brüderchen, drei Dinge
sind zu einem Weibe nöthig: In ihr eine zarte Seele, goldne
Zung' in ihrem Munde, angenehmer Witz im Haupte. Brü=
derchen, und noch drei Dinge sind zu einem Weibe nöthig:
Warme Lippen, schlanke Arme, und ein liebevoller Busen.

Ist das nicht, als flösse einem klarster Wein der Poesie
hier ein? Diese treuen, wahren Volksgesänge sind das Lab=
sal dieses unterdrückten Volkes. Nicht nur in der Erndte=
zeit singen die Schnitter im Felde, sie singen allenthalben
und immer bei ihrer Arbeit, wie bei ihren Spielen und Fest=
lichkeiten. Sie singen gewöhnlich in zwei Chören: jede Zeile,
die der erste Chor vorsingt, wiederholt der zweite Chor. Die
Mädchen und Frauen sind es vorzüglich die singen. Ihrer
Lieder und Weisen sind mancherlei. Fast kein Hochzeitlied
schließt eine Zeile beim Gesang, ohne daß die Worte Kassike,
Kanike angehängt werden. Maienbaum, junge Birke, heißen
die Worte. Die Birke mit ihrem flatternden Haar ist wohl
Bild einer Braut.

Wie die südlichen Slaven zur Gusle singen, so die
Esthen und Letten zu der nicht viel weniger einfachen Sack=

pfeife. Gott hat ihnen einen süßen Trost gegeben in ihrer mit dem Einfachsten vergnügten Naturanlage und in ihrem Sinn für Musik wie Poesie. Diese beiden sind bei ihnen eins und unzertrennlich: sie singen was sie dichten, und dichten nur was sie singen, und die Sackpfeife schallt dazu in sogleich mit dem Lied gemachter Melodie. Denn fast alles ist Stegreifdichtung und Stegreifmusik. Der Stegreifdichter singt einen Vers vor, und die Zuhörer singen ihn sogleich nach; ihr Gedächtniß faßt und behält so leicht, wie das der Slaven. Der Gesang als solcher ist nicht schön. Die Reisenden beschreiben ihn als ein wüstes Gesänge, als schreiend. Sie scheinen hierin dem gemeinen Volk der so sangberühmten Italiener zu gleichen, deren Geschrei schon Manchem so unausstehlich geworden ist. Zum Spott sind auch sie in ihren Liedern geneigt, zum beißenden Spott besonders gegen ihre Unterdrücker. Ihr Joch suchten sie oft abzuschütteln, aber die Uebermacht drückte sie gleich wieder darein zurück. Sie sind reich an Sprüchwörtern und sinnreichen Räthseln, und ihr Humor und Witz haben ihr Elend zur Unterlage. Ein nasses Land bedarf keines Wassers, heißt eines ihrer Sprüchwörter. Man hat es erklärt: Betrübe die Betrübten nicht noch mehr. Mir scheint, es bezieht sich auf ihr an Flußwasser armes und an Thränen reiches Land.

Eines ist nicht zu übersehen: Die schönen Lieder, von denen oben gesprochen wurde, diese sind keine Stegreifdichtungen der späteren Zeit, sondern sie leben im Munde der Esthen und Letten als Gesänge aus der vorchristlichen Zeit, aus der Zeit der Naturreligion, sie selbst sagen und wissen nicht anders, und es ist auch eigen daran, einmal daß sie reimlos sind wie alle uralt heidnischen, und dann, daß sie von gar keiner religiösen Beziehung auch nur angehaucht sind, weder vom Christenthum, noch von einer heidnischen Götterlehre etwas Bestimmtes an sich tragen.

Die Slaven an der Nordostseite Deutschlands, die Wenden an der Oder, an der Saale und Elbe, in der Lausitz und in Meklenburg, haben sich durch keine besondere Poesie ausgezeichnet, sie glichen ihren Brüdern, und von ihrem beißenden Spott zeugt das bekannte wendische Spottlied von der lustigen Hochzeit: „Wer soll Braut seyn? Eule soll Braut seyn". Fast noch poetischer zeigen sich die Finnen und Lappen.

Der Finne ist kein Slave, sondern gehört zum mongolischen Stamm. Sonst nicht eben glücklich, sind die Finnen ein arbeitsames, tapferes, gastliches, dienstliches Volk. Auch die Finnen zeigten von jeher einige Neigung zur Poesie und Musik. Das gilt aber nur von den nördlichen Finnen. Außer den nördlichen Finnen ist der Gesang dem weit verzweigten Finnenstamm ganz fremd. Man hat uralte Reste von finnischer Volkspoesie. Vieles ist nur Bruchstück. Vor zwölf Jahren hat Schröder die Reste der finnischen Poesie gesammelt, und sie unter dem Namen finnische Runen herausgegeben. Sie gleichen den Liedern der Lappen. Obgleich die Lappländer immer frohen Muthes sind, der Finne aber finstrer ist; der Lappe unkriegerisch, der Finne ein gutes Werkzeug der Vernichtung in der Hand seiner Herren: so haben die Lappen in Sprache und Sitten doch am meisten Gemeinschaft mit den Finnen. In dieser kargen Schnee- und Morastnatur, in diesen dürren Sandwüsten und wilden Haiden mit den kahlen Felsen, in diesem gewiß unfreundlichen Wolf- und Bärenland kommt die Poesie noch fort. Man hat diese Poesie, die finnisch-nördliche, verläumdet, aus Unkenntniß und aus Nationalhaß, der namentlich in dem Slaven ist gegen den Finnen, der die Grundlage der russichen Uebermacht bildet. Man hat sie verschrieen, als wäre sie geradezu eine kannibalische, eine menschenfressende Poesie. Dazu verleitete ein finnisches Räthsel, welches auch die Russen durch Ueberlieferung kennen. Es heißt: der Liebste hat mich verrathen, der Liebste hat mich verlassen; ich aber habe ein Mittel gefunden, auf meinem Liebsten zu schlafen, mich mit ihm zu bedecken, in meinen Liebsten mich zu kleiden, und mir sogar zu leuchten mit ihm. Das hat man wörtlich ausgedeutet auf einen Liebhaber, den die verlassene Geliebte für seinen Verrath geschlachtet, geschunden und ausgeweidet habe, um mit seinem Fettöl ihre Lampe zu füllen. Allein dieser Irrthum ist groß. Das Räthsel hat ein Lappländer gemacht, und harmloser, gutmüthiger, weniger menschenfresserisch ist kein Völklein auf Erden, als das der Lappen. Was sein Roß dem Araber, dem Serben, dem Kosaken, das ist sein Rennthier dem Lappen und der Lappländerin; es ist ihnen Freund und Liebster, mehr noch, als manchem gebildeten Mann sein Pudel und mancher vornehmen Dame ihr Schooßhund; und aus dem Rennthier nimmt die Lappländerin die Haut zur Decke und Kleidung, das Fett zum Lampenöl.

Ja, wie zart auch der Lappländer fühlt, dafür zeugen seine alten Lieder, sie sind das Gegentheil von allem Rohen und Schaudrigen; man höre nur das durch Herder berühmt gewordene Lied: „die Fahrt zur Geliebten." Der junge lappländische Ritter der Liebe fliegt hin zum Ort wo die Geliebte haust, aber der Weg wird ihm zu lang, seine Gedanken, seine Sehnsucht, seine Lust, seine ganze Seele, sie alle fliegen ihm voraus. O Sonne, singt er, dein hellester Schimmer beglänze den Orra=See! Ich möchte steigen auf jeden Fichtenwipfel, wüßt ich nur, ich sähe den Orra=See. Ich stieg auf ihn und blickte nach meiner Lieben, wo unter Blumen sie jetzo sey. Ich schnitt' ihm ab die Zweige, die jungen, frischen Zweige, alle Aestchen schnitt' ich ab, die grünen Aestchen. Hätt' ich Flügel, zu dir zu fliegen, Krähenflügel, dem Laufe der Wolken folgt' ich, ziehend zum Orra=See. Aber mir fehlen die Flügel, Entenflügel, Füße, rudernde Füße der

Gänse, die hin mich trügen zu dir. Lange genug haſt du gewartet, ſo viele Tage, deine ſchönſten Tage, mit deinen lieblichen Augen, mit deinem freundlichen Herzen. Und wollteſt du mir auch weit entfliehn, ich holte dich ſchnell ein. Was iſt ſtärker und feſter als Eiſenketten, als gewundene Flechten? So flicht die Liebe uns unſern Sinn um, und ändert Willen und Gedanken. Knabenwille iſt Windeswille, Jünglingsgedanken ſind lange Gedanken."

Welche Natur in dieſer Sprache der Sehnſucht in dem kalten Lappland! In einem andern Liebchen der Liebe koſt der Lappe mit ſeinem Rennthier, um es zur Eile zu ermuntern. Laß uns flink ſeyn, Kulnaſaz, Rennthierchen, lieb Rennthierchen laß uns fliegen, bald an Ort und Stelle ſeyn! So ſpricht er und fliegt an Sumpf und See vorüber. Den einen See iſt er vorbei, den andern See ſieht ſein Aug' in der Ferne blinken. Flieg, Rennthierchen, flieg, daß ich bald meine Liebe ſeh — auf, Rennthierchen, blick und ſieh! Kulnaſazlein, ſiehſt du ſie nicht ſchon baden? —

Das Seelenauge der Liebe ſieht weit voraus die Liebſte ſich baden: er weiß, ſie erwartet ihn, und will ihn rein und ſchön empfangen. Der Rhythmus dieſer alten lappländiſchen Lieder iſt lebendig und ſchön. Die Lappen gränzen hart an die Norweger, Schweden und Dänen, und doch wie groß iſt der Sprung von ihrer Poeſie zu der Poeſie dieſer Scandinavier!

Scandinaviſche Poeſie.

So ſind wir noch einmal zurückgekommen auf die ſcandinaviſche Poeſie, von der früher ein Umriß der älteſten Dichtungsarten gegeben worden iſt, und es bieten ſich hier ihre Volkslieder von ſelbſt zu näherer Betrachtung und Vergleichung. Die Lieder der Norweger, Schweden und Dänen, wie die Lieder des von

Normannen besetzten Islands bilden nur Eine Poesie. Sagen, Farben und Töne des Lieds sind diesen allen gemeinsam bis zur Reformation, bis zum Anbruch der neuen Zeit. Die Sprache der Dänen, Schweden und Norweger ist so verwandt, daß sie vielfach zusammen stimmt. Was die Barden in Brittanien, sind die Scalden in Scandinavien, wie wir früher gesehen haben, und in der Ausbildung des Volkslieds und der Ballade gleichen sie auch den brittischen Dichtern. Die Lieder= und Balladenpoesie der Scandinavier breitete sich im Ablauf des Mittelalters eben so reich als schön aus. Es wäre eigentlich hier, um den Kern des poetischen Volksglaubens der Scandinavier darzulegen, aus welchem die spätere Volkspoesie gewachsen ist, am Platz, die herrliche Poesie der altgermanischen Göttersage in ihren Hauptumrissen zu geben. Diese Götterlehre hat nicht nur einen reichen poetischen Kern, sondern sie ist selbst ein zusammenhängendes großes Natur= und Heldengedicht. Ich habe aber einen Umriß davon schon in meiner Geschichte der deutschen Nationalliteratur gegeben, und verweise darauf, um hier nicht zu wiederholen.

Es ist schön, daß dieses herrliche Gewächs germanischer Urpoesie, als es vor den ihm feindlichen Mächten eines neuen Priesterthums in den hohen Norden gerettet wurde, übers Meer hinüber, und später noch weiter hinauf wieder über ein Meer hinüber, seine Erhaltung und sein Wachsthum, wenn auch mit Auswüchsen, allein unter dem Himmel und auf dem Boden der Freiheit gefunden hat. Die freien Normannen hatten die Göttersage nach Island mit hinüber genommen, in das Schnee= und Eisland, auf die öde, nackte Insel, wo kein Wald, kein Baum das Auge erfreut, die wilden Ströme ihren weißen Schaum von den Gebirgen herabbrausen, die Riesengletscher sich in den Himmel zeichnen, und die Feuerberge ihre Flammensäulen hinaufsteigen lassen, während das Meer unruhig das Gestad umtost. Sie hatten das

Göttergedicht mit hinüber genommen, als sie aus Freiheits-
liebe vor der Unterdrückung Haralds flohen, und auswandernd
sprachen: Hin auf das neue Eiland! da herrscht kein Harald
über uns, da ist kein Druck von Königen und Knechten der
Gewalt. Von dort her kam die altgermanische Göttersage
später als Edda wieder zurück.

Die Volkslieder der Scandinavier hängen mit ihren zartesten Lebensfäden an dem Kern der alten poetischen Erinnerungen und die aus dem fünfzehnten und sechzehnten Jahrhundert haben aus dem Ungeheuerlichen und Maaßüber-
schreitenden, und darum Wahrheitswidrigen der Heldenlieder
der Heroenzeit, die durch ihre Uebertreibungen oft fast lächerlich erscheinen, sich ganz zur menschlichen Wahrheit und zum
Maaß der Schönheit herausgearbeitet. Nimmt man die alt-
dänischen Dichtungen zur Hand, die W. Grimm gesammelt
und verdeutscht hat, oder nur die wenigen nordischen, sowohl
normännischen als dänischen, die Herder übersetzt hat: so erkennt man leicht den Reichthum und die Manchfaltigkeit der
scandinavischen Volkspoesie. Die heroische Dichtung derselben ist
in harter Erhabenheit einförmig. Das Geschlossene des Scalden-
thums war wohl Schuld daran; aber trotz dem, daß alles
riesig und wunderbar, in romantischem Wolkenduft darin sich
bewegt, und nicht auf dem Boden des menschlichen wirklichen
Lebens, ist doch Klarheit und feste Bestimmtheit darin; sie
ist plastisch in ihrer ernsten Einförmigkeit. Dagegen sind die
noch mehr plastischen Lieder und Balladen des Volkes keineswegs einförmig und eintönig. Sie spielen alle Töne des
Herzens durch, sie spiegeln alle Farben des Lebens wieder,
und Maaß und Weise derselben sind so manchfaltig als diese
Töne und Farben. Sie schlagen oft sehr tiefe Töne an,
oft so geheimnißvolle und wunderbare, daß es einem wird,
als hörte man einen Geistergesang. Das Zauberelement
darin ist besonders reizend und nicht, wie sonst so oft in der

Romantik, unpassend und ohne Geschmack, sondern ächt poetisch gehandhabt. Heidenthum und Christenthum sind theils verschmolzen, theils ist das erstere allein erkennbar, theils wenigstens überwiegend. Vorherrscht der poetische Glaube der Naturreligion, dem die Bäume und Blumen und Steine leben, und dem alle Reiche der Natur mit geisterartigen Wesen bewohnt sind. Die Elfenwelt ist zart gehalten, die neckischen Trollen dabei sind ergötzlich, die Nefen oder Wassergeister, den Menschen meist feindlich gefährliche Wesen, sind anziehend. Die Helden sind menschlich schön, die Frauen und Jungfrauen lieblich behandelt.

Bilderreich ist die Einbildungskraft darin nicht, dieselben Bilder wiederholen sich, aber diese sind scharf ausgeprägt und ihre Beleuchtung wird oft durch ein eigenthümliches Dunkel noch mehr hervorgehoben. Der Geist dieser Volkspoesie ist ein stiller Geist, aber eben darum tief, wahrhaft schön, so einfach und unbedeutend manche Ballade dem oberflächlichen Blick erscheinen mag. Gerade diese Einfalt ist reizend, z. B. die Sommernacht ist hell und warm, die Königin ruht auf ihrem Lager, draußen herein hört sie Musik zum Tanze; der Klang bezaubert ihr Herz und Sinn; nichts hält sie, keine Warnung verfängt; sie eilt hinaus mit ihren Jungfrauen zum nächtlichen Reigen, und in ihr Verderben. Eben so wie einfach und ergreifend schön ist Erlkönigs Tochter! Herr Oluf reitet spät, seine Hochzeitleute aufzubieten, er verirrt in Erlkönigs Reich, da tanzen die Elfen auf grünem Land, Erlkönigs Tochter reicht ihm die Hand, er verschmäht den Tanz trotz ihrer Bitten und Gaben, erzürnt thut sie ihm einen Schlag auf's Herz, das bringt ihm den Tod. Frühmorgens kommt die Braut mit den Hochzeitleuten, sie sucht nach dem Bräutigam, auf hebt sie den Scharlach roth, da liegt Herr Oluf und er war todt. Und um noch eines anzuführen, das Zauberlied von dem Abenteuer auf Elvershöhe, wo vor dem

Halbträumenden die Elfenjungfrauen tanzen und ihn auffordern zum Tanz und zur Liebe, unter Zaubergesang, durch den der brausende Strom nicht mehr fließt, stillsteht und fühlend horcht. Ihrer Drohung, ihn zu tödten, wenn er ihnen nicht folge, entreißt ihn zu gutem Glück der eben krähende Hahn.

In dieser geheimnißvollen scandinavischen Poesie, deren Rhythmus und Melodie sehr einfach sind, ist viel germanische Innigkeit; auch manche Sage hat sie mit den Deutschen gemein. Es floß von jeher von den deutschen Gestaden zu denen Scandinaviens und eben so von drüben zu den Deutschen herüber mancher Gedanke, manches Wort, manches Lied und manche Sage, und um diese Wechselwirkung recht vor's Auge zu bringen, wäre hier eine geeignete Stelle zu der deutschen Dichtung überzugehen. Ueber die deutsche Dichtung aber verweise ich auf meine Geschichte der deutschen Literatur, und ich werde nur am Schluß dieses Buches einige nöthige Blicke auf die deutsche Poesie werfen.

Die Poesie der Neuzeit.

Englische Poesie.

Wir wissen, daß Dänen und Normannen von Scandinavien nach Britannien hinüberkamen, und die länger dauernde politische Berührung war von nachhaltigem Einfluß auf die geistige Bildung beider Länder, vorzüglich auf ihre Poesie. Die Dänen brachten ja ihre Skalden und ihre Gesänge mit. Die scandinavischen Gesänge waren ursprünglich gewaltiger Art, mit einem Tritt, nach Herders Ausdruck, ganz auf Felsen und Eis und gefrorener Erde, wie die Scandinavier selbst ein wilderes, rauheres Volk waren, Söhne nicht blos ihres rauheren Landes, sondern mehr noch ihres wilden, stürmischen Meeres. Ein normannisches Seeräuberlied läßt einen singen: „Ich bin geboren im Hochland Norwegens, aber ich habe lieber mein Segel aufgezogen, das Entsetzen der Landleute am Meeresstrand." Die Schotten wie die Angelsachsen waren weicher, ihre Rauhheit war sanfterer Art; sanfter waren ihre Lieder, weich die Gefühle in den Ossianischen Gesängen. Hatte doch selbst manches grause schottische Lied, wie das von Edward, die rührendste Melodie zu seiner Begleitung. Wie stark, wie eisern, wie feierlich zaubermäßig, von welcher Macht des Eindrucks, von welcher Wort= und Bildkraft, von welcher rohen und rauhen Größe waren dagegen die scandinavischen Gesänge von Odins Höllenfahrt, der Webegesang der Valkyriur, das Beschwörungslied der Hervor, des Skaldaspillers Trauerlied auf Hako! Den Gesang wie die Harfe des Skalden aus Dänenland und des schottischen Barden beseelte der Geist der Natur; der Schotte, voraus in der Kunst, hatte mehr Wohlklang und Schönheit. So brachten wohl die Scandinavier das Gewaltiggroße als ein Gastgeschenk der britischen Poesie, und nahmen als Gegengeschenk von ihr das Sanfte, das menschlich Schöne in die spätere scandinavische Poesie auf. Dadurch wurde die Volksharfe beider Länder erst recht vielsaitig, ihr Klang voller und schöner.

Den Kern zu der wahren britischen Poesie, der Poesie der Neuzeit, der englischen Nationalpoesie, gaben nun diese alten Volkslieder ab, diese natürlichen, ungezwungenen Lieder, zart und stark, keck und frisch; mit ihrem überraschenden, kurzen, wortkargen Ausdruck; mit ihrer Anschaulichkeit, in der sie Sache und Gefühl unmittelbar vor Aug' und Ohr und Seele bringen, in naturschönen Bildern nur aus der umgebenden lebendigen Welt; lauter Natur, die darin lebt und webt, in klaren, durchsichtigen, oft geisterhaft klaren, und dabei immer festen, markigen Gestalten; wahr für den Glauben des Volks und darum wirklich, auf festem Boden fußend; so recht aus dem Mark des Volks gewachsen; lauter rasche, zum Ausgang eilende Handlung und lauter Gegenwart; mit ihren ganz volksmäßigen melodischen Weisen, ganz Gesang; schon darum frei von dem rein unpoetischen Element der Reflexion; und, wo sie auch einmal eine Lehre mitgeben, auch hierin so schön und kurz, daß die Lehre nur wie eine frisch am Weg gebrochne Rose auf der Wohllautswelle eines Refrains treibt und spielt; durch und durch poetisch, weil sie nicht blos Aeußerliches, sondern immer eine Herzensgeschichte, ein Stück Leidenschaft und Gemüth darstellen; manche von unergründlichem Zauber des Landschaftlichen und des Gemüthlichen, die sich darin verschmelzen.

Diese Volksstimmen sind das poetische Herz, von welchem aus die besten Adern der shakspearischen Poesie gehen, wie überhaupt der neuern englischen Poesie. Denn mit Recht hat Chateaubriand selbst in Lord Byrons Childe-Harold verwandte Züge entdeckt, die an Childe-Waters, den Helden der altenglischen Ballade, erinnern, und in seiner Leyer Saiten, die nach der Weise der altenglischen Dichter gestimmt sind, und zwar der Volksdichter, der Barden des vierzehnten und fünfzehnten Jahrhunderts. Die poetischen Volksstimmen wurden in Britannien nicht vornehm obenherab verachtet, wie die Volkslieder der Serben von ihren fremd gebildeten adeligen Söhnen. Lied, Sage, Mährchen und Glaube, ja jede Anschauung des Volkes wurden mit treuer Anhänglichkeit als goldhaltig, als ein köstlicher Schatz geehrt, gesammelt, im Herzen getragen und daraus die neue Poesie getrieben. So kam's, daß das Mark der neuen englischen Poesie vom Mark der Nation war: sie war so von selbst national. Die alte Volkspoesie hatte sich nur fortentwickelt zur Kunstpoesie in der Art, daß sie nicht eine ganz andere wurde, sondern sich nur vergeistigte und eine noch reinere, edlere und namentlich höhere, großartigere Gestalt gewann.

So war bei den alten Griechen ihre ganze Poesie aus den alten Sagen und Liedern, aus dem alten Glauben des Volkes erwachsen und hatte sich fortgebildet, bis sie die ewig duftenden Blüthen und goldenen gesunden Früchte trug, ihrer Nation und uns heute noch zum köstlich reinen Genuß. So hat die spanische Poesie aus den alten Nationalsagen und Liedern, in denen sich des Volkes Weise zu denken und zu empfinden, sein Glauben und sein Geschmack abdrückten, sich fortgebildet bis zu ihren Dramatikern und ihrem Höhepunkt

Cervantes, der eigentlich in die Poesie der Neuzeit herein gehört und nur aus äußeren Gründen früher besprochen wurde. Denn in Cervantes erscheint schon der romantische Gehalt in der klassischen Form, und bei ihm ist die unmittelbare Anschauung, d. h. die lebensvolle wirkliche Poesie, Alles in Allem, wie bei Shakespeare.

Vor Shakespeare waren aber noch andere Dichter vorausgegangen, als seine Vorläufer in der Kunstpoesie. Darunter waren Gower, Chaucer, Barbour und Spencer die namhaftesten. Aber Gower und Barbour dichteten noch ihre schöneren Gedichte in der französisch-normannischen Sprache und waren noch weniger glücklich, wenn sie englisch dichteten.

Denn bis zum zwanzigsten Januar 1483 waren selbst die Beschlüsse des englischen Parlaments französisch geschrieben worden, und außer dem Volkslied und der Volkssprache hatte das Lateinische und Französische von der normannischen Eroberung an unter den sogenannten gebildeten Leuten die Oberherrschaft gewonnen. Hätte es einen Shakespeare, wie wir ihn haben, gegeben, wenn nicht das Bisherige zuvor abgethan worden, wenn nicht in göttlichen und menschlichen Dingen eine Umwälzung gekommen und die altenglische Volkssprache gesetzlich hergestellt worden wäre, so daß er daraus entwickelt das jetzige Englisch schon vorgefunden hätte?

Gower, der zu Anfang des fünfzehnten Jahrhunderts starb, Chaucer, der 1328 zu London geboren ward, und der Schotte Barbour, geboren im Jahr 1316, gehören durchaus mit ihren Dichtungen dem fremden Geschmack an, der letztere und erstere dem französisch-romantischen, Chaucer vorzüglich dem italienischen. Chaucer schrieb ein aus verschiedenen Mundarten gemischtes Englisch. Die Form, die Weise seiner Gesänge nahm er von den provencalischen Troubadours und von Petrarca, den Charakter seiner Erzählungen nahm er aus Boccaccio. Charakterlos in seinen staatsbürgerlichen

Ueberzeugungen und Verhältnissen, seinen Glauben selbst wechselnd einem Gnadenblick vom Hof zu lieb, taugte Chaucer zu keinem Nationaldichter, hätte er auch Genie gehabt und nicht bloß glänzende Talente des Witzes, der Laune und einer natürlichen Darstellung. Der Schotte Barbour mit seinem Heldengedicht Robert Bruce dagegen sprach seinen Schotten national ans Herz, war auch sein Gedicht nicht hohe Poesie. Der schottische König Jakob I. dichtete nationale Balladen und Lieder und, achtzehn Jahre Gefangener in England, sein „Königsbuch" in sechs Gesängen mit siebenzeiligen Strophen, theilweise von großer Schönheit. Der Mönch Dunbar und Douglas und Lindsay blüheten nach ihm, zwischen dem Ende des fünfzehnten und der Mitte des sechzehnten Jahrhunderts. An Dunbar wird Naturgefühl, wahre Empfindung im Ernsten und Scherzhaften gerühmt. Nach einzelnen Proben, die ich sah, scheint er wirklich groß in der satyrischen Darstellung zu seyn, und zwar im ächten Volkston, auch Lindsay wird ein Anklang an den alten Nationalton nachgerühmt neben Einfachheit, Innigkeit und Weichheit.

Aber in allen Hervorbringungen dieser Dichter herrscht die Reflexion und die Allegorie, wovon jene, wo sie überwiegt und vorherrscht, ein ganz unpoetisches Element, diese nur unter gewissen Bedingungen ein poetisches Element ist, wenn die Allegorie symbolisch wird, d. h. wenn der abgezogene Begriff zugleich ein Theil des wirklichen Volksglaubens ist, und durch diesen Bild und Gestalt gewinnt. Sie nahmen aus der Volksdichtung, unter der sie tief stehen, Einiges auf, nur nicht die frische Ursprünglichkeit derselben, und ahmten, selbst wenn sie nebenbei an den Nationalton anklangen, dennoch überwiegend die ausländische Weise nach: die der normännischen Troubadours und Jongleurs hatte auch ihr Reizendes, sie liebten nicht bloß Wein und Frauen, sie sangen oft auch anmuthig davon, wenn auch in spielender Anmuth.

Von Bedeutung für die Entwicklung der englischen Poesie waren die Volkskomödien und Volkssatyren; letztere wurden meist von verschiedenen Verfassern und zu verschiedenen Zeiten unter dem Namen Peters des Bauern geschrieben, bis zum Anfang des fünfzehnten Jahrhunderts.

Ein Ton, ein hoher Klang ist der Volkspoesie nicht nur, sondern auch der Kunstpoesie der Britten eigen, der Klang volksthümlicher Freiheit. Die Begründung volksthümlicher Freiheiten läuft bei den Britten ins tiefe Mittelalter zurück, das Volk war nie ganz von Hof, Geistlichkeit und Adel in den Hintergrund zu drängen gewesen, es hatte immer seinen Antheil am öffentlichen Leben behauptet, und darum geht durch Lied, Sage und Geschichte derselben das Volksthümliche als ein Grundzug. Chateaubriand sagt davon: „Man ist ganz erstaunt bei ihnen, wie bei dem Schotten Barbour, Verse auf die Freiheit zu finden, in welchen ein unsterbliches Gefühl auch der Sprache eine unsterbliche Jugend ertheilt zu haben scheint."

Dieser Ton volksthümlicher Freiheit erhielt sich nicht nur, sondern schwoll noch höher an als der Grundton der englischen Poesie, in der von jetzt an normannische, sächsische, wälische, schottische und irische Poesie als in Einer nationalen aufgeht, da die Unterschiede sich verwischen. Das Bürgerthum in Stadt und Land, in dessen Herz und Mund eben das Beste und Aechteste von der englischen Poesie lebte, reifte schnell zur Selbstständigkeit, die Bildung griff im Volk kräftig und schön um sich, die Geschichte Englands und sein Nationalruhm nahmen einen höheren Flug: so wurde bald auch die Poesie Englands großartiger, reicher, und griff weiter aus in die Welt. Zu den großen National-Thaten und Siegen zur See, zu der Herrschaft nach Außen, zu der wachsenden Freiheit im Innern kam die Reformation, und es ist gewiß nicht ohne Grund von Göthe besonders hervor ge=

hoben worden, daß Englands größter Dichter, und sein goldenes Zeitalter des Geistes, Himmel und Erde durch die Reformation schon verwandelt vorfanden. „Shakespeare, sagt Göthe, hatte den großen Vortheil, daß er zur rechten Erndtezeit kam, daß er in einem lebensreichen, protestantischen Lande wirken durfte, wo der bigotte Wahn eine Zeit lang schwieg, so daß einem wahren Naturfrommen, wie Shakespeare, die Freiheit blieb, sein reines Innere, ohne Bezug auf irgend eine bestimmte Religion, religiös zu entwickeln."

Auf die blutige, nach Scheiterhaufen brandernde Regierung Heinrichs VIII. und der spanischen Maria kam Englands Glanzzeit unter Elisabeth; die niederträchtigen Werkzeuge der beiden ersten am Hof, im Heer, in den Gemeinen verschwanden und die Helden, die ritterlichen Degen, die großen Staatsmänner kamen. London wurde der Sammelplatz für Glanz und Auszeichnung jeder Art: die Reichthümer und die Menschen flossen hier zusammen. Und als das Spiel auf der großen Weltbühne in großem Styl gespielt wurde von Männern und Frauen, die sich auf ihre Rollen verstanden: da nahm auch das Spiel auf den Brettern, „welche die Welt bedeuten", einen größern und großen Styl. Plötzlich, und wie mit Adlersflügeln, hob sich die dramatische Dichtkunst der Engländer: im Jahre 1580 fing der Aufschwung der dramatischen Kunst an, im Jahre 1620 hatte sie ihre höchste Höhe durchlaufen. In den Zeitraum von vierzig Jahren drängt sich Alles zusammen, was die Engländer in der Schauspieldichtung Großes hervorgebracht haben. Unter dem achten Heinrich konnte die Poesie noch nicht gedeihen: er ließ dem ritterlichen Dichter, dem anmuthigen Grafen Surrey, der innige Lieder und zierliche Sonette, frei der italienischen Form nachgebildet, dichtete, den Kopf abschlagen, auf die Anklage hin, „er habe während der Fasten Fett gegessen."

Der als Held und Staatsmann unter der Königin Elisabeth berühmte, liebenswürdige Philipp Sidney, der 1554 geboren, 1586 auf dem Schlachtfeld verwundet wurde, und an der Wunde starb, bekundete ein schönes, wahres Dichtertalent durch seine zarten, naiven, lieblichen kleineren Gedichte, und in einzelnen Theilen seines Schäferromans Arkadien zeigte er eine anmuthige Gabe im Erzählen und Schildern. Auch darin that er ein Rühmliches für die Poesie, daß er den größeren Dichter, Edmund Spenser, durch hochsinnige Unterstützung wie durch Empfehlung förderte. Spensers Leben fällt zwischen 1550 und 1600. London ist sein Geburtsort. Der Anfang seiner poetischen Laufbahn war Noth. Sein Gedicht „die Feenkönigin" erwarb ihm die Freundschaft Sidney's und die Gunst der Königin Elisabeth. Die neunzeiligen Stanzen dieses Gedichtes sind berühmt durch die bezaubernde Kunst ihres Verses, der sehr weich und wohllautend ist. Spenser zeigte darin eine glänzende reiche Einbildungskraft, eine Pracht der Erfindung, wie man sie noch nicht gehabt hatte; aber für uns ist trotz des fantastischen Geistes dieses Gedicht trocken und langweilig; es fehlt ihm das eigentlich poetische Leben, der Verstand hat es empfangen und geboren, nicht das poetische Gemüth; es ist durchweg allegorisch, und die allegorischen Personen, reine abgezogene Verstandesbegriffe, wurden von der Einbildungskraft Spensers nur poetisch angekleidet. Seine Ritter stellen jeder eine bestimmte Tugend vor, und die Feenkönigin Gloriana, die Mutter aller Tugenden, soll die Königin Elisabeth, aber auch wieder der Ruhm im Allgemeinen seyn, um den sich König Artur, der die Ritterlichkeit vorstellt, bewirbt. Es fließt in sinnreichen Anspielungen auseinander und läßt kalt. Sein erstes Gedicht, ein Schäfergedicht, hat mehr Leben: der frische Hauch der ersten Liebe ist darin. Aber unter Elisabeth war Spenser der gefeiertste Dichter, weil ihn der Hof feierte. Vor dem

Glanz seines Ruhmes wurden viele größere Dichter, wie Marlow und Green nicht oder kaum bemerkt, ja der größte Dichter, ein Weltgenius, stand vor ihm ganz im Dunkel: denn Shakespeare hatte längst einen Theil seiner größten Werke gedichtet und auf die Bühne gebracht. So geht es in der Welt; wir haben es im Verlauf der Literatur und Kunstgeschichte oft so gehen sehen; so geht es noch heute.

Das war wohl auch eine Poesie, aber noch lange nicht nationale Poesie, noch weniger die ächte Poesie, welche nationale und Weltpoesie zugleich ist, und welche den Engländern erst in ihrer dramatischen Poesie aufging. Versuche zu der letztern waren bisher nur in den religiösen Schaustücken der Klosterschulen und in den Farcen der Volkskomödie gemacht worden. Es waren diese jedoch noch nichts als Gespräche mit Erzählung. Handlung war zuerst in dem Studentenlustspiel „Frau Gurtons Nähnadel" mit derbem, hausbackenem Witz, im Jahr 1551. Lord Sackville gab 1561 das erste Trauerspiel Gorboduc, ein romantisch-antikes Ding aus der altbrittischen Geschichte, mit Chören und auch sonst etwas von der griechischen Form. 1561 führten es Studenten vor der Königin Elisabeth auf. Dramatischen Nerv hatte es nicht. Sackville gab auch eine Art Handbuch heraus, worin tragische Stoffe gesammelt waren, aber es fehlte noch immer an tragischen Dichtern, sie zu bearbeiten, und an festen Theatern. Diese kamen nun auch auf, von 1570 bis 1629 bildeten sich allein in London siebenzehn Theater. Lily wurde der erste Lustspieldichter der Hofdamen; seine Hofkomödien waren lauter Zweckstücke, süßliche Schmeicheleien an den Hof in witzelnder Manier. Das erste bedeutende tragische Talent war Christoph Marlow.

Marlow bildete einen großartigen Gegensatz gegen die bisherigen Spielereien. Er war Schauspieler und Schauspieldichter zugleich. Um ein wahrhaft großer Dichter zu werden, fehlte ihm nur ein längeres Leben. Ehe er die Läuterung in sich durchgemacht hatte, fiel er, ein Opfer seiner eigenen Leidenschaften, schon in der Jugend, im Jahre 1593, durch zufällige Selbstverwundung. Sein jugendlicher Geist suchte und prägte das Ungeheure in seinen Arbeiten ab; sie arten oft in Schwulst aus und ins Tolle, wahres und falsches Pathos geht neben einander. Oft gelingt ihm aber auch das wirklich Erhabne, tiefste tragische Erschütterung. Mitten unter argen Auswüchsen zeigen sein „Jude von Malta" und sein „Eduard II." den Stempel des Genialen. Und welch' glücklichen Griff in Stoffen er hatte, zeigt sein unsterblicher Faust. Marlow war der erste, der diese tiefsinnige deutsche Sage mit dramatischer Kunst bearbeitete. Es ist eine Mischung von Komischem und Tragischem, das Gepräge überall großartig, voll Kraft, mit einer reichen Ader des Witzes und einem erschütternden Ausgang. Alles entwickelt sich streng folgerecht. Die Sprache ist volksthümlich, wie jeder Auftritt. Er hat sich der Sage in ihrem tiefsten Kern bemächtigt.

Auch sein Freund Robert Green, zuerst Pfarrer, war ein schönes dramatisches Talent, das mit Leichtigkeit schuf. Seine Schauspiele haben Maaß, Heiterkeit, Fantasie und Leben. Er schrieb jetzt religiöse, romanartige, jetzt satyrische Schriften; daneben seine launigten Schauspiele „Pater Baco" voll lieblicher Züge aus dem Volksglauben und dem Volksleben, ein ächtes Stück heiterster Poesie und nationaler Beziehung; seinen wüthenden Roland, seinen schwächeren Jakob IV. u. s. w. Auch er ging im Strudel eines wüsten Londoner Lebens frühe zu Grund in Armuth und Elend, im Jahr 1592. Der Schauspieler Heywood, der zu Anfang des siebzehnten Jahrhunderts gegen zweihundert Schauspiele schrieb, gab unter viel leichter Waare auch Gutes, Ge=

fälliges, selbst Treffliches. Genauere Kenntniß über alle
diese giebt Ludwig Tieck in seiner Vorschule Shakespeares.

So hatte die englische Bühne in überaus kurzer Zeit
Kunstwerke erhalten, die sich neben die anderer Völker stellen
durften. Neben ihnen und hinter ihnen stand schon einer,
der alle ihre Vorzüge, alle Vorzüge der gesammten brittischen
Dichter, ja allen Reichthum der Poesie überhaupt vereint in
sich schloß und nach und nach entfaltete: das war Shake=
speare. Die Zeit war da, wo sich die Poesie in ihrer höch=
sten Schönheit, Manchfaltigkeit und Großheit zugleich durch
Einen vor Augen stellte.

Shakespeare.

Wilhelm Shakespeare war am 23. April des Jahres 1564
zu Stratford am Fluß Avon, in der Grafschaft Warwick,
eine Tagereise von London, geboren. Sein Vater war an=
fangs wohlhabender Wollhändler und Rathsherr, dann Metz=
ger, weil er herunter gekommen war, darauf so in Dürftig=
keit, daß er auf die Armenliste kam. Wilhelm Shakespeare
war das älteste von zehn Kindern. Nur bis ins vierzehnte
Jahr besuchte er eine gewöhnliche Schule, dann mußte er
mit seinem Vater Kälber stechen, heirathete im achtzehnten
Jahr die Tochter eines Landmannes, die sieben Jahre älter
war als er, wurde Vater zuerst von einer Tochter, dann von
Zwillingen, einem Sohn und einer Tochter; seine Ehe war
ohne Liebe und ohne Glück, sein Handwerk ihm herzlich ent=
leidet; der junge Shakespeare wilderte und zechte, lieferte
unter einem berühmt gebliebenen Apfelbaum den Zechern
von Bidford Schlachten mit Bierkrügen, wurde bei einem
Wilddiebabenteuer im Park eines Edelmannes betroffen, ver=
ließ flüchtig Weib und Kind, um sein Glück in London zu
suchen; trieb sich im Elend in der Weltstadt um; erwarb
sich längere Zeit sein Brod an den Thüren der Theater,

indem er um ein Stück Geld den Junkern und Pächtern, die
das Theater besuchten, ihre Pferde hielt, bis das Stück aus
war; brachte darauf durch Vermittlung des ihm verwandten
Schauspielers Green es dahin, daß er in unbedeutenden Rollen selbst mitspielen durfte; wurde nach und nach wirklicher
Schauspieler; dann Pächter und Direktor, zuletzt Besitzer
eines Theaters; dichtete zwischen all' diese Lebenslagen hinein, schon von da an, als er noch in Stratford metzelte, wilderte und zechte, kleine epische Dichtungen, Sonette und eine
große Reihe Lust= und Trauerspiele; kehrte wenige Jahre
vor seinem Tode, nach mehr als zwanzigjähriger Abwesenheit, zu Weib und Kind nach Stratford zurück, konnte sich
ein Haus kaufen und pflanzte in seinem Garten dabei den
ersten, dort zu Land noch nicht gesehenen Maulbeerbaum, den
er mit Liebe pflegte, starb, wurde begraben und vergessen, vergessen er und seine Schöpfungen weit über ein Jahrhundert
lang, so sehr, daß ein elender Subler lang nachher sein
größtes Werk, König Lear, neu auf die Bretter und in den
Druck bringen konnte, als ein von ihm, dem Subler, geschriebenes Werk, und Niemand erinnerte sich zuerst, daß ein
gewisser Shakespeare ein solches, und zwar dieses, vor Zeiten
geschrieben habe. Die Mittel, endlich ein Haus sich zu kaufen, hatten ihm seine Thätigkeit und die Gunst des Grafen
Southampton verschafft, der ihm einmal tausend Pfund geschenkt haben soll. Die Königin Elisabeth, welche den Dichter Spencer und Andere mit Landgütern und Würden ehrte,
hat für Shakespeare nie etwas gethan. Einst war die Zeit
in Britannien, wo die Poesie hoch galt, und Gesetz war, daß
einem Freien, wenn ihm Alles genommen wurde, drei Dinge
nicht genommen werden durften, sein Pferd, sein Schwerdt
und seine Harfe, und von den Barden, welche die Fürsten
an ihre Tafeln zogen und mit Geschenken überhäuften, einer
ausrief: „Wenn ich von meinem Wirth den Mond begehrte,

würde er ihn mir gewähren." Die Königin Elisabeth hatte in Shakespeare den Schauspieler oder vielmehr Schauspieldirektor geschätzt und mit ihrem Beifall geehrt, und nicht den Dichter. Southamptons Gunst und die Anderer dankte er mehr seinen kleinen epischen und lyrischen Dichtungen, als seinen großen tragischen und komischen Schöpfungen: der Schauspieldichter und das Schauspiel galten noch als weiter nichts Bedeutendes, man sprach von ihnen nur, wenn sie ein paar Stunden lachen gemacht, oder sonst unterhalten hatten.

Das ist die wahre äußere Geschichte Shakespeares. Diejenigen, welche dieses Grau seiner wahren Lebensgeschichte ins Rosenfarbene mit Absicht malten, haben durch diese Lüge ihm nichts genützt und der Sache geschadet. Die Menschen haben für Shakespeare das Wenigste oder Nichts gethan: Gott Alles, der ihm sein Genie gab, England zum Vaterland und das sechzehnte Jahrhundert zu seiner Werdezeit.

Noch in Stratford fing er die kleine Epopee „der Raub der Lukrezia" an und vollendete sie erst später in London. Die andere Epopee „Venus und Adonis", die er dem Grafen Southampton zueignete, wurde im Jahr 1593 gedruckt. Schon in diesen Gedichten drückt sich Shakespeares hochpoetischer Geist ab. Sie sind überaus reich an einzelnen Schönheiten, an prachtvollen Bildern und Schilderungen, aber sie sind weder recht lyrisch noch recht episch, sie haben etwas Sprödes, und so wohlklingend die Verse für das Ohr sind, so fehlt ihnen doch ein gewisses Etwas, jene lyrische Musik für die Seele; sie sind nicht kalt, aber sie leuchten mehr, als daß sie glühen und erwärmen; es herrscht darin nicht, was man fälschlich schon gesagt hat, der Verstand; aber das Gefühl tritt nicht genug mit der Macht der Innigkeit darin hervor: sie sind mehr poetisch gedacht und angeschaut, als poetisch empfunden und aus dem Herzen ergossen.

Shakespeares kleinere Gedichte beweisen es klar, daß jene

wunderbaren Lieder, jene zartesten Hauche der Poesie, die er seinen Schauspielen eingelegt hat, von jedem Andern eher herrühren als von ihm, und daß sie wirklich das sind, für was er sie giebt, Stimmen alten Gesangs aus dem Volke. Diesen alten Volksgesängen lauschte die Seele des Knaben und Jünglings Shakespeare, sie klangen an sein Ohr in der ländlichen Stille seines Jugendaufenthalts, von ihnen lernte er am meisten; und gleichen auch seine eigenen lyrisch-epischen Gedichte ihnen nicht, wenigstens nicht im Ton und in der Weise, so klingen doch die kurzen, tiefen und innigen Laute des Volksgesangs wunderbar wieder aus tausend und aber tausend Zeilen seiner Lust- und Trauerspiele. Als genialer Schöpfer schmolz er das Gold des Volkslieds in die Masse ein, aus der er das Geld seiner tragischen Poesie ausprägte, und was ihm im lyrischen Vers mißlang, gelang ihm im tragischen.

Außer dem Volksgesang hatte Shakespeare Wenig, woraus er lernte, und das Wenige kommt hinaus auf die früher genannte mittelalterliche Geschichte der Könige Britanniens aus der Bardenzeit, die das Volk gerne las und worin die Geschichten vom Zauberer Merlin, von Lofrin, von König Lear und andere standen; auf Sackvilles Handbuch tragischer Geschichten, jenen Regenten-Spiegel; auf Uebersetzungen französischer und italienischer Novellen, und vielleicht auch einiger Trauerspiele des Römers Seneca. Sein Mangel an jeder höheren Schulbildung hatte für seine Poesie große Vortheile. Er war zwar unwissend, in gelehrten Dingen nämlich, aber er hatte dabei das Glück, daß sein Geist von dem schönheitswidrigen Beisatz der Schulgelehrsamkeit, und seine Poesie von jedem Beigeschmack des Bücherstaubs rein und frei blieben; ja auch den Gewinn hatte er namentlich, daß seine Poesie so gerettet war vor dem, was die äußere und innere Form der deutschen, slavischen und französischen Poesie in

ihrer Ursprünglichkeit, Frische und Eigenthümlichkeit so sehr
beeinträchtigt hat, vor dem Durchschlag des Lateinischen.

Alles andere lernte sein Genie einestheils den epischen
und dramatischen Dichtern seiner Zeit und den Aufführungen
ihrer Stücke auf der Bühne, bei weitem meistentheils aber
lernte er es dem Leben ab. Das Leben, in das ihn sein
Schicksal hinein führte, war das großartigste. Londons Welt=
markt umrauschte ihn, „wo zwei Welten ihre Waaren tau=
schen", und ihre Sitten, ihre Leidenschaften und ihre Ge=
danken. Freilich gehörte Genie dazu, um von diesem großen
Lehrmeister, dem Leben dieser Weltstadt, das Rechte zu lernen.
Dieses hatte ihm aber auch der Vater aller Menschenkinder
in reichstem Maaß auf seine Lehr= und Wanderjahre mit=
gegeben, wenn auch sonst nichts. Da war vor ihm ausge=
legt die große und kleine Welt in ihren erschütterndsten, schla=
gendsten Gegensätzen, mit allen Schattirungen ihrer Leiden
und Freuden; hart neben einander sah er da das Festgelage
und das Elend, die Tugend und das Laster; das manchfaltige,
räderreiche, verwickelte Uhrwerk des Staats= und Volkslebens,
des Herzens der Menschheit, sah er hier vor sich aufgemacht;
da konnte er beobachten, anschauen, und den Grundton her=
aus hören, der durch das Leben der Menschheit geht, den
Ton des Schmerzes, der bald stärker, bald leiser durch Shake=
speares Werke sich durch zieht.

Wo hätte er mehr Menschenkenntniß, tiefere Einsicht in
die Leidenschaften und Grundsätze der Menschen, ihre edeln
und unedeln Triebfedern erlangen können, als in London?
und wo hätte er dafür mehr den vollen, entsprechenden Aus=
druck finden können, als in dieser, in freiem Wogen bewegten
Volksthümlichkeit? Und auch das war gut, daß er erst spät,
und auch da nur annähernd, den vornehmen Aether der hö=
heren Gesellschaftskreise einzuathmen bekam, als sein Dichter=
charakter schon für immer fest bestimmt war: so blieb er

volksthümlich und rein menschlich, und wurde ein Dichter nicht der vornehmen und gebildeten Welt, sondern ein Nationaldichter, und im weitesten Sinn ein Dichter der Menschheit, ein Weltgenius.

Auch die Beredtsamkeit des öffentlichen Lebens in England war für den dramatischen Dichter eine Andern versagte Schule, und hatte dieselbe auch nichts weniger als immer Geschmack, so war doch in ihr mit ihren Vorzügen und Fehlern die Lebensfülle einer freien Nation vor Augen, aus der ein Dichtergenie schöpfen konnte.

Denn England war dazumal schon ein freies Land, noch nicht wie jetzt, aber doch sehr frei. Und schneller als in andern Ländern trieb die neue Bildung und Sitte in England hervor, zugleich mit einem neuen kernhaften Geschlecht, dessen Söhne als Helden den Ocean befuhren und zu Land für die Freiheit des Gewissens siegten. Die englische Nation war in einer großartigen Bewegung nach Außen, wo die Welt große und auch schreckliche Schauspiele aller Art bot, die zur Erregung der Einbildungskraft eines Dichtergenies beitragen mußten, und im Innern freute das Land sich seines Ruhms, seines Reichthums und seines Friedens. Der neue Himmel, den die Reformation wölbte, stand längst geworden, die Kämpfe darum waren in England vorbei. „Große Ereignisse und große Männer, sagt Chateaubriand, drängten sich aller Orten; der Genius der Zeit selbst hauchte Shakespeare sein Genie ein, und die zahllosen Dramen, die um ihn her gespielt wurden, bereiteten ihm und den Erben seiner Kunst Stoffe".

In der Zeit vor und um ihn lagen die Charaktere und die Scenen für Komödien und Tragödien vom Weltgeist vorbereitet: in Shakespeare lag die Kraft, daraus zu nehmen und das Genommene schöpferisch zu gestalten im Kunstwerk. So wurde die shakespearische Weltpoesie.

Shakespeare hat nicht sogleich eigene Stücke geschaffen. Die rasch aufgetauchten Theater mußten die Zuschauer zu fesseln suchen, indem sie alle paar Tage etwas Neues auf die Bretter brachten. So entstanden Hunderte von theatralischen Schnellarbeiten, die nichts waren als Umarbeitungen und Zustutzungen von älteren dramatischen Versuchen. So gewannen die andern Theaterdichter leicht Geld. So machte es auch Shakespeare zuerst. Im Jahr 1591 aber erschien schon eine Zahl shakespearischer Eigenwerke im Druck.

Shakespeare's Schauspiele sind im Einzelnen vielfach besprochen worden, von Engländern und Deutschen, unter den letztern von Lessing, Göthe, Schlegel, Tieck, Horn, und neulich hat Ulrici in seinem Werk über Shakespeare bewiesen, daß Göthe Recht hatte mit dem Wort, Shakespeare biete wie das Universum, das er darstelle, immer neue Seiten dar, und bleibe am Ende doch wie dieses unerforschlich. Das Gründlichste über die einzelnen Stücke findet, wer es lesen will, in dem tiefsinnigen Werk von Ulrici. Das Beste über Shakespeare überhaupt findet man bei Göthe, nur für Shakespeare's Humor fehlte ihm der rechte Blick, wie auch dem Franzosen Chateaubriand, der zwar oft recht französisch irrt, aber auch mit wahren Geistesblitzen einzelne Seiten des brittischen Dichterriesen beleuchtet. Auch Solger hat geistvolle Urtheile über Shakespeare und seine Dichtungen abgegeben, und Paul Pfizer tiefsinnige Ideen in seinen „Blicken auf die drei Hauptliteraturen unserer Zeit"; ein Aufsatz, der zu dem Gediegensten gehört, was in Fragen der Literatur geschrieben worden ist, und sich besonders durch eigenthümliche, von den gangbaren abweichende Ansichten auszeichnet.

Shakespeare hat zunächst nationale Bedeutung. So kommen auch seine zehen Schauspiele aus der Geschichte seines Vaterlands zunächst in Betracht. Mit Recht hat Tieck diese zehen Schauspiele eben so viele große Werke über die eng=

lische Geschichte und einen ihrer merkwürdigsten Zeitabschnitte genannt; Shakespeare hat sie nicht der Zeitfolge nach hinter einander gedichtet, und doch machen sie zusammen den Eindruck eines Ganzen, und zwar eines Weltdramas. Im König Johann ist der Kampf zwischen Staat und Kirche geschildert, beide sind im Kern faul, und indem Shakespeare viele in der Nationalgeschichte auseinander fallende Umstände im Brennpunkt dieses Stückes zusammen faßt, zeigt er die weltliche wie die geistliche Politik in ihrer Heillosigkeit. Der zweite Richard schildert das Verderben und die Zwietracht im Lande unter einem unköniglichen König, der sein gutes Recht durch schlechten Gebrauch verliert, und der, leichtsinnig im Glück, erst im Unglück Adel des Gemüths entwickelt. Heinrich der Vierte, in zwei Theilen, zeigt den siegreichen Usurpator, und seine geistige Ueberlegenheit begünstigt vom Glück gegen die Unfähigkeit seiner Gegner. Diese beiden Stücke sind heroische Lustspiele, und der besondere Reiz derselben ist der Humor, der in den Gestalten Fallstaffs und seiner Genossen, Percys, Glendowers und des Prinzen Heinrich in verschiedenen Farben spielt. Fallstaff ist allgemein anerkannt als die am meisten humoristische Figur, die seit Anfang der Welt gedichtet worden ist. Der fünfte Heinrich, der in den vorhergehenden Stücken in genial ungebundenem Leben seine Lehrjahre durchmacht, ist Shakespeare's Lieblingsheld; das Stück seines Namens verherrlicht ihn als Ritter und König, ist aber mehr episch als dramatisch, da es die Eroberungen in Frankreich vorführt. Der sechste Heinrich enthält das Gottesgericht, das für die mit Verbrechen und Blut erworbene Krone, für die Sünden des Großvaters am unschuldigen Enkel sich vollzieht. In seinen drei Theilen spielt sich der Bürgerkrieg der weißen und rothen Rose ab. Die Düsterheit des Gemäldes wächst mit jedem Schritt und zuletzt ist alles wie mit Blut gemalt. Die Partei, die den Enkel des Usurpators, des großen Kronendiebs, besiegt hat, trägt die Rache schon in sich, durch die auch ihr eigenes Unrecht sich straft. Das ist Richard der Dritte, der an Brüdern und allen denen, die mit ihm gesündigt haben, zum Mörder wird. Richard der Dritte ist das Trauerspiel der Tyrannei, ein fürchterlich großes Stück. Man schwindelt vor der Erhabenheit des tragischen Styls in diesem Trauerspiel, wie vor der Tiefe der Seelenmalerei: nie ist eine Scene gedichtet worden, die tragischer im größten Sinn wäre, als die, wo die Gestalten der drei entthronten Königinnen zusammen sitzen, in erbittertster Feindschaft gegen einander, sich ihr Unglück jede vormalt, um sich gegen das Elend der andern zu verhärten, und an der Unermeßlichkeit des Elends der Nebenbuhlerin das eigene mißt, mit ergrauten Erinnerungen sitzt an den frischen Blutströmen, in denen ihre Lieben alle untergingen, und jede mit der andern, so sehr sie sich einander hassen, verbindet in Verfluchung und Haß des Tyrannen, nach welchem der Arm der Rache langt. In Heinrich dem Achten, dem Vater der Elisabeth, für deren Hof Shakespeare das Stück dieses Namens dichtete, hat der Dichter seine sittliche Größe besonders auch dadurch bewährt, daß er der Rücksicht auf die königliche Tochter nichts von der geschichtlichen Wahrheit geopfert hat. Feinsinnig steigert er zwar durch Erfindung den dichterischen Reiz, aber er entlarvt den achten Heinrich so, daß man ihn sieht wie er war; er, der nach Chateaubriands Zeichnung „in Versen und Prosa schrieb, die Flöte und das Spinet spielte, Balladen für seinen Hof, Messen für seine Kapelle in Musik setzte; er, von dem man noch eine Motette, einen Vorgesang — und viele Schaffote hat; er, der Troubadour von so großer Einbildungskraft, daß er sechs Frauen heirathete und zwei davon köpfte, das hölzerne Bild der Jungfrau Maria zum Scheiterhaufen für den greisen Beichtvater seiner Gemahlin Catharina verwandte; die Mumie des heiligen Thomas von Canterbury vor Gericht zog und zum Tod verurtheilte, den Vertheidiger des Glaubens machte und diesen Titel führte; den Wiedertäufern die Holzbündel auf dem Rücken anzünden ließ, um sich so an wandelnden Auto da Fes zu erlustigen, und von der Höhe eines einsamen Hügels nach dem Tower hinsah, und als Stoff zu einem romantischen Sonett zitternd vor Behagen das Signal abwartete, daß das Beil des Scharfrichters den zarten Hals der Königin Anna Boulen durchschnitt und mit Blut die schönen Haare besudelte, an die der poetische König seine todbringenden Liebkosungen verschwendet hatte". Shakespeare benützte seinen Gegenstand, daran eine politische, vaterländische Weissagung auf die glücklichen Zeiten unter Elisabeth zu knüpfen, den Charakter ihrer Mutter Anna Boulen in wunderbaren Zügen zu verherrlichen, in ihrer ganzen Zartheit und üppigen Anmuth, in ihrer Lust und Schönheit, in ihrem Leichtsinn und ihrer Sanftheit, und zwar so, daß sie dennoch von dem Bild der Königin Catharina, deren Nachfolgerin sie ist, ganz nach Recht, an Festigkeit und innerer Trefflichkeit überstrahlt wird. Es sind wunderbare Auftritte, von einziger Kunst: Alles die tiefste Natur.

Es ist, sagt Tieck über diese geschichtlichen Stücke, eine mächtige Welt von Bildern und Erscheinungen, Gedanken, Empfindungen, Leidenschaften und Schicksalen.

In diesem vaterländischen Weltdrama ist jedoch an dem Gold der Poesie noch viel prosaischer Beisatz. Die einzelnen Stücke zeigen auch den Unterschied der Jugendlichkeit und der Mannesreife des Dichters. Reiner poetisch, der reifsten Kraft seines Genius entflossen, sind drei Stücke aus der altrömischen Geschichte: voran Julius Cäsar, den er um das Jahr 1607 dichtete. Großartigeres, Erschütternderes, als dieses Gedicht, hat das alte Rom nichts unter seinen Thaten, die Welt nichts unter ihren Dichtungen. Mir scheint dieß

Meisterstück besonders darum so groß, weil Shakespeare zuerst darin gezeigt hat, wie ein nationaler Dichter auch Stoffe ferner Völker und Zeiten dem eigenen Volk und der neuen Zeit nicht nur unters Auge, sondern recht an's Herz zu rücken vermag. Diese Tragödie ist plastisch und bewegt sich in anspruchloser Einfachheit und Ruhe, wie das ächt Klassische, das ächt Antike; es sind Römer, es ist die römische Toga; aber es sind, man muß Göthe darin vollkommen Recht geben, dabei Menschen von Grund aus auf der andern Seite, und dazu noch lauter eingefleischte Engländer: das Brittisch-Menschliche schlägt durch das Altrömische durch, und mehr, als wo, ist Shakespeare hier antik und romantisch zugleich, oder eigentlich besser weder antik noch romantisch, sondern ganz er selbst, der Unvergleichliche, der Dichter der Neuzeit. Antonius und Kleopatra, aus dem Jahr 1608, wie verschieden ist diese Tragödie von der vorigen, so verschieden als der Charakter der Helden beider Stücke! Griechenland, Egypten und Syrien und der Lusthof Kleopatra's lassen mehr Romantik zu als das alte Rom, und auch die Sprache des Stückes glänzt, tausend Worte darin sind eben so viel große Juwelen orientalischer Art. Kleopatra ist der Gegenstand von acht und zwanzig Trauerspielen, lateinischen, französischen englischen und italienischen; nur Shakespeare gab das Weib in jenem „reizend fantastischen, höchst harmonischen Mißklang, sie selbst, wie sie war, als sie auf Erden lebte". An dieses wunderbare Stück schloß Shakespeare um das Jahr 1610 den Coriolan. Darin schildert er den Kampf zwischen den beiden Gegensätzen im republikanischen Staatskörper, zwischen Volksfreiheit und Herrenthum des Adels, mit unverhüllter Vorliebe des Dichters für den Adel Roms, oder wenigstens seinen Helden Coriolan: es war die Zeit, wo Shakespeare zu London mit seinen genialen Schöpfungen bei dem Londoner Volk durchfiel gegen geringere Stücke Anderer, und einem Geist wie Shakespeare konnte überhaupt jenes Londoner Spießbürgerthum, trotz seiner mancherfachen Wackerheit, eben keine Vorliebe einflößen, wenn es sich ihm in nächster Nähe aufbrängte. Zeichnung und Gedanken im Coriolan sind ungewöhnlich tief und markig: es ist mehr Staatsweisheit darin, als in hundert Bänden von Staatsrechtslehrern.

Etwas von athenischem Alterthum hat die Tragödie Timon von Athen, der Menschenfeind, an sich, aber nur ganz äußerlich. Denn es ist lauter englisches Leben und Gegenwart, und treffend hat Tieck davon gesagt, es verwandle die Gewöhnlichkeit naher bürgerlicher Zustände in ein furchtbares und philosophisches Mährchen. Durch die Erhabenheit, durch das Gewicht der Gedanken und des Ausdrucks, durch die scharfe Ausprägung des abgewogenen Worts und durch das Uebermächtige, oft Wilde in der Malerei der Leidenschaft schließt sich dieses seltsame Erzeugniß der reifsten Dichterkraft Shakespeares unmittelbar an den König Lear an, an die erhabenste und poesiereichste aller Tragödien der Welt.

Sie entwickelt auf der Grundlage gewöhnlicher Familienverhältnisse, nach einem alten Mährchenstoff, ganz aus den verborgensten Tiefen der menschlichen Natur heraus mit furchtbar hinreißender Wahrheit der Charakterzeichnung, die Lehre, wie an die Sittlichkeit des häuslichen Lebens in den Höhen der Gesellschaft das Wohl und Weh von Land und Volk sich anknüpft, neben dem Glück oder Unglück für die Familie selbst; oder christlich es ausgedrückt, wie die Saat der Sünde bittere Frucht trägt. Die Hausgeschichte wird zum Spiegel der Weltgeschichte. Sie ist nicht eine Verklärung der kindlichen Liebe, wie man schon gemeint hat, wiewohl die kindliche Liebe sich wunderbar und heilig darin verklärt. Denn die Gestalt Cordelias, gehoben durch Ungeheuer von Schwestern und Kindern, ist allerdings eine Heilige, aber nicht von vorn herein. Ihr Herz ist, um das schöne Bild der geistreichen Jameson zu gebrauchen, „ein unergründlicher Brunnen, aber seine Wasser schlummern schweigend im Dunkel." Es ist doch, ob er gleich aus einer Schönheit des Charakters fließt, ein Fehl von ihr, daß sie den Ausdruck ihrer Liebe nicht der Schwäche ihres achtzigjährigen Vaters anpaßt, von vorn herein, und ihm nicht nachgiebt, sondern ihm entgegentritt, mit einem Schein von Kälte und nicht ohne Schärfe. Sie bleibt darin nur ihrem Charakter treu, sie ist wahrhaft, indem sie das Gefühl ihres Herzens verschämt zugedeckt hält, wie alle Menschen von tieferer Empfindung, aber sie ist nicht wahr genug in so fern, als sie vor dem Vater damit sich den Schein des Gegentheils giebt, wenn auch ohne es zu wollen. Dadurch zieht sie den Vaterfluch auf ihr Haupt, und beladen damit geht sie durchs Leben, und, wenn auch geläutert bis zur Heiligen, die nur noch für den Himmel ist und für welche die Erde zu schlecht ward, geht sie doch unter, schrecklich unter, der Vaterfluch wirkt so schrecklich fort, alttestamentlich; und schneidet es uns auch mitten durchs Herz, wenn Cordelia so untergeht, so tritt das Gedicht dadurch erst recht in die höchste Poesie, auf den tragischen Gipfel.

Komische Scenen hatte Shakespeare auch früheren Trauerspielen eingewoben. Im Lear aber hat er den tiefsinnigen Humor des Narren unmittelbar mit dem Tragischen verbunden, und dieser Contrast, der seine Aufhebung in sich selber hat, wirkt wunderbar. Mit Recht hat man den Humor des Narren mit dem Chor der großen antiken Tragödie verglichen; denn in ihm spricht sich die tiefere Weltanschauung aus, die tragische Betrachtung schaut aus dem Spiegel der Komik, und er wirkt erhebend, wie besänftigend und beruhigend.

Auch Macbeth ist ein Stoff, den Shakespeare aus jenem Buch der alten fabelhaften Geschichten nahm. Aber die Schöpfung desjenigen Macbeth und derjenigen Lady Macbeth, die wir in der Tragödie vor uns sehen, gehört ganz der Fantasie Shakespeare's. Er hat Weniges von der Geschichte ihnen angepaßt, die Geschichte ist nur das Gewand für die beiden plastischen Riesengestalten, die der Künstler Shakespeare aus dem Marmor herausgemeißelt hat, den die Natur ihm lieferte. In dieser Tragödie stellt er vor Augen, wie die Ehrsucht einen Großbegabten, ursprünglich Edleren — denn Macbeth hat einen guten Kern — zum Abfall von sich selber fortreißt, in die Stricke der Hölle bringt. Shakespeare liebt es überhaupt, die Sünde als Etwas aufzuzeigen, das im Herzen der Menschheit, im tiefen Grund der menschlichen Natur überhaupt verborgen liege, und daß auch die edelste Natur den Keim dazu in sich habe, kurz, daß die Möglichkeit des sittlichen Falls allgemein sey. Lady Macbeth ist ein tragischer Charakter, aus wenigen einfachen Elementen vom Dichter zusammengesetzt, in wenigen Scenen und Worten beschlossen — auch Cordelias Charakter ist von ihm in wenigen Scenen in tiefster Tiefe erschöpft. So liebt es und so kann es nur Shakespeare und das größte Genie. Lady Macbeth ist wohl die merkwürdigste weibliche Kunstbildung Shakespeares, mit großen markirten Zügen, und dabei doch so feiner Bildung der ganzen Gestalt. Darum hat auch die berühmteste Darstellerin derselben in England, Mrs. Siddons, nachdem sie diese Rolle dreißig Jahre gespielt hatte, gesagt, sie könne dieselbe nie überlesen, ohne stets etwas Neues darin zu entdecken. Mrs. Jameson, in der lange nach seinem Tode dem Dichter das in seiner Art einzige Glück geschenkt ward, die feinsinnigste und hochherzigste öffentliche Stimme zu finden, die seine weiblichen Fantasiegestalten zergliederte, ruft dabei aus: Sie ist ein eigenthümliches Gebild staunenswerther Macht, Poesie und Schönheit. Das Weib hat hier tiefer hineingefühlt und gesehen, als die berühmten Kunstrichter Jonson und Schlegel. Tief wahr sagt sie, Lady Macbeth bleibe immer weiblich, und habe in sich die Gefühle des Weibes, wenn sie auch vom Ehrgeiz über die Gränzen hinausgetrieben werde, und überhaupt üben Shakespeares Frauen dieser Art eine solche Macht auf unsere Einbildungskraft nur darum aus, weil sie immer den weiblichen Charakter beibehalten, was sie um so schrecklicher mache, je glaublicher und verständlicher sie darum seyen.

Die meisterhaftesten und schönsten Charakterzüge hat Shakespeare mit wenigen Strichen in dieses Stück niedergelegt, in dem Alles so klar, so kraftvoll, so rasch lebendig zum Ziele sich bewegt.

So zum Ziele eilt Hamlet nicht. Man ist jetzt allgemein einig, daß der Grundgedanke dieser Tragödie ist: eine große That auf eine Seele gelegt, die der That sich nicht gewachsen fühlt. Schlegel nannte diese Tragödie ein Gedanken-Trauerspiel, durch Nachsinnen über Welt und Schicksal eingegeben, und bestimmt, eben dieses Nachsinnen wieder in den Zuschauern hervorzurufen: es bleibe immer etwas übrig in diesem räthselhaften Werk, wie im Lebensräthsel, das sich auf keine Weise auflösen lasse. Chateaubriand nennt diese Tragödie das königliche Bedlam, wo alles toll und verbrecherisch sey, wo der geheuchelte Wahnsinn sich mit dem ächten vereine, wo der Narr den Narren nachmache, wo selbst die Todten der Bühne den Schädel eines Narren liefern; ein Odeon der Schatten, wo man nichts als Gespenster sehe, nichts als Träumereien, das Werda der Schildwachen, das Gekreisch der Nachtvögel und das Toben des Meeres höre, und dazwischen hinein, wie den Ton alter Balladen, das Herzrührendste, und die süßesten Laute; alles wirke wie ein Zauber; es sey ein furchtbares Drama, der Prinz von Dänemark.

Weil dieses Werk eines der tiefsinnigsten ist, so sind die Ansichten über den Charakter des Helden unter den vielen

Auslegern sehr verschieden, selbst unter den Deutschen. Einig aber ist alles über den Othello. Dieses Intriguentrauerspiel stellt die eheliche Liebe in eigenthümlicher Gluth dar: es ist die Hingebung einer Weiblichkeit, die sich nicht durch Schönheit und Liebreiz des Mannes, sondern durch dessen abenteuervolles Heldenthum, seine Kraft und Tugend gefesselt fühlt; und die Liebe eines gereiften, geprüften Mannes, der zum Mörder der Gattin wird, aus Ehre, nicht aus Haß, nachdem er durch die Intriguen und Einflüsterungen eines Teufels in Menschengestalt sich hatte berücken und um den Glauben an die Tugend betrügen lassen. Othello wie Desdemona fallen als Opfer der Bosheit; ist auch keines der Untergehenden ganz schuldfrei, so erscheint doch die Strafe ihrer Schuld unverhältnißmäßig, und die Dissonanzen lösen sich nicht in einen tröstenden Akkord auf, und nur die Betrachtung erhebt, daß durch Intriguen ein großer Charakter zwar zu Fall gebracht, ihm aber der Seelenadel nicht geraubt werden könne. Othello stirbt groß und reuevoll.

Das Morgenroth der ersten Jugendliebe, ihre Seligkeit und Treue bis zum Tod, malt sich in Romeo und Julie. Nie ist die Liebe in so erhabener Verklärung ihres befreienden Geistes vor Augen gebracht worden, aus dem tödtlichen Haß der beiderseitigen Eltern geht die verzehrende Liebe der Kinder hervor, die Sünde der Eltern rächt sich an den Kindern, und durch die Kinder wieder an den Eltern selbst. Alles klingt aber in einem wohlklingenden Akkord aus. Es ist wie Jameson sagt: Romeo und Julie sind ganz Liebe, rings von lauter Haß, ganz Harmonie, von nichts als Disharmonien umgeben, ganz reine Natur inmitten künstlich verbildeten Lebens. Und als sie den Becher des Lebens mit all seinen unendlichen Freuden und Schmerzen in Einem berauschenden Zug geleert haben, steigen sie zugleich ins Grab, und aller Schmerz geht auf in der dichterisch schönen Schilberung, die Shakespeare ihnen weiht, wie einen Weihrauch auf einem Altar heiliger Liebe, der ihr Grab ist; und es bleibt nichts im Herzen zurück, als sanfte Trauer; ein langer, endloser Seufzer, sagt Schlegel.

In solcher Schönheit hat weder Shakespeare noch sonst ein Dichter eine zweite Tragödie gebildet. Größere giebt es, eine schönere nicht. Die Kunst darin ist göttlich schön, die Blumen sind berauschenden Duftes, und Jameson nannte diese Tragödie mit Recht die mondbeglänzte Laube voll magischer Süßigkeit der Poesie, das Allerheiligste des shakespearischen Genius.

Ein Stück mit tragischen Elementen und überwiegender Lustspiel-Intrigue ist das ganz eigenthümliche Schauspiel der Kaufmann von Venedig. Die Komödie ist hier mit Tragischem versetzt, wie sonst die shakespearische Tragödie, namentlich auch Romeo ihre komischen Bestandtheile Mercutio und Ammenfiguren in sich eingewoben hat. Wie Shakespeare die tragische Kunstform, nach Ulrici, „am Humor gleichsam sich brechen läßt, um ihren tiefen, innersten Kern näher an's Licht zu stellen": so steht hier ein Schauspiel auf dem Boden der komischen Weltanschauung, und der Zauber des heiteren und anmuthigen Spiels ist gehoben durch tragische Eindrücke, und der Schluß verwischt diese gänzlich und hinterläßt der Einbildungskraft die angenehmste Befriedigung.

Weder auf dieses, noch auf die andern Lustspiele Shakespeares weiter einzugehen, erlaubt hier der Raum. Sie sind aber eine unerschöpfliche Quelle der Menschenkenntniß, des Witzes und der heitersten Fantasieen. Sie stehen seinen Trauerspielen nicht nach, sondern mit ihnen auf gleicher Höhe. Ja die Engländer sind der Meinung, Shakespeare habe noch mehr Genie für's Komische als für's Tragische gehabt. In Wahrheit ist er ein unvergleichlicher Herrscher, dem die Geister des Ernstes wie des Scherzes gleich willig sich stellen, und

beide, sonst abgesonderte, Reiche gleich gehorchen, das des
Weinens und das des Lachens. Weinen aber macht er nur
durch die Schönheiten der Poesie, und selbst das Lachen
ist von ihm mit besonnenem Maaß schön umgränzt. Alles
Häßliche ist aus seinen Dichtungen verbannt, alles Wi=
drige, alles Unschöne; und weil er die ganze Welt vorführt,
Könige und Bettler, Adel, Bürger und Bauern, den hohlen
Thoren und den Weisen, den doppelzüngigen Höfling und den
ehrlichen Mann, den großen Staatsmann und die albernen
Narren und Narrenspossen von Regierungen, jedes Alter,
jedes Geschlecht, jeden Stand — Alles durcheinander, ganz
wie in der wirklichen Welt: so bringt er auch das Gemeine
auf die Bretter, aber nur unter dem Lichte des Humors, so
daß das Gemeine wieder poetisch gehoben wird, und mit
großer Feinheit und Schöpfergabe zeigt er sich auch in der
Aufführung des Gemeinen: er hat verschiedene Arten und
Stufen dafür, selbst unter seinen männlichen und weiblichen
Gestalten, die er aus den unteren Schichten der Gesellschaft
auftreten läßt.

Seine unglücklichen Nachahmer haben es auch versucht,
großtragisch dadurch zu werden, daß sie das Verschiedenartigste
von Menschen und Lagen neben, mit und durcheinander in
ein Gedicht brachten, aber ohne Shakespeares geistiges Band,
womit er als Künstler Alles harmonisch verknüpfte; sie haben
das Leben ausgeschöpft, aber Schönes und Häßliches unter
einander, ja das Häßliche mit Vorliebe aufgetischt; ihnen
fehlte wie Shakespeares Kunst so sein Auge.

Shakespeare, wie jeder große Genius, ist und macht
vorzugsweise aus Instinkt Alles. Aber dieser Instinkt ist bei
ihm sicheres Bewußtseyn, was nicht zu verwechseln ist mit
der Bewußtheit, der Berechnung des Verstandes. Mit die=
sem sichern Auge, mit der ihm eingebornen natürlichen Kunst,
hebt er aus Natur und Leben nur das wirklich Poetische, die

schönen Züge für seine Werke aus, nicht die ganze gemeine Wirklichkeit, und mit der ihm eigenen Himmelsgabe schmilzt er in der inneren Werkstatt seines Gemüths den aus der Wirklichkeit ausgehobenen Stoff ein, läutert ihn, und läßt dann daraus seine idealen Formen hervorgehen.

Darum machen bei ihm seine Contraste, die in den Schauspielen von weniger Begabten uns anwidern, gerade den Eindruck der tieferen Schönheit. Er weiß es, wie man in demselben Gedicht und oft hart neben einander den Jubel mit der Klage, die Hochzeitmusik mit der Leichenmusik zu mischen hat, um die wahre Poesie des Lebens zu geben; er konnte und durfte in Romeo und Julie die zur Hochzeit bestellten Musikanten gerade recht in's Haus kommen lassen, um den Sarg der Schönheit zu begleiten, und im Hause unsäglichster Trauer diese Musikanten, gleichgültig unter Possen und Unterhaltungen zeigen, die an jeden anderen Ort eher hingehören als in's Trauerhaus. Selbst unter den Franzosen, die sonst für die shakespeareschen Schönheiten nicht empfänglich waren, hat Chateaubriand die Lebenswahrheit, die ganze Bitterkeit dieses Gemäldes und seine tragische Schönheit anerkannt. Er ist es, so viel ich weiß, zuerst, der darauf aufmerksam gemacht hat, daß schon bei dem Altgriechen Euripides Anfänge solcher Contraste sich finden, in der Phädra und Alceste; freilich nur leise, schwache Anklänge an das, was Shakespeare gab. Diese Contraste, sagt Chateaubriand, rühren fast bis zum Furchtbaren; aber eine einzige Schattirung zu stark oder zu schwach im Ausdruck, macht sie niedrig oder lächerlich. Chateaubriand hat Recht: da liegt die Klippe, an der die Gewöhnlichkeit scheitert, und die der Genius mit seiner natürlichen Kunst so glücklich leicht umschifft. Maaß, schönstes Maaß im Erschütternden wie im Erheiternden hatte und hielt Shakespeare überall. Den Schmerz der Menschheit, die leidende Seite, wie Chateau=

briand es nennt, am Menschen zu schildern, ist überwiegend Shakespeares Art; aber er mäßigt den Eindruck des Schmerzes durch heitere Züge daneben, und verschönt den Schmerz selbst oft, indem er ihn lächeln läßt. Doch muß man dieses nicht mißverstehen; es ist mehr seines hohen tragischen Geistes Art, das Bittere als das Süße des Lebens zu zeichnen. Selbst wenn in einem alten Stücke, das er bearbeitet, die Dinge süß sind, so werden sie, meint Göthe, von Shakespeare absichtlich verbittert.

Jetzt werden durch die ganze schönheitssinnige Welt Shakespeares Trauerspiele allgemein bewundert; für seine komischen Schöpfungen haben weder alle Nationen, noch alle Einzelnen den gleichen Sinn; selbst dem großen Göthe geht dieser nahezu ab. Daß Humor wie der shakespearische bei ihnen anklinge, dafür fehlt auch ausgezeichneten Geistern diese Saite des Gemüths; für die Völker erklärt es Chateaubriand. Die Völker, sagt er, haben verschiedene Weisen zu lachen, aber eine und dieselbe zu weinen.

Und gerade durch seine Contraste bringt er die höchste Schönheit der Rührung hervor; Thränen, die seine Poesie entlockt, sind wahrhaft Perlen, wie die Worte, durch die es geschieht, wie in dem hingehauchten Abschied Romeo's und Juliens; in der Scene Hamlets, wo die schuldige Königin Blumen auf's Grab der unschuldigen und lieblichen Ophelia streut; im Othello, wo der Mohr, im Begriff seine schlafende Gattin zu tödten, sich dem Bette nähert, „um der Rose Duft noch einmal am Zweig zu kosten," und sie küßt. Sehen wir, da über die Herrlichkeit der von ihm geschaffenen männlichen Gestalten nur Eine Stimme ist, daher nur noch mit einem Blick auf den Zauber, der seine weiblichen Gestalten umgiebt.

Es ist Irrthum, wenn Einige meinten, Shakespeares weibliche Charaktere seyen weniger vortrefflich oder manchfaltig, als seine männlichen. Seine Kunst läßt sie nur nicht so

wie die Männer hervorragen, da sie auch in der Natur und
in der Gesellschaft nicht über die Männer hervorragen. Dagegen leuchten sie in seinen Dichtungen in einem Glanz, der
ihrer Natur gemäß und ein Zeichen der Liebe des Dichters
für die Frauen ist. Während Andere dadurch anzuziehen
suchen, daß sie in ihren Schauspielen die Schattenseiten des
weiblichen Geschlechtes zum Gegenstand ihres Witzes und ihrer
Zeichnung machen, zeigt sich Shakespeare auch dadurch groß,
daß er die Frauen, nicht wie sie falsche Erziehung und ge-
sellschaftliche Stellung gemacht haben, sondern in der natürlichen Güte und Schönheit ihrer Gefühle zeichnet, und mit
den Tugenden, durch die sie geadelt werden; selbst wo er
sittlich schlechte Frauen zu zeichnen hat, weist er auf das
Menschliche in ihnen hin, und wird dadurch nicht nur gerecht,
sondern dichterisch um so größer. Wie poetisch wird das ge-
fallene Weib, die Königin im Hamlet, durch ihre Neigung
zu der unschuldigen Ophelia, und wie versöhnt es, daß sie
damit noch einen Rest von Sinn für Tugend im Herzen zeigt!
Eben so ist er milde gegen die Fehlenden und zugleich furchtbar in der Wirkung auf die Zuschauer, indem er, während
er die Sünden der andern zeigt, die letztern in die eigene
Menschenbrust schauen und erbeben läßt, weil sie Keime oder
auch Züge gleicher Schwächen in sich finden. Eine so scharf-
sinnige und weltgeübte Frau wie Jameson erkennt mit Bewunderung den überlegenen Scharfblick an, mit dem er in
die geheimsten Quellen des natürlichen und weiblichen Gefühls bringt, in die tiefsten Abgründe des Charakters hinab-
taucht, den Neigungen nachgeht, in die Irrgänge des Herzens
sich einschmiegt, die zartesten Fasern desselben entwirrt und
dann mit wenigen Zügen das bestimmte sichtbare Ergebniß
vor Augen stellt. Da zu diesem Scharfblick in's Innerste
ein feiner, alles Aeußere leicht fassender Beobachtungsgeist
kommt, wird es ihm leicht, die Weiblichkeit in ihrer verschie=

denartigsten Besonderheit zu zeichnen, und auch hier bei den
weiblichen Charakteren gilt Jean Pauls Wort von Shake=
speare, daß er ein ganzes bevölkertes Land der Seelen auf=
mache; ja nicht nur das, er weiß das Herz aller Romantik
und aller ächten Weiblichkeit, die Liebe, in den manchfaltig=
sten Erscheinungen und Lagen vor's Auge zu bringen. Welch
ein Reichthum weiblicher Bilder entfaltet sich in seinen Stü=
cken! Er ist größer dieser Reichthum als Alles zusammen,
was die andern Dichter alter und neuer Zeit mit einander
hervorgebracht haben, wenn man den Maaßstab ureigener
Schöpfung, selbstständiger Eigenthümlichkeit an die Gestalten
legt. Greifen wir nur einige mitten heraus, an der Hand
der sinnigen Jameson. „Wie ist, sagt sie, die Liebe in Shake=
speares Porcia so rein und edel, in Miranda so luftig, zart
und furchtlos, in Perdita so süß vertrauensvoll, in Rosalinde
so scherzhaft, in Imogen so standhaft, in Desdemona so hin=
gegeben, in Helena so glühend, in Viola so zart, tief, still
und geduldig, in Julia alles dieses zusammen!"

Jede dieser Erscheinungsformen der Einen Liebe — denn
es gibt nur Eine Liebe — ist von Shakespeare dargestellt,
daß sie wie ein Zauber wirkt, bald als Leidenschaft, bald
als ein glückliches Gefühl, bald als Begeisterung, bald als
Schwärmerei, bald als ein träumerisches Entzücken, bald
schön besonnen, bald fantastisch. Wie in der Natur jede
Blumenart ihren eigenthümlichen Blumenduft aushaucht, so
hat ganz naturgemäß in den Schöpfungen Shakespeares jede
verschiedene Art des weiblichen Charakters einen eigenthüm=
lichen Liebeshauch.

Die verschiedenen Charaktere seiner weiblichen Gestalten
sind in den zartesten Schattirungen ausgebildet, mit großer
Kraft und Kürze, in solcher Besonderheit und eigener Leib=
haftigkeit, daß man nie eine mit der andern verwechseln kann.
Wie seinen Männern, fühlt und sieht man es seinen Frauen

an, daß sie ganz, an Leib und Seele fertig, aus Shakespeares Fantasie wie Pallas aus dem Haupte des Zeus gesprungen sind. Alles lebt an ihnen, sie alle athmen lebendig als schöngebildete Menschen; nicht Gedanken, nicht Nebelgebilde sind es. Alles ist lebenstüchtig und wirkt lebenskräftig auf uns. Selbst seine idealsten Charaktere sind lauter Wirklichkeit, jeder ist ein fest ausgeprägtes Selbst, von dem man sich gleich sagt: Ist dir auch nie im wirklichen Leben so einer oder so eine vorgekommen, so sind sie doch im Leben gewiß da, es müssen solche da seyn. Jean Paul sagt: Shakespeares Charaktere sind so, daß sie gelebt haben, leben werden und müssen. Warum? Weil, wie Jean Paul sagt, Shakespeare unter dem Laube der Besonderheit dieselbe Wahrheit, dieselbe Allgemeinheit und Menschheit giebt wie die alten Griechen. Göthe sagt: Aus der Vollendung des Charakteristischen, des Individuellen geht das Schönheitsideal hervor. Göthe dachte offenbar mit diesem Wort sehr an Shakespeare.

Darum sind sie auch so ewig, gleich den Gebilden der altklassischen Zeit, unsterblich schön. Alle seine höheren Gestalten sind im großen Styl der Menschheit ausgehauen, nicht im Modestyl einer Zeit, wie die meisten Roman- und Schauspielfiguren, und mit Recht sagt Jameson: Shakespeares Porcias und Rosalinden stehen, eben weil nicht die Mode, sondern Weiblichkeit und Natur in ihnen vorherrsche, so frisch vor unserem Auge, wie im ersten Augenblicke ihrer Schöpfung. Selbst wenn er das Bild einer feinen Dame seiner Zeit zeichnet, und dabei Benehmen, Sprache, Sitten, Anspielungen einer besondern Klasse in einer besondern Zeit nachgezeichnet werden, wird von ihm der besondere und dramatische Charakter, der zu Grunde liegt, so scharf umrissen und so tief aus der Natur genommen, daß er jeder Zeit angehört.

Wie tief und prächtig in üppiger Anmuth, glühender

Beredtsamkeit und übersprudelnder Laune erscheint Porcia: wie vestalisch, Heiligen ähnlich, bei gleicher Beredtsamkeit ist Isabella; wie glänzend witzig, fast ausgelassen ist die feingebildete Dame Beatrice, stolz, reizbar und heftig; wie bezaubernd ist die geniale Heiterkeit der Rosalinde, der wild anmuthigen, muthwillig launigen Prinzessin, und wie schön und fein unterscheidet der Dichter seine gleich ihr verkleidete Viola von der ersten, das freie, zartsinnige Mädchen Viola. In Perdita leuchtet ideale Anmuth und Liebreiz; in Miranda „geht das rein Natürliche und rein Ideale in einander auf, sie ist das reine Kind der Natur, die Eva eines bezaubernden Paradieses." Mit gleichen weiblichen Grundzügen der Seele, wie Miranda, ist Ophelia ausgestattet, bescheiden, holdselig, zärtlich, aber wie anders unter der andern Lage! Miranda entfaltet sich unter heitern Einflüssen glücklichst, Ophelia, sagt Jameson, verblutet sich an den Dornen der Alltagswelt. Sie ist, um wieder mit Jameson zu reden, wie eine süße traurige Melodie, die auf den Schwingen der Nacht uns umschwebt, und die wir mehr fühlen als hören, wie Veilchenduft; wie die in der Luft, eh sie noch einen Flecken von der Erde angenommen, zerfließende Schneeflocke. Ihre Liebe ist wie ein Geheimniß, das wir ihr abgestohlen haben. Und doch so oft sie erscheint, steht sie so leibhaftig und wirklich da, so leibhaftig als die leidenschaftliche Julia des Romeo, die Italienerin, sagt Jameson, „mit den dunkeln leuchtenden Augen und der titanischen Bildung des Südens, deren Wesen die Leidenschaft ist, während die sinnige, schönhaarige, blauaugige Ophelia, die Tochter des Nordens, vor der Leidenschaft zu zittern scheint, und doch in den stillen Tiefen ihres Herzens mehr liebt, als sie geliebt wird."

Es ist wahr, man fühlt Shakespeare's Gestalten gleich an, weß Bluts und Landes sie sind, und sie können nur unter demjenigen Himmel vorkommen und leben, unter dem er sie auftreten läßt. Kein dramatischer Dichter hat das Charakteristische, das Individuelle an seinen Gestalten so vollkommen ausgeprägt, wie Shakespeare. Das Ganze steht ihm immer von vorn herein vor seinem Auge; er sieht das Wirkliche in einem idealen Lichte, und eben so sieht er jeden Traum und Gedanken seiner Seele als wirkliche Gestalt; wie er ansetzt, wird von ihm Jedes mit Wahrheit, mit innerer Nothwendigkeit folgerecht fortgezeichnet, und am rechten Ort bringt er mit wenigen feinen Zügen den ganzen Charakter in seiner Eigenthümlichkeit zur Anschauung. Das, was man das materielle Costüm nennt, verachtete er, die pünktliche Genauigkeit der Darstellung des Leblosen ist ihm unbekannt, eine kleinliche Kunst, an der unsere Zeit krankt. Der geistige Ausdruck des Menschen war seine Sache, jenes, was Göthe das innere Menschencostüm nennt, worin sich Alle gleichen. In seinen reifen Werken braucht er ganz einfache Mittel. Mit wenigen einfachen und natürlichen Zügen wirkt er tiefst ergreifend, es ist auch darin bei ihm wie in den alten Volksliedern: in wenigen Worten steht ein ganzer Charakter, eine ganze Seelengeschichte vor uns da. Auch wo er nur skizzirt, z. B. bei der Jüdin Jessika, lebt die Gestalt und glüht greifbar kenntlich in Farben.

Es lag in Shakespeare's Stellung zum Theater, daß er Manches zuerst nur leicht umrissen gab; später führte er das Meiste davon bedächtlich aus; für Manches auch fand er nicht Zeit, es auszumalen. Göthe bewundert die Sicherheit der ersten Arbeit Shakespeare's, des ersten Wurfs; wie aus dem Stegreif hingegossen! ruft er aus. Shakespeare's höchste Kraft setzt Göthe in das ihm eigene Durchschauen seiner selbst und Anderer.

Göthe hat Recht. Viel las und nahm Shakespeare's Auge aus seiner eigenen inneren Welt, aus dem Leben seines Herzens heraus. Shakespeare hat wohl viel geliebt, viel Süßes und viel Schmerzliches durchgelebt. Dafür zeugen seine Lust- und Trauerspiele so sehr als seine Sonette. Der Grundton der letztern ist Melancholie; die Fantasie darin, welche die Melancholie mit Rosen kränzt, ist schöner als die Leidenschaft glühend und tief ist. Die Sonette fallen in seine späteren Jahre, sie gelten nicht Einer, sondern vielen Geliebten, und sein Herz beglückte sich an der Schönheit des Freundes wie an Frauenliebe: beide verursachten ihm aber auch ein tiefes Weh. — Ist es daher, daß bei ihm die Liebe fast nur, wie W. Stich sagt, als eine schmerzliche Wunde des Lebens erscheint, als eine Thräne der Poesie? — Und doch befördert all' sein Dichten nur das Gefühl für Frauenhuld und den Glauben an weibliche Herzensgüte.

Eben so war in seinem Geiste tiefsinnen von Natur ein nicht weniger reicher Schacht von Gedankengold, als ihm Ideen von außen aus Zeit und Leben einströmten. Die Geschichte seiner Zeit war freilich eben recht, um so einen Geist elektrisch zu entzünden. Er schloß sich auch nicht in die Studierstube theilnahmlos ein, er stellte sich mitten hinein in die Fülle des Lebens, und in täglicher Berührung mit dem Leben und Männern, welche Weltgeschicke leiteten, wurde dieser Geist geladen und entladen von diesen Blitzen der Weltpoesie, deren erhaben schöne Gewitter die Menschheit bewundert. Das sind jene Gewitter, von denen die alte Sage der Romantik geweissagt hat. Im Wald Brecheliant — so sang Jahrhunderte zuvor die Sage — im Land der Bretonen, da rauscht die Zauberquelle des reinen Urwassers, nahe der Grotte, darin der Zaubersänger Merlin gebannt sitzt. Eine alte Rieseneiche beschattet mit ihren Zweigen die Quelle und daran befestigt ist eine goldene Schale. Wer mit ihr aus der Quelle schöpft und ein paar Tropfen davon in die Luft sprengt, der erweckt Blitze und Donnerschläge. — Die Quelle und die goldene Schale fand Shakespeare, er besprengte als ein Priester der Schönheit sein Volk und die Menschheit damit, und Blitz und Schlag fühlen Millionen Herzen nach.

Wunderbar ist es, wie Shakespeare solche Wunder vermochte mit der englischen Sprache, wie er sie überkommen hatte. „Wo nahm er nur aus der dunkeln Sprache seines Landes, ruft Tieck aus, alle diese hellen Töne her?" Er hatte auch für die Sprache eine eigenthümliche schöpferische Begabung, nicht blos ein ihm ganz eigenes Ohr, sondern ein Auge, eine bildende Hand für Sprachschönheiten, wie er es für Alles in der Welt hatte. Mit dieser Sprachmacht, mit diesem geistigen Wort, wie es Göthe nennt, vermochte er, was er in sich und in der Welt anschaute, „die Menschheit in jeder ihrer Spielarten", selbst „was heimlich durch die Lüfte säuselt" dichterisch auszuprägen, und durch Aug und Ohr vor unsern innern Sinn zu führen, als wär' er der Weltgeist selbst; selbst das Todte lebt dadurch und redet und handelt mit, Blitz, Donner, Thier, Baum und Blume und Todtenschädel, „und setzte sich Shakespeare auf ein hölzernes Pferd, sagte Diderot, der Franzose, es ritte belebt unter ihm in die Cathedrale hinein".

Die Sprache in seinem Mund ist nur Laut, nicht Rednerei; er stellt nur damit dar, er reflektirt nicht damit. Das Rednerische und die Reflexion sind ihm fremd; er ist durch und durch nur poetisch; er dichtet immer, und so tief seine Weisheit ist, und so weltweit, er kramt sie nicht in philosophischen Sätzen aus, sie wächst bei ihm nur als duftende farbige Blume oder ist Wasser aus jener Zauberquelle, mit goldener Schale geschöpft. Er ist weise in seinen Gedichten wie ganz ohne Absicht, und das Tiefsinnigste entströmt ihm wie unwillkürlich. Unendliches haben schon seine Ausleger in ihm gefunden, die allertiefsten Ideen; sie liegen in ihm und er hatte sie, aber als ein Genius dieses seines Reichthums in der Geltung, die man ihm nachher gab, sich selbst nicht bewußt.

Göthe hat Shakespeare's Werke wie sibyllinische Blätter einem Buche verglichen, in welchem der brausende Sturmwind hin und wieder blättere. Göthe meint wohl den Weltgeist selbst, der durch sie zieht. Die Räthsel des Lebens, der Geschichte sind darin gelöst. Was in beiden vereinzelt steht, legt sich in seinen Gedichten mit den geheimsten Ursachen, Triebfedern und verbindenden Leidenschaften und Gefühlen zu Tag. „Seine Figuren, sagt Göthe, gleichen Uhren, an welchen man nicht blos das Zifferblatt, sondern zugleich das innere Getriebe sieht". Viele seiner Gedanken, seiner Aussprüche, sind sprüchwörtlich geworden. Das theilt er mit den Alten und manchen Neuen. Aber Blicke in die menschliche Natur hat er, Worte, tragische Donnerschläge, wie kein Alter und wie kein Neuerer sonst. Wie manches Wort bei ihm ist ein überraschender Blitz, unter dessen Aufleuchten die tiefste Tiefe der Seele sich öffnet und wieder schließt. Was er sagt, ist so naiv, so rein natürlich, so einfach, und doch ist es so neu, so gar nicht gewöhnlich, so überraschend eigenthümlich, so gar nicht schon dagewesen, nirgends eine Note, die nur neu taktirt wäre, nirgends etwas von einem „Ragout aus anderer Schmaus gebraut"; Shakespeare dichtet und redet nie, wie es von jeher Manier war zu dichten und zu reden, wohl aber wie die Natur zu allen Zeiten sich offenbarte.

Seine äußere Sprache ist nicht immer ohne Fehler. Seine Stücke sind sich überhaupt nicht gleich an Werth. Wenn er seine Erfindung spornt, sagt der Engländer Johnson selbst, wenn er, was bei seiner Theaterstellung vorkam, sein Geistesvermögen mit Gewalt zum mühsamen Dichten aufbietet: dann ist die Frucht davon oft Schwulst und Dunkelheit. Man muß dies Johnson zugeben. Oft nimmt er auch einen zu großen Schwung, besonders in der Erzählung. Aber diese Fehler gehören seiner Zeit an. Seine Zeit, deren Sohn er doch auch war, gab ihm auch von dem Ihren eine Mitgift

mit. Dahin gehören die Wortspiele, die gezierte Antithesen=
Jagd, die gesuchte Witzhaftigkeit, die Spruchseligkeit, die
Zweideutigkeiten, die Kraftausdrücke, das Blumenreiche —
das Alles war Hofton seiner Zeit, und galt darum als schö=
ner Styl. Seiner Zeit gehört auch manches keckere Wort
seiner Frauen. Sittlich aber ist er immer. Die eigentlich
religiöse Weihe, das Ewige im höheren christlichen Sinn, hat
er nur als einen leisen Anhauch und nur in einigen Werken,
und Paul Pfizer hat ganz Recht, wenn er sagt, daß Shakespeare von einigen seiner Verehrer mit großem Unrecht ein
religiöser Verkünder des Weltgeheimnisses genannt worden
sey, und daß für die Götterrechte des Herzens, für unsere
heiligsten Interessen keine befriedigende Bürgschaft bei ihm zu
finden sey. Göthe findet es in Ordnung, wenn auch tragisch
herbe, daß im Hamlet zuletzt wie in einem frisch aufgeworfe-
nen Grab Gute und Böse durcheinander liegen; denn es sey
das Eigenthümliche des Lasters, daß es sein Unheil über die
Unschuld verbreite, wie die Tugend ihren Segen über viele,
die ihn nicht verdienen, indem doch häufig die Urheber beider, so weit wir sehen können, weder bestraft noch belohnt
werden. Ja, aber Göthe selbst findet es dem Herzen gemäß,
in den meisten seiner Dichtungen einen Himmel der Versöh=
nung, welcher ausgleicht, wenigstens anzudeuten, wenn auch
nicht zu wölben über der Opferstätte des Lebens und den
Opfern. Shakespeare weiß nichts von diesem Himmel: wir
können ihn uns hinzudenken, er selbst aber liebt ein Ende mit
schreienden Mißtönen, tragisch herb. Und nur das mildert
die Wirkung, daß solche Ruhe durch des Dichters Kunst wie
über seinen vollendeten Schilderungen allen, so besonders über
den letzten Auftritten liegt.

Chateaubriand hat ihn einen der Letztgeborenen des Mit=
telalters genannt. Besser wohl sagt man, er stehe auf der
Grenzscheide des Mittelalters und der Neuzeit, das Gesicht

aber ganz der letzteren zugewandt. Er ist nicht Romantiker
im Sinn des Mittelalters. Er zieht nur aus der Romantik
das wahrhaft Poetische aus und verwendet den romantischen
Glauben als poetische Mittel; er konnte dies um so leichter,
da er der Dichter und die Gebildeten seiner Zeit über den
Glauben an Feen, Elfen und Geister hinaus waren, aber im
Volke der Glaube daran noch sehr lebendig sich zeigte. Nicht
im Reich der Romantik, auf dem festen Boden der Wirklich=
keit spielen alle seine Dichtungen, und durch diese Wirklichkeit
und Lebenstüchtigkeit und durch die Ausprägung seiner Ge=
stalten gleicht er den großen Künstlern der alten Griechen;
auch dadurch, daß seine Dichtung so durch und durch national,
vom Geiste des Vaterlands und des Volks beseelt ist, und
das Volksthümliche auch äußerlich an sich hat. Er hatte frei=
lich einen nationalen, einen Vaterlands=Boden, auf dem er
stehen konnte, und zwar einen großartigen; und wer auf sol=
chem Boden steht, trägt wie er, im Gefühl der Größe des
Allgemeineren, leichter auch die Vernachläßigung seiner selbst
als des Einzelnen.

Er genoß, was das Leben noch ihm bot, er sah aber sich
noch bei Lebzeiten von seinem Volk bei Seite gesetzt; zurück ge=
zogen verstarb er, wie unbekümmert um seinen Ruhm und seine
Werke; er gab sie nicht einmal heraus, er sammelte nicht ein=
mal die Handschriften derselben; das Volk seit zehn Jahren
bewunderte zu Elendes, und zeigte zu wenig Sinn für sein
Großes, als daß er seine Perlen diesem Geschlecht noch ein=
mal hätte bieten mögen.

Von den Alten im tiefinnersten Geiste verschieden, und
doch in der plastischen Form ihnen gleich, im Kernhaften der
Gestaltenbildung und in großartiger Einfalt der Entwicklung,
romantisch in gewissem Sinn, überwiegend ein Geist der Neu=
zeit, unendlich mehr als Cervantes, der es in hohem Grade
ist, bleibt Shakespeare der erste der Zahl und dem Werthe

nach unter den Dichtern der Neuzeit, und ein Dichterfürst unter denen aller Zeiten und Völkern, ein Proteus, ein großer Zauberer, eine riesenhafte Naturkraft, die, ohne die Regeln zu kennen, durch den inwohnenden Genius die höchsten Gesetze der Schönheit fand, und ein um so höher alle überragender Dichter, als seine Dichtungen, wie Göthe anerkennt, alle eine tiefste allgemeine Idee mit tausend Zungen aussprechend, aber nicht mit Worten. An Kleinigkeiten an ihm hat man gemäkelt: das thue, wer große Schönheiten nicht fassen kann. Seine Fehler haben Andere gepriesen und nachgeahmt, seine Kraftausdrücke, seine Scenenfülle, die bei ihm immer noch in ein gewisses Maaß der Schönheit eingegrenzt war, seine Bilderhäufung, seinen Zeitwitz: davon trägt er keine Schuld. Wir aber wollen für ihn der Gottheit danken. Der Schöpfer des Narren im König Lear, sagt Chateaubriand, ging am gleichen Tag im gleichen Jahr, eine weisere Welt aufzusuchen, mit Cervantes, dem Schöpfer des Don Quirote; ein würdiges Paar von Reisegenossen!

Schlegel und Tieck haben ihn uns Deutschen mit vielen andern nahe gebracht. Was davon Tieck übersetzt, hat noch mehr Hauch und Gluth der shakespearischen Poesie; in noch schöneren, runderen Wellen fließen die Verse dahin, auch hat er mit noch feinerem und tieferem Sinn als Schlegel das Verständniß des Einzelnen aufgeschlossen. Shakespeare ist dadurch wie einer der Unsern geworden.

Verlauf der englischen Poesie bis gegen Ende des achtzehnten Jahrhunderts.

Nach einem Genius wie Shakespeare, von solcher Uebermacht und Tiefe der Schöpferkraft ist natürlich nicht alsobald ein gleich Großer oder gar ein Größerer zu erwarten. Die Kraft der Poesie eines Volks drängt sich immer, wenn dasselbe es zu großen Dichtern bringt, in einzelnen Geistern wie in wenigen Jahren zusammen. Man hat gesagt, es sey damit wie mit der Concentrirung der Lichtkraft in den Diamanten. Neben Shakespeare dichtete für das Theater Beaumont und Fletcher, zwei immerhin noch glänzende Geister. Sie hatten schöne Gaben und dichteten gemeinsam mit einander über fünfzig Schauspiele. Sie hatten etwas von Shakespeare's Humor, aber nicht seinen hohen Styl, sondern schrieben manierirt; sie hatten nicht seinen sittlichen Sinn, sondern reizten durch unanständige und wollüstige Lagen, durch das Ueppig-pikante; sie hatten nicht seine Naturwahrheit des Ganzen in Charakter und Entwickelung, sondern nur einzelne treffende Züge. Das Gleiche gilt theilweise von dem gleichzeitigen Massinger, der ihnen nachahmte, aber würdiger und schöner dichtete; auch seine Dichtungen leiden an Unstatthaftigkeiten, an Verzeichnung, an Mangel folgerechter Durchführung. Ben Johnson hatte gar nichts von der unmittelbar dichtenden shakespeareschen Schöpferkraft der Fantasie. Seine dramatischen Porträtmalereien, seine ganze den Alten nachhinkende Poesie ist mit dem Verstande gemacht, und riecht nach Büchern, nach Gelehrsamkeit, er ist ganz nur Reflexionsdichter im Lustspiel, worin er noch glänzt, wie im Trauerspiel, worin er ganz nur rednerisch und prosaisch ist. Aber diese Vier überwanden Shakespeare. Ihre blendenden Einzelheiten, ihre Leichtigkeit und Flachheit, gerade das Absichtliche, Unharmonische, alles Verhältniß Störende und Unpoetische ihrer Stücke, ihre Spruchrednerei, ihre Schamlosigkeit, ihr Haschen nach Seltsamem, nach Effekt, und ihre sittlichen Reflexionen, mit denen „die Tugend sich zu Tische setzte, wenn sich das Laster erbrach" — das gefiel der Menge, die kein Auge für ein schönes Ganzes hat und immer am Einzelnen hängt, mehr

als Shakespeares tiefe, reine und wahre Poesie. Wo sind
sie hin, diese Sieger Shakespeares? — der Litterarhistoriker
liest noch ihre Werke, die keine Keime der Zukunft in sich
hatten, keinen ächten Kern: viele andere, die neben Shake=
speare glänzten, während man nicht mehr an ihn dachte,
sind fast bis auf den Namen verschollen, wie Rowley, Decker,
Marston, Schapman, Middleton, Shirley. Voll Lichtkraft
dagegen, diamanten, war Miltons Poesie, trotz des Beisa=
tzes der Allegorie, und darum leuchtet sie in alle Zeiten hinein.

Milton.

In England gingen große Staatsveränderungen vor sich.
Die Stuarts kamen nach der kinderlosen Elisabeth auf den
Thron. Die geistige und bürgerliche Freiheit wurde der Be=
schränktheit dieser Könige als eine Gottlosigkeit ausgeredet,
die Bekämpfung beider als ein Gottesdienst. Carl I. verlor
darüber das Leben auf dem Blutgerüste, Jakob II. und das
Stuartische Geschlecht für immer den Thron. Die englische
Revolution war die größte Poesie dieser Zeit; ein gewaltiges,
mit Blut geschriebenes Freiheitsgedicht war sie. Cromwell
war der Dichter dieses Gedichts, der Griffel, womit er schrieb,
war sein Schwerdt. Die weltmännische und höfische Lyrik
Wallers und auch des mitunter tieferen Cowleys, die den
Stuarts dienten, war ein Nichts dagegen, eine Gelegenheits=
dichterei mit hübschen Versen im Hofgeschmack. Dolchspitze
hatten die Satyren der Zeit, zahlreich, wie vor und in allen
Revolutionen. War Cromwell der größte Dichter der poeti=
schen That: so war sein Geheimschreiber Milton ein wahrer
Adler des Gesangs. Was Cromwells Schwerdt, war Mil=
tons Feder.

John Milton war am 9. December 1608 zu London
geboren, kurz ehe Shakespeares Genius zuerst in die Einsam=
keit und dann in eine höhere Welt zurückging. Er sah Ita=

lien, sprach den großen Galliläi in seinem Kerker zu Florenz, und genährt von der Freiheitsmilch der alten Griechen und Römer, eilte er in sein Vaterland zurück, als die große Bewegung darin ausbrach, und wurde und blieb ganz Republikaner, bis er das Auge schloß. Die antike Größe Roms in seiner besten Zeit, verwachsen mit der besten Kraft des religiösen Schwunges aus der Revolutionszeit Englands, ist der Stempel, den Miltons Poesie trägt. Seine Sprache auch ist eine Verschmelzung von Gefühl und Kraft, so daß die letztere überwiegt; sie erinnert durch ihren Adel, ihre Männlichkeit, ihre Erhabenheit und Majestät an die Sprachschönheit der besten altlateinischen Dichter. Zuerst machte er auch lateinische Gedichte, sehr schöne, noch als Student. Mit dem großen Dante, mit dem er auch sonst Vieles gemein hat im inneren und äußeren Leben, theilt er auch die Romantik seiner ersten Liebe. Er begegnete einer Jungfrau von außerordentlicher Schönheit, er verlor sie aus den Augen, sah sie nie wieder, und sie wurde die Geliebte und die Muse seines Lebens. Seine frühesten größeren Gedichte sind Charaktergemälde; das Maskenspiel Komus ist ein geistreiches Gelegenheitsgedicht. Sein Ruhm während seines Lebens aber ruhte auf der Prosa, die er im Kampfe für bürgerliche und Gewissensfreiheit schrieb. Das war freilich eine Prosa, wie Flug eines Adlers in gewaltiger Jugendkraft, den Blick der vollen Sonne zu, und die Gedanken darin sind so groß, daß er damit über drei Jahrhunderte vorwärts hinauslangt; und Freiheit ist der Athem dieser Prosa. Die Freiheit ist die Amme aller großen Geister, sagt er in seiner Rede für die Freiheit der Presse; sie erleuchtet unsere Gedanken wie das Himmelslicht.

Er erblindete in der Mannesblüthe, aber blind noch fertigte er als Cromwells Geheimschreiber die wichtigsten Staatsschriften für das Wohl seines Volks. Nach Cromwells Tod, als die meisten Andern zu der wiederkehrenden Königsfamilie übergingen und ihren Grundsätzen untreu wurden, bewies Milton den höchsten Adel des Sinnes. Die Frucht war Verfolgung, Hohn und Spott und Dürftigkeit. Er verarmte zuletzt so, daß er seine Büchersammlung verkaufen mußte. Mancher gab dem blinden Löwen im Unglück den Eselstritt. Er aber saß an sonnigen Tagen auf einer Bank vor seiner Thüre und dichtete und erfreute sich am Geruch der Blumen und Bäume, dichtete fort unter häuslichem Kummer an einem Gedicht, das er angefangen hatte unter den Schrecken der Revolution, unter dem Krachen und Sturz des Throns, der Paläste, der alten Formen; das er fortgesetzt hatte unter den Staatsgeschäften des befreiten Vaterlands: das war das verlorne Paradies, wofür ihm die Nachwelt den Namen des englischen Homer giebt. Wenn der Blinde einige Verse vollendet hatte, schrieben sie ihm seine Frau oder eine seiner Töchter. Auch Nachts im Bett dichtete er daran.

Anfangs verweigerte der königliche Censor die Druckerlaubniß. Er erkannte in Schilderungen des Gedichts ein Bild des sittenlosen neuen Königshofes und sah Hochverrath in den Versen, welche die verdunkelte Herrlichkeit Satans mit einer Sonnenfinsterniß vergleichen, welche die Könige erfüllt mit der Angst vor Revolutionen. Nach der Erlaubniß fand der geächtete Mann mit Mühe einen Verleger: fünf Pfund empfing er von diesem für das verlorene Paradies. Sonst erhielt er nichts dafür im Leben, keine Anerkennung, keinen Ruhmeskranz, kein Zeichen eines Beifalls. Er lebte noch sieben Jahre, dichtete ein zweites Epos, „das wieder gewonnene Paradies", und die Tragödie „Simson"; zwischen hinein schrieb er eine Logik, religiöse Schriften, hebräische Grammatiken und dergleichen Dinge, des Brodes wegen: dann nahm ihn der Himmel auf, am 10. November 1674.

Jahre lang lag sein großes Gedicht in dem Buchladen,

unangesehen, ungekauft; der Buchhändler nöthigte es eines Tages dem Grafen von Dorset auf, der nahm es mit, wurde entzückt, schickte es dem Dichter Dryden, und dieser es zurück mit den Worten: „Der Mann verdunkelt uns, uns und die Alten."

Das verlorne Paradies ist ein so gewaltiges Gedicht, so reich an furchtbaren wie an zartesten Schönheiten, daß Chateaubriand ausruft: Die Worte fehlen zum Lob solcher göttlichen Sachen. Die Hölle, das Chaos, der Himmel, die Erde, die Ewigkeit und die Zeit wird darin durchlaufen, und Alles, sagt Chateaubriand, „ist so einfach, daß man sich in diesen Unermeßlichkeiten ergeht, ohne an die Anstrengung zu denken, die es kosten mußte, so hoch auf Adlersflügeln sich zu schwingen, um eine solche Welt zu schaffen. Wer hat je solche Sachen gesagt? Wie armselig sind wir mit unseren neuen Dichtungen neben Miltons kräftiger und prachtvoller Erfindung! Die Schönheit der Poesie kommt der Schönheit der Erfindung gleich. Alle seine Geister voll unendlicher Schönheit und Manchfaltigkeit haben eine Haltung und ein Wesen, als wären sie nach ihren Charakteren gemalt von Michel Angelo oder Raphael. Anerkanntermaaßen ist Miltons Satan eine unvergleichliche Schöpfung."

Chateaubriand sagt nicht zu viel. Milton ist ein einziger Maler. Mit der Spitze der einen Schwinge reicht sein Genius an den Römer Virgil, mit der andern an Dante. Satan, der König des Hasses, verliebt sich bei ihrem Anblick in die Eva. — Ist Eva wohl schön, verführerisch schön, sie, die den Höllenfürsten rührt? So weiß Milton mit ein Paar Strichen Unaussprechliches zu leisten. Als ein wahrer Genius, als ein Großmeister beweist er sich auch dadurch, daß von dem Seinen große spätere Dichter genommen, sich an ihm entzündet haben: Klopstock und Göthe, Sonnenberg, Immermann und Byron haben von Miltons Satan Züge ent-

lehnt. Der große Dichter hat auch Schwächen, seine Natur=
schilderungen haben öfters mehr Duftiges, als genaue scharfe
Zeichnung: sein Auge sah ja die Natur nicht mehr. Anderes,
was man ihm als Fehler aufgerechnet, ist eher Schönheit
und Kunst. Sein wiedergefundenes Paradies gilt ziemlich
allgemein weniger, als das verlorene; es ist voll Schönheiten,
aber hat natürlich nicht den Zauber der Manchfaltigkeit und
Leidenschaften, wie das andere. Antike Einfachheit, ächt grie=
chische Kunst wird an der Tragödie Simson bewundert.

Nachdem Milton, einer der männlichsten, gewaltigsten,
selbstständigsten Geister, von dem Chateaubriand sagt, den Re=
publikaner finde man in jedem Verse, seine Auferstehung
feierte, wurde er als der zweite größte Dichter verehrt; das
Jahr 1688, in welchem die Stuarts für immer gestürzt wur=
den und die Freiheit wieder siegte, ist der Anfang der Ver=
herrlichung Miltons. Er hat seine Feinde unter seinem
Ruhm begraben, sagt Chateaubriand. Es ist auch etwas, einen
Chateaubriand zum Lobredner und Ausleger zu haben: er hat
das Schönste über Milton geschrieben, eine umfassende Ab=
handlung.

Welch eine Fülle poetischer Naturkraft mußte in Milton
seyn, daß er nach Shakespeare selbstständig und neu in Schön=
heiten, wahrer Schöpfer seyn konnte, in einer Zeit, da die
Mehrheit seines Volkes in der religiösen Ueberspannung bis
zur Abgeschmacktheit sich verirrt hatte, und es aus Frömmig=
keit verboten war, die schönen alten Volkslieder zu singen!
Der Bodensatz der englischen Revolution theilte der Zeit seine
Grundfarbe mit, ein düsteres, unerquickliches, religiöses Asch=
grau. Das Schauspiel konnte nicht gepflegt werden in dieser
Zeit, die Schauspielhäuser wurden als unheilige Orte ge=
schlossen, dreizehn Jahre lang. Der Stimmung der Zeit
entsprachen beschreibende und philosophische Gedichte. Da
kamen die Stuarts wieder, und mit ihnen der ganze Fluch

eines sittenlosen Hofes. Auf die Ueberfrömmigkeit, auf die religiöse Abgeschmacktheit kamen ihre naturgemäßen Gegensätze, Gleichgültigkeit gegen das Höhere, Spott und Zweifel. Die Dichter des Königthums und des Hofes waren Lovelace, Buttler, Dryden, Otway. Lovelace litt für die Stuarts im Gefängniß und dichtete Lieder edler Gefühle voll, aber seine Begeisterung galt den Stuarts, Menschen und Dingen, die sich abgelebt hatten. Er starb im Elend, war und blieb vergessen. Buttler, 1612 geboren, machte Späße auf die Revolution in seinem burlesken Gedicht Hudibras, um den Stuarts zu schmeicheln. Carl II. wußte die Spottverse Buttlers auswendig, weil Männer der Revolution darin lächerlich gemacht wurden, aber er ließ ihn verhungern, aus dem blutgetränkten Boden der Revolution wuchs der Baum der englischen Freiheit, der heute noch grünt, und Buttlers Burleske, durch welche Revolution und Freiheit verspottet werden sollten, ist durch den Hochwuchs der Geschichte selbst lächerlich geworden, doch bleiben seine Karrikaturen hirnloser Eiferer und frömmelnder Narren gut. Dryden, 1631 geboren, wurde katholisch, um seine treue Ergebenheit den Stuarts auch noch in dieser Farbe zu bewähren; auch er hatte kaum zu leben am Ende seiner Tage und starb in Elend und Jammer. Dryden hatte es verdient durch seine Charakterlosigkeit. Sein Ruhm war groß, während Niemand von Milton sprach, und doch ist er ohne schöpferische Dichterkraft gewesen und hatte Nichts, womit er siegte, als Glätte, Zierlichkeit und den Witz, den Bombast und die Schamlosigkeit des Hofes. Otway starb schon in seinem vier und dreißigsten Jahre, im Jahr 1685: ausgehungert erstickte er, als er einen hingeworfenen Bissen Brod zu hastig verschlang, und er hatte im Trauer- und Lustspiel eine schöne Dichterkraft beurkundet.

In diese Zeit ohne Tiefe, in der Alles Förmlichkeit außen und Hohlheit innen war, wie fielen da recht wie Brod des

Lebens vom Himmel herein die treffliche englische Uebersetzung der Bibel, durch welche die englische Sprache festgestellt wurde, und der Ernst, die Tiefe und Zartheit der Dichtungen Miltons! Seine Dichtungen blieben, weil er der Zukunft angehörte und dem Volke; und daß er so tief in die Masse des Volks eindrang, ist ein Zeichen seiner wahren Dichtergröße: der ewige Geist, den er angefleht hatte, hatte ihn erhört, mit dem heiligen Feuer seines Altars seine Lippen berührt und ihn zum Propheten seines Volkes geweiht.

Zu gleicher Zeit stieg auch Shakespeares großer Schatten aus seinem vergessenen Grab hervor. Wie es aber aussah im Geschmack der Zeit Drydens und Seinesgleichen, weiß man, wenn man liest, daß sie den Styl dieses größten Barden von Albion als plump und barbarisch, seine Wendungen und seinen Geist als ganz aus der Mode erklärten, und Dryden die shakespearischen Stücke sprachgerecht machte und für einen gebildeten Geschmack reinigte.

Der französische Geschmack war in England eingedrungen: die Stuarts hatten Frankreich zum Verbannungsort gehabt und hatten diesen Geschmack bei ihrer Rückkehr am Hof und in der Stadt herrschend gemacht. Alle englischen Dichter dieser Zeit sind von diesem französischen Geschmack angesteckt und durchdrungen; Shakespeare aber und Milton waren ganze Engländer, ihr Styl war ganz englisch, national, aber kein Modestyl, sondern ein ewiger Styl, und ihre Schönheiten, ihre großen Gedanken und Gestalten waren für alle Zeiten und Völker. Diesem Vaterlands= und Volksgeist war aber die Poesie der späteren untreu geworden; darum hielt sie sich nicht weder in der Welt noch in ihrem Volk. Es war Poesie ohne Boden, ohne Kern, ohne Gestalt, ohne Persönlichkeit, ohne Erfindung, ohne Eigenthümlichkeit, ohne Natur, ohne Wahrheit, ohne Lebenskraft. Sie ergötzte die höhere Gesellschaft durch glatte Versform und sittliche Leichtfertigkeit. Es war eine Poesie der geschmackvollen Mittelmäßigkeit, in reiner Sprache, ohne Genie. Die Poesie Pope's ist nichts anderes. Baar alles Idealen und jener Begeisterung, welche Ewiges in sinnlich schöner Form reicht, ist, was Pope dichtete, gestalt= los, kernlos. Sein „Lockenraub", ein Scherzgedicht, brachte ihm einen europäischen Ruf ein, wie sein übersetzter Homer Gold genug. Und doch hatte dieser Lockenraub nicht Einen bedeutenden Gedanken, der Gegenstand ist ein Nichts, aber das Nichts und die Unterhaltung über Nichts war eben der gute Ton der Leute, für die Pope und Seinesgleichen schrieben.

Das Volk hatte das Königthum besiegt und den Sieg und die Macht sich von der Aristokratie aus der Hand nehmen lassen. Die vornehme Gesellschaft füllte jetzt allein den gan= zen Vordergrund; früher galt das Königthum, jetzt galt die Aristokratie alles, und der Mittelstand fühlte sich darin, den Geschmack der vornehmen Gesellschaft zu bewundern und etwas davon nach zu kosten. Diesen guten Ton brachte Pope in Verse, in sehr glatte, zierliche, sprachreine, gar wohllautende Verse; sie fließen so leicht wie Wasser dahin, und auf diesen durchsichtigen Wassern treibt das Gewöhnlichste in einer Guir= lande wohlfeiler Witzblumen graziös dahin in Flitter und Schminke, und Alles ist kalt, recht vornehm kalt. Pope unter= hielt die vornehme Welt mit nichts, als mit dem, was sie selbst dachte und liebte, nur daß er es in seine Reime ein= kleidete und aufputzte, darum bewunderte ihn die vornehme Welt. Das Innere dieser glänzenden poetischen Aepfel war faul: Pope sagt in zierlichen Versen, die Religion sey nur ein Kinderspiel abgelebter Herzen, das, was den Kindern Klapper und Steckenpferd sey. Wer, wie Pope so verspottet, was die Lebenskraft, Kern und Weihe Völkern und Menschen allein giebt, von dem ist nicht zu verwundern, wenn er den niedrigsten Vorurtheilen der vornehmen Erziehung schmeichelte, und alles auf das Behagen und die angenehme Unterhaltung des eigenen Selbst als das Höchste zurückführte, und Aufopferung für Freunde und Vaterland und Alles, was das Gemüth adelt und hebt, für Schwärmerei, für Träume, für Thorheiten, für lächerliche Undinge erklärte, Selbstsucht aber und Verstand als die Hauptfedern der Lebensmaschine. Pope's Witz ist immer nur boshaft, bitter oder leichtfertig, niemals edel.

Swifts Witz, so unvornehm und derb er ist, hat sich seines Vaterlands Irland, seines unglücklichen Volkes, wenigstens edel angenommen, und dieses Volk vor den Prellereien aus den Kreisen bewahrt, deren Uebermuth von Pope geschmeichelt wurde. Jonathan Swift war ein Irländer. Der 30. November 1667 war der Geburtstag dieses großen Satyrikers, er war Geistlicher, ohne sich im Kirchenrock glücklich zu fühlen, wiewohl er lebte als trüg' er ihn nicht. Das wirklich Erbärmliche seiner Zeit in allen Schichten der englischen Gesellschaft, alle ihre Verkehrtheiten brechen sich in dem satyrischen Spiegel Swifts als lächerliche Caricaturen. Liebenswürdiger Humor ist ihm ganz fremd, er selbst ist verbittert, aber die kalte Ruhe und das Satyrlächeln, womit er das Verwerfliche seiner Zeit zeichnet, so recht in den einzelnsten charakteristischen Zügen sie sich selbst aussprechen läßt, stellen ihn in der Satyre so hoch. Seine Reisen Gullivers in Lilliput, das Mährchen meiner Mutter Gans, seine Briefe eines Tuchhändlers an das Volk in Irland voll Herbigkeit der Satyre, und zwar wahrer Satyre auf Hof, Maitressen und Minister und auf manchen Unsinn überall herum, haben genug Geist in sich und Darstellungskraft und Bahnbrechendes und Lichtendes, um ihm den Platz unter den größten Satyrikern zu sichern. Man muß nur über vielem Derbem, Ungezogenem, Anstößigem, Breitem den Geist mit seinen Goldkörnern nicht übersehen, und nicht, zu wem er sprach: er sprach zum Volke, nicht zur vornehmen Welt. Pope saß auf Shake=

speare herab, der nur für das Volk geschrieben habe, ohne darauf zu denken, Geistern höheren Ranges sich gefällig zu machen.

Und dieser Pope wurde nicht nur in den Salons, sondern von der Critik des achtzehnten Jahrhunderts der erste der Dichter genannt. Der Sinn für das Schöne war so abhanden in diesen Kreisen, daß sie eine Uebersetzung Homers bewunderten, die Pope und einige Schüler in Reimen zusammen schneiderten, und in der dem Vater Homer seine ideale Natur, seine edle Einfachheit, seine griechische Nationalität rein ausgezogen wurde, und dafür ein neuer englisch-französischer Frack angethan und die Wange geschminkt. In gleichem Grade lächerlich ist nur die widrige gleichzeitige Erscheinung des Trauerspiels Cato von Addison, in welchem der Altrömer Cato von Attika im Schlafrock mit Plato's Phädon in der Hand auftritt, inmitten von Liebesscenen, und rednerisch in hohlen, steifleinenen Worten groß thut. Und dieser Addison mit diesem Stück Arbeit erntete zehnmal mehr Ruhm und Bewunderung als Shakespeare je im Leben. Dieser Addison war auch als lyrischer Dichter berühmt; und was waren seine Poesien? Ein diplomatisches Gedicht auf den Nyswiker Frieden, ein militärisch-politisches Gedicht, die Schlacht bei Blenheim, in Verse gesetzte Zeitungen. Andere Poeten der Zeit buhlten auf die gleiche Weise mit der Mode des Tags, und diese Buhlerei mit dem guten Ton des Augenblicks brachte denen, die sich dazu hergaben, Wohlleben. Der Dichter Savage, der höher strebte, mußte die Papierstücke, auf die er seine Gedichte schrieb, von der Gasse auflesen, und verhungernd ließ er in seinen letzten Versen die Furie des Selbstmords ihn antreten, wie sie, „die Braue halb zerrissen durch die Angst und Qual des Gedankens dem Menschen zuruft: blasser Elender, erwarte von mir Tröstung; das Kind der Verzweiflung bin ich und Selbstmord ist mein Name".

Dryden, Pope, Addison, Steele wurden die Classiker Englands genannt, ihre Zeit hieß lange die klassische Zeit der englischen Poesie, und die gemeine, breite Wirklichkeit, die Alltagsgeschichten, die häuslichen Scenen, in der Brühe einer ärmlichen Sittenlehre, versüßlicht durch eine verzuckerte Frömmelei, andererseits pikant gemacht durch Religionsspott, — machten den ganzen Gehalt ihrer Poesie aus, in leichten, zierlich geglätteten Formen.

So hatte auf die poetischen Gewitter des Genius, auf die Sommernächte Shakespeare's, auf die Kernhaftigkeit, das Feuer und den Adel Miltons, eine Poesie Platz gegriffen, welche platte, rednerische Prosa war, eine kraft- und saftlose Stylistik, die mit Langerweile unterhielt, weil die Langeweile zierlich und sorgfältig angekleidet war. Auf das große Geschlecht, welchem tiefe Erschütterungen und Bewegungen sein Leben gewesen waren, war ein Geschlecht gefolgt, das nicht stärker bewegt seyn wollte als von einem Hauch, wie er nöthig ist, um ein Flaumfederchen vom Rock zu blasen.

Auch in Milton fand sich zwischen hinein Gewöhnlicheres, der Prosa sich Näherndes, Lehrhaftes, aber seine Gegenstände waren dann doch die großen vaterländischen Fragen seiner Zeit, und wo er rednerisch wurde, war es die Freiheit wenigstens, die einen göttlich beredten Mund in Versen hatte. Jetzt aber dichteten sie über die Kunst die Gesundheit zu erhalten, über die poetische Kunst, über die Kunst der Einbildungskraft, über die Kunst der Politik und über die Kochkunst. Was von guter Poesie noch da war, waren Volkslieder, die aus den wiederbelebten Balladen, welche das Volk seit der Mitte des achtzehnten Jahrhunderts wieder sang, als Ableger gezogen wurden. Daneben zeichnet sich das beschreibende Gedicht „die Jahreszeiten" von Thomson aus, durch meisterhafte Naturmalerei. Der Schlußgesang seines Maskenspiels Alfred, der das Nationallied der Briten wurde: „Rule Britannia" ist nicht von ihm, sondern von einem namenlosen Dichter aus dem Volke. Thomson war 1700 geboren und 1748 gestorben. Noch vor ihm, diesem dichterischen Naturmaler, war der philosophische Dichter der Nachtgedanken, Eduard Young, geboren, 1684. In Young, der die Nachtgedanken erst 1741 dichtete und zwar in Prosa, zeigt sich, wie in Thomson, die Rückkehr zur Natur und zu tieferem Gehalt. Das Lehrgedicht Youngs ist ein lyrischer Strom aus den Tiefen der Seele hervor, trotz des Lehrhaften von gewaltiger Kraft und frischem Leben; fließt dieser auch oft zu breit, und treibt auch oft Unpoetisches daher, oft nur prächtige Worte, so bleibt es doch ein selbstständiges Gedicht, voll Fantasie und Gedanken, kühn zuweilen bis zum Schrecklichen. Der Schwermuthston der alten Ballade klingt glücklich und volksthümlich durch Youngs Betrachtungen hindurch.

An die beschreibende und lehrdichtende Richtung schloß sich der sentimentale und humoristische Roman.

Richardson, der von 1689 bis 1761 lebte, hatte mit seinen Charakterzeichnungen aus dem Familienleben, seiner Pamela, seiner Clarissa, seinem Grandison den Anfang gemacht. Es waren moralische Romane in schleppend breitem schwerfälligem Briefstyl, aber reich an Verwicklungen und Gefühlen, und nicht arm an Gedanken; und behängt er auch seine Helden und Heldinnen mit abgezogenen Begriffen und Tugenden, so weiß er doch auch die Grundkräfte und Leidenschaften des Herzens mit bewundernswerther Wirklichkeit darzustellen, das rein Menschliche, und seine Romane haben in ihrer Gliederung, seine Charaktere in ihrer Entwicklung innere Nothwendigkeit, wenn er auch übertreibt. Natürlicher war Fielding, 1707 geboren, mit Richardsons Vorzügen ohne seine Fehler in seinen Romanen Tom Jones, Amelia, Joseph Andrews. Oliver Goldsmith, der von 1729 bis 1774 lebte, überragte Beide an einfacher Schönheit, und sein vortrefflicher Pfarrer von Wakefield, diese liebenswürdige, sentimental heitere Idylle, wird durch den Humor der Empfindung, durch die naturwahre Zeichnung liebevoller Verhältnisse immer erfreuen. Die Romane des Schotten Smollet, voran seine Abenteuer des Peregrine Pickle und seine Reisen des Humfrey Klinker, beleuchtete mit der Fackel der Komik die Laster der Gesellschaft. Er war 1720 geboren. Diese wahrhaft bedeutenden englischen Romandichter, die recht lebenstüchtig auf den Boden der Wirklichkeit ihre Romane stellten, waren alle Zeitgenossen von einander, und starben auch wenig aus einander, auch der feinste und genialste Geist unter ihnen, Lorenz Sterne, dieser liebenswürdigste aller Humoristen, erblickte das Licht der Welt in Irland im Jahre 1713 und hörte auf zu lachen im Jahre 1768. Sein Tristram Shandy und Yoriks empfindsame Reisen sind weltberühmt. Sterne ist darin ganz genialer Schöpfer, er eroberte neuen Boden für die Poesie, er schloß eine neue Welt auf. Er ist seitdem unter wie viel Völkern von wie Vielen nachgeahmt worden, aber sein Humor steht einzig und darum ewig da. In England, wo man die Feinheiten seines Styls am besten zu schätzen wußte, wurde er am wenigsten nachgeahmt, wohl aber hatten Clarissa und Tom Jones eine zahlreiche Nachkommenschaft von Familiengemälden und Romanen der Abenteuer, und der Roman blieb seitdem die gelesenste Dichtart in England wie überall.

Trauerspiele und Lustspiele, aber meist nur Häuslichkeitsstücke, wurden unzählige gedichtet; das Lustspiel wies manches Gute auf, doch ohne nur ein Stück neuen Bodens der Poesie zu erobern. Darum sind selbst die Namen der Verfasser nicht wichtig: alle bisher Genannten arbeiteten im Dramatischen, wenige ausgenommen, und zu Ende des achtzehnten Jahrhunderts verschwand diese ganze trauer- und lustspielende Masse wie ein Spuk vor dem Genius Shakespeares, den Garrik wieder auf die Bühne brachte.

Auch die Lyrik war arm. Gray machte sich als elegischen Dichter berühmt durch wehmüthig-süße, melancholisch lächelnde Lieder. Sein Freund Mason, Chatterton, Cowper brachten wieder höheren Schwung in die Lyrik: das Lied wurde wieder natürlich einfach, tief und dabei gemüthlich, innig. Cowper ist der ausgezeichnetste unter den im engern Sinn englischen Liederdichtern; er hauchte dem Lied wieder eine nationale Seele ein. Niedliche und anmuthige Liedchen flogen von unbekannten Dichtern wie Lerchenstimmen aus blauer Luft umher. In dem Schotten Ramsay war von dem Geist der alten Barden und der Ballade. Aber nur Ein großer Liederdichter steht an der Neige des vorigen Jahrhunderts, der Schotte Robert Burns.

Burns wurde um das Jahr 1758 bei Mauchline unweit der Stadt Ayr geboren, in ländlicher Hütte unter den Bauern. Seine Poesie war ganz Himmelsgabe, und damit ist er der Sänger geworden für die Hütte wie für den Palast. Seine Lieder sind recht aus dem Kern der Poesie, aus der Natur und dem Herzen des Volks; tief und innig und einfach, voll jener Laute, die immer alle Seelen bewegen, die das Volk, dem er manche Schönheit seiner Lieder vom Munde nahm, ebenso ansprechen wie den Gebildeteren, der ihre Schönheit noch höher empfindet. Die eingeborne Kunst verschmilzt sich ganz darin mit der Natur, sie sind Naturgewächse und haben die Vorzüge vollendeter Kunstgedichte zugleich, so sorgfältig gefeilt ist ihre Form. Das ist es, was Burns so hoch stellt, und ihn zum Dichter im höchsten Sinn, zum Genius macht. Und seinem Genius gab er sich ganz hin, nicht der Mode des Tages, und wurde ganz nationaler Dichter, indem er Volksdichter im engern Sinne blieb. Denn mit ganzem Herzen liebte er das Volk, und das Landvolk vor Allem, und dieses liebte ihn. Er lebte, was er sang, und die Schwermuth wie die Fröhlichkeit des Lebens, die aus seinen Liedern wieder klingen, sind sein eigenes Leben und das Leben um ihn her. Seine Trinklieder, seine Schilderungen ländlicher Scenen sind voll ächten Humors. „Die zwei Hunde" und „die Samstagnacht des Hüttenbewohners" sind Gedichte einzig in ihrer Art. Den Adel im Wesen derer, die den Boden bauen, der arbeitenden, der verachteten Kinder des Landes, hebt seine Dichtung in ein schönes Licht. Von ihm her schreibt sich eine neue Zeit für die Liederdichtung Englands.

Leiden und Sorgen, Widerwärtigkeiten waren sein Loos im Leben, durch fröhlichen Gesellschaftsgenuß überwand er sie, vielfach unglücklich, aber sein Lebenlang ein unabhängiger Mann. Im acht und dreißigsten Jahre nahm ihn der Tod hinweg, und erst nach dem Tode gingen seine Lieder aus der heimathlichen Enge hinaus und verbreiteten sich über die drei Reiche, und seitdem über die Welt, und mit ihnen sein wachsender Ruhm und die Liebe der Herzen für ihn. Am 6. Aug. 1844 wurde in der schottischen Stadt Ayr das Burnsfest gefeiert, das Fest des Dichters, „der Sonnenschein in dunkle Orte brachte und besang, was ächt gut ist," in Liedern, die durch ächt nationale Färbung, Kraft und Anmuth Herz und Ohr des Schotten, des Iren und Engländers gleich entzücken. Von allen Küstenstädten der Nachbarschaft bis Liverpool und Belfast waren Schiffe mit Gästen erschienen, Hunderte von Flaggen wehten längs dem Frith von Clyde, und allein die Zahl der Fremden rechnete man zu mehr als siebzigtausend. Die Musiken spielten Lieder Burns, und Alt und Jung sangen Lieder Burns, der das Lied Englands von dem französischen Geschmack befreit, und an's Herz der Nation zurückgeführt hatte.

Französische Poesie.

Die Kraft der französischen Poesie, welche lange solchen Einfluß auf das Dichten eines Volkes ausübte, das so eben einen Shakespeare und Milton gehabt hatte, könnte wahrhaft groß scheinen. Sie ist es aber nicht. Die Macht der französischen Literatur liegt nicht in dem Ursprünglichen und Lebenskräftigen der Poesie, denn dieses hat sie nicht. Man ist in Deutschland wie in England darüber einig, daß die Franzosen das am wenigsten poetische Volk in Europa sind, in dem Sinn, daß sich die Poesie im poetischen Wort und Bild ausdrückt. Denn in der Poesie des Heldenthums, der Thaten sind sie groß vor andern, und sie gleichen darin den alten Römern, die auch nicht die ausgezeichnetste Poesie schrieben, aber die größte Poesie auf den Schlachtfeldern wie auf dem Marktplatz Roms, auf der Weltbühne spielten. So geht auch bei den Franzosen die wahre Tragödie öfters durch die Straßen von Paris als über die Bretter des Schauspielhauses, und ein größeres Heldengedicht ist mancher Heereszug, als das beste Gedicht ihres besten epischen Dichters.

Darum ist auch, wie bei den Römern, ihre Geschichtschreibung wahrhafter poetisch als ihre Gedichtschreibung, wiewohl sie auch in der Geschichte bis jetzt mehr auf Pracht des Gedankens und Wortes, auf glänzenden und hinreißenden Styl ausgingen, als auf die einfache Hoheit der Wahrheit und den stillen Geist der Schönheit.

Wie wenig die Franzosen dem Genüge thun, was wir Deutsche von ächter Poesie fordern, zeigt das eigene Geständniß der erstern, daß sie das vorzüglichste Verdienst eines Dichters in die Diktion und in das Geschmackvolle setzen. Damit muß man aber ihnen eben auch zugeben, daß Alles, was nicht Franzose von Haus aus ist, die Empfänglichkeit, das feine Gehör und Auge für das nicht haben kann, was dem Franzosen in seiner Poesie das Höchste ist, für die sprachlichen Schönheiten, für die geheimen Zauber des eigenthümlichen französischen Ausdrucks und der nationalen Wendungen. Die Franzosen selbst nennen die Sprache ihrer Dichter die reine Sprache der Götter, und sind überzeugt, daß sie allein unter allen Nationen eine wahrhaft klassische Poesie besitzen, klassisch durch die Vollendung des Ganzen und das richtige Verhältniß der Theile. Sie hielten ihre Tragödie der altgriechischen ganz gleich und ebenbürtig, und erst neuerdings gingen den höher Gebildeten unter den Parisern die Augen darüber auf, was für ein Unterschied ist zwischen denjenigen Griechen, die man ihnen bisher als Griechen vorführte und den ächten Griechen, wie sie sich in ihren eigenen Schöpfungen geben. Als die Antigone des Sophokles vor drei Jahren in ihrer wahren antiken Gestalt über die Bühne zu Paris ging als das erste altgriechische Gedicht, da war die Verwunderung aber auch der Aerger groß vor den heroischen Verhältnissen, der unverhüllten Natur, den wahren Gefühlen, den großen schönen Gedanken und der Kraft und hohen Einfalt der griechischen Form. Vor dieser Poesie, in der sich Natur und Kunst zum höchsten Leben verschmolzen zeigten, mußte dem feineren Verständniß selbst eines Franzosen die klassische Poesie seines eigenen Landes fast nur wie eine Schöngeisterei, höchstens wie eine geschmackvolle Kunstarbeit erscheinen.

Im sechszehnten Jahrhundert und schon etwas früher fingen die Franzosen an, aus der mittelalterlichen Romantik heraus an die Nachahmung der alten Griechen sich zu machen, vorn herein in roher äußerlicher Weise, später mit Geschmack, aber mit französischem Geschmack, der das Regelrechte mit idealer Kunst verwechselte.

Da die Franzosen in keinem Zweig der Poesie neu und

schöpferisch waren, und für dieselben kaum einige Hufen Landes, geschweige denn eine neue Welt gewannen, und die großen Vorzüge ihrer Literatur ganz wo anders als im Bereiche des Poetischen liegen: so genügt es, die hervorragenden Dichter zu zeichnen, und andere, noch weniger eigenthümliche, mit Namen anzuführen.

Selbst im Lyrischen war von Anfang an nicht die Fantasie, sondern eine Art poetischer Verstand vorherrschend, und vom fünfzehnten Jahrhundert an wurde die Reflexion der Grundton aller französischen Poesie, auch des Liedes. Die Form wurde fester, aber diese Form beseelte nicht ein himmlischer Hauch, sondern spielender Witz und Verstand, wenn es hoch kam, die Betrachtung. Wie sehr die Vorzüge der französischen ältern Lyrik in der äußern Form, vorzüglich im Sprachlichen beschlossen sind, das beweist ihre Uebertragung in eine andere Sprache. So ein französisches Lied liegt verdeutscht vor unsern Augen, wie eine aus ihrem Lebenswasser aufs Trockene gebrachte, abgestorbene Grundel. Was man in höherem Sinn Fantasie heißt, das fehlt mehr oder minder nicht allen, aber den meisten französischen Dichtern, und während dieselben durch Vorzüge der Prosa die meisten europäischen Dichter überragen, kann dieser Ruhm die Wahrheit doch nicht verdunkeln, daß die größten prosaischen Vorzüge keinen ächten Dichter machen: den Dichter machen nur dichterische Eigenschaften.

Wer wollte die Fantasie dem unendlich geistreichen Karrikaturenschöpfer, dem Komiker Rabelais absprechen? dem Manne, der in der Jugend nichts lernen wollte, als Klostermönch wegen einer Leichtfertigkeit eingemauert, nur durch hohe Verwendung befreit, und der größte Satyriker Frankreichs, einer der größten aller Zeiten wurde. Er starb um das Jahr 1553. Sein letztes Wort war: Ich gehe, ein großes Vielleicht zu suchen. Sein Testament lautete: Ich habe nichts; ich bin viel schuldig; ich gebe den Rest den Armen. Das war der Meister, der den großen satyrischen Roman Gargantua und Pantagruel schuf, einzig in seiner Art durch die Kühnheit seiner Zusammenstellungen und seiner Wortschöpfungen, durch die Kraft der Zeichnung mit wenigen gewaltigen Strichen, durch die Schärfe des Witzes und den Humor der Weltanschauung, durch die Tiefe seiner Satyre, womit er die Gebrechen seiner Zeit und der Menschen überhaupt, der Großen und Kleinen, geißelte, durch die glücklichsten Sprünge vom Ernst in den Scherz, und vom Scherz in den Ernst, durch eine großartige Weisheit unter dem Ueberwurf von scheinbaren Ruchlosigkeiten, und durch einen großen Styl. Rabelais's Komik ist die ausgelassenste, muthwilligste Genialität, mit den Kräften eines Riesen und dem naiven Ton eines spielenden Kindes. Der Gehalt seines wunderlich bunten, göttlichtollen Buches ist ein ewiger; er gehört nicht nur seiner Zeit, sondern jeder Zeit an, weil im Besondern das Allgemeine gezeichnet ist, weil er tief aus der menschlichen Natur nahm. Man stoße sich nur nicht an dem Seltsamlichen seiner Bildungen: er sollte und wollte das Ungeheure des Burlesken geben. Man ärgere sich nicht am Gemeinen: das ist ein unentbehrliches Ingredienz einer solchen Komik, wenn sie ist, was sie seyn soll. Er schuf die französische Literatur, mit ihm fing die Sprache an, viele lernten von ihm, aber sie wußten nicht wie er die Sprache weiter zu bilden und zu bereichern. Sein Genie vererbte sich nicht.

Statt wie er die Sprache immer freier und beflügelter zu machen und ihr schöne sinnliche Anschaulichkeit zu geben, banden und beschnitten sie ihr die Flügel und zogen ihr alles Fleisch ab. So wurde die französische Sprache das, was sie bis zur Revolution blieb, unfrei, kaltblütig, abgezogen, abgeblaßt, unvolksthümlich, vornehm, reich an Ausdrücken für praktische Dinge, arm an Bezeichnungen für das, was in der

Tiefe der Seele vorgeht, für alles Ideale. Erst die Revolution, welche alles Ueberkommene umkehrte, und alles Gebundene frei gab, führte auch der Sprache wieder aus der Hütte und vom Markt, aus den ursprünglichen lebendigen Quellen neue Lebenskräfte zu, und gestattete ihr einen freieren und höheren Schwung. Unter unermüdlichem Säubern und Klären durch solche, welche kalte Schönredner aber keine Dichter waren, war die Sprache freilich zu einer eigenen Klarheit und geschmackvollen Einfachheit gekommen.

Eben so wurden Grundgesetze und Gränzen der Poesie für immer und ewig festgestellt, Glaubenssätze der Dichtkunst, von denen keiner abweichen durfte, und zwar Gränzen und Gesetze sowohl für die Form als für den Inhalt. Unerläßlich war für das Schauspiel die Beachtung der hochheiligen Regel der drei Einheiten und die Scheidung des Komischen und Tragischen, des Ernstes und des Witzes. In der Tragödie war der Wärmegrad des Gefühls und der Leidenschaft vorgeschrieben, alles Starke war verboten, und nur das Zarte, anständig Gemäßigte der Gesinnung und des Ausdrucks, eine gewisse Vornehmigkeit beider, was man so Adel und fürstlichen Anstand in den gebildeten Kreisen nannte, war zugelassen. Weiter war das Feld für die Posse und das Intriguenstück, doch mußte auch der Inhalt dieser hoffähig, eine höflich feine, nach dem Begriffe der gesellschaftlichen Etikette anständige Kurzweil seyn. Wehe dem, der etwas geschrieben hätte, das vom Athem des Volkslebens nur von fern angehaucht gewesen wäre, nur einen einzigen Ausdruck! Alles mußte aus der sogenannten guten Gesellschaft genommen seyn.

In solchen Fesseln mußte sich die französische Poesie bewegen. Sie konnte keine Palme werden, das Genie wird groß nur in der Himmelsluft der Freiheit; sie wurde ein hübscher Zierbaum im Hofgarten.

Lafontaine, geboren 1621, gestorben 1694, war einer von den Wenigen, die Talent und Kraft genug hatten, sich nicht ganz von der heroischen Etikette gefangen nehmen zu lassen, und in seinen anmuthigen kleinen Erzählungen und Fabeln natürlich wahr sich gehen zu lassen, unbekümmert um das Regelgeschwätz. Er versöhnte die vornehme Gesellschaft durch bezaubernde Leichtigkeit, durch das zierlich Artige seiner Form, durch das fein Geglättete: um dieser Vorzüge willen verzieh man ihm, daß seine kleinen Dichtungen natürliche Schönheit hatten und nicht verkünstelt waren, aber auch Lafontaine war so wenig ein Dichter im höheren Sinn, daß auch er das größte Verdienst eines Dichters in den Styl setzte.

Lafontaine hatte vorzüglich Rabelais geliebt und von ihm gelernt: in Rabelais fand auch Moliere seinen Meister; er stammt von ihm ab, sagt Chateaubriand.

Moliere.

Moliere wurde 1622 zu Paris geboren den 15. Januar. Er hieß eigentlich Jean Baptiste de Pocquelin. Um seinen Vater, welcher königlicher Hoftapezierer war, nicht zu beschimpfen, nahm er als Schauspieler den unbekannten Namen Moliere an. Aecht genial wie er war, nahm er sich in den Stücken, die er als Schauspieler dichtete, große dichterische Freiheiten, er brach sich eine eigene Bahn, brachte eine Scene aus der wirklichen Welt auf die Bühne und der Beifall rauschte ihm zu. Das Trauerspiel mißglückte ihm ganz, um so größer war er im Lustspiel. Auch er bildete sich nach und nach. Seine Erstlingsarbeiten konnten sich nicht halten, dreißig Lustspiele von ihm gehen durch die Jahrhunderte fort, darunter sind die berühmtesten „Alles zur Unzeit," das viel Glück machte, seiner frühesten eines; „Die Eleganten;" worin er die Affektation des Geschmacks lächerlich machte; „Eifersucht in allen Ecken;" „Die Männerschule;" „Wer zuletzt lacht, lacht am besten;" „Die sympathetische Cur;" „Peter Rothbart; „Die gelehrten Frauen" u. s. w. Als das Meisterwerk seiner Muse gilt „Der Misanthrop," es ist das feinste seiner Lustspiele; sein größtes ist „der Tartüffe." Durch Geißelung der Heuchelei machte er sich alle Frömmler zu Todfeinden, von der Kanzel herab wurde er zum Scheiterhaufen verdammt. Schon durch seinen Don Juan hatte er sie gegen sich erregt, seine Freimüthigkeit war darin zu weit gegangen. Zu seinem Glück lachte König Ludwig XIV. noch länger gern über die Lustspiele seines Moliere, und dieser erfreute sich einer glänzenden Stellung in jeder Hinsicht. Er hatte schon den Tod in den Adern, als er noch in der Fieberhitze seinen „Kranken in der Einbildung" schrieb. Am Ende der Aufführung des Stücks war er eine Leiche, am 17. Februar 1673. Die Geistlichkeit verweigerte ihm das Begräbniß, der König erzwang es. Hätte Moliere nicht die Hofaufgabe gehabt, den König lachen zu machen, er hätte viel Höheres geleistet. Viel Kraft und Zeit mußte er in Gelegenheitsstücken verpuffen. Moliere war der edelste Mensch, er, der Maler der verdorbensten Sitten, gleich Aristophanes. Dieser hatte die Volksfreiheit zu seinem Schilde, Moliere mußte einem despotischen Hofe mit um so größerer Klugheit und Feinheit die Spitze verdecken und umhüllen, womit er in die Schwächen, in die Albernheiten und Sünden seiner Umgebung stach. Es ist Sterbliches in manchem seiner Stücke; was blos seiner Zeit angehörte, ging natürlich mit dieser vorüber. Aber in seinen höheren Stücken ist das allgemein Menschliche gezeichnet, sie haben darum Ewiges in sich, Bleibendes für alle Zeiten und Völker. Moliere, der das französische Lustspiel schuf und vollendete, unerreichbar groß im niedrig Komischen und in jenen überraschenden Zügen, deren fein Treffendes nur dem Genie aus der Feder kommt, ist der genialste aller französischen Dichter, und hat mehr Herzen in der Welt erobert, als Corneille und Racine, zwischen denen er der Zeit nach mitten inne stand.

Die Franzosen nennen Corneille ihren Aeschylus. Niemand erwarte aber in ihm eine Erscheinung wie jenen Riesen, der der Schöpfer der altgriechischen Tragödie wurde, jenen Halbgott, aus dessen Haupt der Prometheus kam und die Eumeniden. Die Vergleichung paßt nur, in so fern Corneille der erste größere Trauerspieldichter im klassischen Styl der Franzosen war. Sein Trauerspiel „Cid," das im Jahr 1636 erschien, wurde allgemein bewundert. Nach diesem gab er „Die Horatier;" „Cinna;" „Polyeuct;" „Der Tod des Pompejus;" „Rhodogune;" „Oedipus;" „Heraklius;" „Andromeda;" „Nicomedes;" „Sertorius;" „Otto;" „Agesilaus;" „Attila;" und andere; drei und dreißig im Ganzen; auch einige Lustspiele, worunter, „Der Lügner" vorzüglich gefiel.

In Corneille ist etwas von altrömischer Seelenstärke, Heroismus ist der Kern seiner Dichtung, er geht auf das Große, das Bewunderung heischt, aber er übertreibt oft, er hält die Gränzen der Natur und der Schönheit nicht ein, und bringt seine Helden und Heldinnen oft in die unnatürlichste Lage. Sein Cid hat große Schönheiten, aber auch er ist kein schönes Ganze, so wenig als irgend ein Stück von ihm. Von der stillen Schönheit, in der der höchste poetische Genius sich kund thut, von jener Einfachheit und Wahrheit, mit der Shakespeare malt, ist nichts in Corneille; Corneilles Cleopatra wird der shakespearischen gegenüber fast lächerlich, Corneille macht sie zum Ideal der Beständigkeit, zur Tugendheldin! Dagegen ist viel Schein-Großes in seinen Stücken und wenig innerer Zusammenhang; die innere Nothwendigkeit kommt in allen zu kurz. Sein Zauber besteht in seiner

hinreißenden Beredtsamkeit, in dem Glanz des Ausdrucks, in
den schlagenden Gegensätzen, in dem Ungewöhnlichen, und in
der am Hof des vierzehnten Ludwig überraschenden Beigabe
altrömischer Gesinnung. Ja Corneille hat in einem überaus
hohen Grade denjenigen Fehler an sich, den die meisten Fran=
zosen mit ihm theilen: ihm ist es nicht um die Harmonie des
Gedichtes, um ein in sich geschlossenes Kunstwerk zu thun,
sondern vielmehr darum, seine große Beredtsamkeit, seine glän=
zenden Talente recht leuchten zu lassen; er spricht mehr, als
die handelnden Personen, als die Sache. Geboren ward er zu
Rouen 1606, er starb zu Paris 1684.

Dreiunddreißig Jahre jünger war Racine, den die Fran=
zosen ihren Sophokles nennen: er war nur der Sophokles
am Hofe Ludwigs XIV., wie ihn dessen Etikette werden ließ
und brauchen konnte. Racine malt viel wahrer als Corneille,
er kommt der Natur oft nahe, seine Farben sind bescheiden,
er deutet oft nur leise an und macht um so größere Wirkung.
Nicht die Kraft, die Zartheit zeichnet ihn aus, Maaß und
Anmuth. Einundzwanzig Stücke schrieb er, sie sind weit mehr
als die Corneille's ausgearbeitet, doch nicht alle in gleichem
Grad. Brittanicus, Berenice, Bajazet, Mithridates lassen
die schwächeren, auch die Iphigenie und die Esther, übersehen;
die Phädra und die Athalia sind seine größten Stücke, in ih=
nen ist noch am meisten Anhauch altgriechischer Kunst. In
der Athalia führte er auch den griechischen Chor ein. Es ist
ein kühnerer Flug, eine zartere Anmuth, eine höhere Gesin=
nung in der Athalia, als in seinen andern Stücken. Ein
Hauch beseelt das Ganze, eine religiöse Weihe hebt es: es
war sein Schwanengesang, er starb im Jahr 1699, an der
Schwelle des achtzehnten Jahrhunderts.

Chateaubriand hat die schönsten Stellen aus den franzö=
sischen Tragikern ausgehoben, und sie shakespeareschen gegen=
über gestellt, um zu zeigen, nicht wie ebenbürtig, sondern wie

überlegen Corneille und Racine dem großen Britten seyen in der Durchführung der Rollen, in der Malerei der Leidenschaften, der Seelenkämpfe, in der Verwicklung, in der Steigerung und der Wärme des dramatischen Interesse. Aber was sind alle diese Stellen, was beweisen sie? Sie sind blasse Schatten, denen das warme Herz und das rosigte Blut fehlt, gegen Shakespeare's lebensfrische Gestalten-Poesie. Man fühlt wohl heraus, Chateaubriand weiß dies recht gut, und er will nur seine Landsleute begnügen, damit sie seine Verherrlichung Shakespeare's anhören und ertragen. Er setzt selbst zuletzt alle Schönheit der französischen Dichter, aus denen er ausgewählt hat, nur in den Adel, oder beziehungsweise das Süßverschämte, und in die Melodie ihrer unbezeichenbaren Sprache. Und das ist es auch. Es sind Worte, die glänzen und klingen wie blasses Gold, melodisch klingen und rein, ohne dabei sehr goldhaltig zu seyn. Es ist eine angenehmst wohllautende Sprache, aber ohne schönes Fleisch, ohne feste runde Formen, und ohne ein lebenswarmes Herz: die künstliche Bildung des Jahrhunderts läßt sich hören, es sind nicht die einfachen ewigen Laute der Natur, und selbst wo Racine einfach wird, ist die Einfachheit eine künstliche. Geschmack in seiner Reinheit! ist das Losungswort der klassischen Schule der Franzosen: geniale Schöpferkraft, Kraft des Genius, der mit der Natur die wahre Schönheit, die ideale, zeugt, ist die Losung, an der man die ächte Poesie erkennt. Das Schöpferische wie das Naturwahre, die ächte Poesie haben die französischen Klassiker nicht in sich, Racine ist nur davon angehaucht, und auch bei ihm thut der Zwang weh, der die Handlung in die Einheit des Orts und der Zeit, in dieselben Wände und in den engen Zeitraum eines Tages einzwängt, nicht auf freien Plätzen die Handlung entfaltet, wie in der Tragödie der Griechen, noch weniger im freien Wechsel des Orts und der Zeit, wie bei Shakespeare. Die Folgen davon, Armuth und Unwahrschein-

lichkeiten, lassen sich durch nichts verdecken, selbst Kälte und
Langweiligkeiten hängen mit dieser Einförmigkeit zusammen,
und national ist die klassische Poesie gar nicht; ob sie gleich
die Griechen und Römer und Türken in der Tracht, der
Sprache und den Sitten des französischen Hofes vorführte.

Voltaire, geboren 1694, gestorben 1778, wurde und
wird von Vielen als der größte unter den klassischen Dichtern
verehrt. Ein schöpferischer Dichter im höheren Sinn war er
gar nicht. Groß ist sein klarer Verstand, scharf sein Witz,
aber nur beweglich und in Vorgefundenes sich einschmiegend
ist seine Einbildungskraft, nicht neu und groß. Fantasie, die
Schöpferkraft des Idealschönen, gebricht ihm ganz, ebenso die
Tiefe des Geistes. Den Dichtern Englands, wie wir sie nach
Shakespeare und Milton gesehen haben, lernte er ihre Poesie
und ihre Weltweisheit ab, und wurde in Sprache und Vers=
bau so vortrefflich als sie, und, indem er in seinen eigenen
Ansichten sich mit den ihrigen nur zusammenschloß, und von
Haus aus geistreicher war als sie, dabei auch ein viel weit=
läuferes und biegsameres Darstellungstalent hatte, verstand er
es meisterhaft, dieselben dem Mund seiner Franzosen und des
Zeitgeistes auf das Gefälligste gerecht zu machen. Seine
Wirksamkeit reichte über ganz Europa hin durch die glückli=
chen Angriffe, die er auf das machte, was in den menschli=
chen und staatlichen Verhältnissen Europa's ausgeartet war,
und werth, daß es zu Grund gehe. In manche Nacht hinein
hielt er die Fackel des Lichts, und er zog die Schwefelfäden
und zündete sie zuerst an ihren äußersten Enden an, durch
deren langsam fortschleichendes Feuer so viel falscher Flitter,
der so lange der Menschheit zum Schaden gewesen war, zu=
letzt in Brand und Rauch aufging. Voltaire hat weltgeschicht=
liches Verdienst, aber dieses liegt ganz in etwas Anderem,
als in dem, was das eigentlich Poetische ausmacht. Die Poesie
war ihm nur Waffe, nur Mittel, und er konnte auch für

seine Zwecke keine eigentliche Poesie brauchen, sondern nur die poetische Beredtsamkeit. Der Kampf gegen die Gebrechen in Staat und Kirche, womit er auch seine Bühnenstücke durchzog, war neu und gewann ihm den Zeitgeist: tausend Verse Voltaire's sind eben so viele scharf und schöngeschliffene Angriffs- und Siegeswaffen. Das ist es, was seine dramatischen Arbeiten Oedipus, Brutus, Cäsars Tod, Catilina, das Triumvirat, Orest, Merope, Zaire, Alzire, Mahomed, Semiramis, Tankred am meisten auszeichnet. Mehr Leben und Bewegung und weniger Unwahrscheinlichkeit als in den Arbeiten seiner Vorgänger, aber auch weniger Erhabenheit als in Corneille und weniger Anmuth als in Racine ist in Voltaire's Stücken. Neu ist er dadurch auch, daß er große Weltbegebenheiten, Weltbelange auf die Bühne brachte. Er hatte einiges von Shakespeare abgelernt, aber nicht mit glücklichem Griff die höchsten Schönheiten herübergenommen, weil diese freilich nicht nur so sich herübernehmen lassen. Wie die ganze klassische Schule der Franzosen, leidet auch er an einem deklamatorischen Prunken mit heroischen Gefühlen, und gerade er war so sehr wie andere viel zu eitel, um nicht nach dem, was des Beifalls der großen Menge gewiß ist, eher zu trachten als nach wahrer, stiller Schönheit. Er hat auch in der erzählenden Form geschrieben, doch seine gepriesene Henriade hat wohllautende Verse aber keine Gestalten und kein Leben, es rollt kein poetischer Blutstropfen in seinen abgezogenen Allegorien. Sein komisches Heldengedicht die Pucelle wurde und wird als ein unübertroffenes Meisterwerk bewundert. Der Witz darin richtet sich wahrhaft mephistophelisch scharf gegen die bodenlose Lüderlichkeit der vornehmen Gesellschaft, vorzüglich der hohen Geistlichkeit, aber daß die wahre Poesie, die auf ihrer höchsten Stufe zuletzt in den großen Erinnerungen einer Nation erglüht und sie verklärt und verherrlicht, auch nicht im kleinsten Theilchen in Voltaire war, beweist eben seine

Pucelle. Denn die Pucelle ist nichts Geringeres als die Jungfrau von Orleans. Diese heilige Gestalt französischer Nationalgeschichte entweihte Voltaire ohne Scheu in seinem teuflisch-pikanten und lüderlich schmutzigen Gedicht. Diese Sünde an der Nation und einer ihrer herrlichsten Erinnerungen wie an der Heiligkeit des Weibes und an dem Göttlichsten in der Menschenbrust beweist, seiner wohllautenden Verse ungeachtet, die Poesielosigkeit Voltaire's wie die seiner tiefgesunkenen Nation, die solches mit ungeheuer rauschendem Beifall hinnahm. Ich werde erstickt, aber mit Rosen, sagte Voltaire kurz vor seinem Tode, als ihm Paris zujauchzte: „Es lebe der französische Sophokles und Homer, der Weltweise, der die Welt denken gelehrt hat!"

Auch die berühmten französischen Romane jener Zeit, welche große Vorzüge haben, wie der hinkende Teufel und Gil Blas von Le Sage, haben diese Vorzüge nicht von der poetischen Kunst her, nicht von der dichterischen Schöpferkraft, sondern die feine Kenntniß des Lebens, die Zeichnung der Schattenseiten der Regierung Ludwigs XIV. machen sie als Zeit- und Charaktergemälde wichtig. Die Poesie verschwand aus der Philosophie, aus der Religion und aus der Welt: wie sollte da auch noch Großes, Erhabenes, Schönes von Dichtern gezeugt werden? Das Lustspiel sogar — die Mißjahre im Trauerspiel verstehen sich von selbst — sank und sank: Regnard und Destouches, Piron und Gressete waren nicht einmal Duodezmolieres: sie porträtirten das Leben um sich her und nichts weiter war ihr ganzes Dichten. Das Trauerspiel und das Lustspiel wurden zuletzt in die Mischart des rührenden Lustspiels oder wie man es auch hieß des weinerlichen Schauspiels zusammen gerührt. Damit war es vorerst aus mit der Poesie der französischen Bühne. Diderots Schauspiele und ausgelassene Romane haben wenigstens Natur und Poesie des Styls, ob er gleich so recht der

Vater des rührenden Drama's ist. Seine Zeit hielt diesen Geist so in der Niedere, von dem man mit Recht gesagt hat, daß er oft sprudele wie der Wein seiner Heimath Champagne. Die ungebundene Rede, in der er überall schrieb, war poetischer als die Verse seiner Zeitgenossen. Jean Jaques Rousseau, dessen Größe auch weniger in dem beruht, was so das Spezifische der Poesie ausmacht, und der, fast vom Leben bis zum Tod ein Zeitgenosse des geistvollen Diderot, 1712 geboren ward und 1778 starb, kam mit seiner poetischen Beredtsamkeit in seinen philosophischen Romanen der Poesie am nächsten: wo er begeistert ist, glüht jede Seite in den wahren Farben der Poesie.

Auch das Lied der Franzosen war von jeher mehr artig und witzig oder sittenlehrend, als wahrhaft poetisch: es fehlte das Innige, die Gefühlstiefe; und an den meisten bis zur Revolution ist das beste der Schein der Form, das Niedliche, das Zierliche, das Feine, die in Blumen versteckte Spitze des Sinngedichts; größtentheils ist diese Lyrik ein leichtes angenehmes Spiel mit Einfällen, Gefühlen und Gedanken; reizende Tändeleien sind es meist. Wie weit diese französische Lyrik zurück steht hinter den Blumen anderer Völker, zeigt ein Blick, der diese und jene vergleicht. Doch ist es nicht so zu verstehen, als ob die Kraft der wahren Poesie der französischen Nation von je und für immer abginge; diese Kraft schlief nur in ihr, und so schlief Jahrhunderte lang Tragödie und Lyrik, bis sie auf einmal geweckt aus ihrer Erstarrung aufstanden, und in schöner Jugend heraustraten! Um die Zeit der Revolution wurde es auch in der französischen Poesie anders, durch die Revolution selbst und schon vorher durch das Eindringen Shakespeares und Miltons mit ihrem freien und großen poetischen Geiste, später noch mehr durch das Eindringen der deutschen Poesie.

Schluß.

Während die Franzosen vornehm auf alle Nationen herab sahen und einen lächerlichen Götzendienst mit ihren ausgezeichneteren Geistern trieben, hatte sich in Deutschland ganz in der Stille, unbeachtet von den vornehmen und höchsten Kreisen, und darum um so volksthümlicher, gerade wie es auch in England ging, eine Poesie entwickelt, welche eine hohe Bestimmung bekundete eben sowohl durch ihre Form als ihren Inhalt, sowohl dadurch, daß sich in ihr reiner als irgendwo romantischer Gehalt und ideale Form verschmolz, als durch die ihr eigene Geistestiefe, durch den ihr einwohnenden Weltgenius, durch die Innigkeit des Gemüths, das mit der ganzen Welt fühlt, durch die Erhabenheit der Gedanken, durch die Hochherzigkeit ihrer Sittenlehre und durch eine Fülle ewigen Lichtes wie durch ihre volksthümliche Stimmung, durch ihr Prophetisches, durch ihre Keime der Zukunft, durch das Ideal einer geistigen Erhebung der Menschheit und durch das Seltene eines Sinnes, der national und weltbürgerlich zugleich war.

Künstlerisch so vollendet wie die Meisterwerke der alten Griechen hat die deutsche Poesie zwar kleinere aber keine größern Dichtungen bis jetzt geliefert; doch nähern sich auch ihre größeren der idealen Form altgriechischer Schönheit, mehr als die eines andern Volkes.

Aber es scheint für die neueste Zeit die Poesie mehr noch eine sittlich schöne als eine formell künstlerische Sendung nöthig gehabt zu haben. Auf solche englische und solche französische Unpoesie, die den Geist entleerte und die Blüthen des Gemüths tödtete, die in längerer Dauer die Welt entsittlicht und um alles Göttliche gebracht hätte — auf solche war zunächst eine Poesie nöthig und mußte darum kommen, deren Dichter wieder Priester und Propheten waren, und deren Herz edel schlug und die begeistert waren und begeistern konnten für alles das, wodurch allein der Mensch ein höherer ist und wird.

Die deutsche Poesie lernte zu dem eingebornen Schatze hinzu von außen her am meisten von den alten Classikern und von Shakespeare und der englischen Volkspoesie. Gutes nahm sie auch von den Franzosen wie von Spanien und Italien herüber, und wie sie empfangen hatte von einigen Völkern, so gab sie dankbar wieder viel mehr hinaus an alle Völker: denn die deutsche Poesie ist in der neuesten Zeit in alle Nationen eingedrungen und hat die Dichtungen derselben mit ihrer Milch genährt.

Die niederländische Poesie lebte von Alters her theils von französischen, theils von deutschen Zuflüssen. So viel man sie auch neuerdings anzupreisen gesucht hat, so steht doch diese Poesie bei weitem nicht einmal so hoch wie die niederländische Malerei. Die Volkspoesie hatte Leben und Empfindung, wurde aber durch die Kunstpoesie, die sich später vorzüglich in Nachahmung italienischer und altrömischer Muster bewegte, zurück gedrängt. Diese Kunstpoesie behielt immer etwas Trockenes, Steifes, Mittelmäßiges, sie brachte es weder im Ernsten noch im Heitern zu einer gewissen Höhe und auf einen grünen Zweig, so viel die Herren Schauspiele und lyrische Gedichte schrieben: der Humor fehlt ihnen ganz, die Innigkeit ist selten, die Fröhlichkeit selbst verständig. Der Spaß gelingt ihnen am besten, der trockene Spaß. Das Geusenliederbuch von 1588 ist mit seinen Spott= und Kriegsliedern mehr geschichtlich als poetisch bedeutend, einige darin sind rythmisch ausgezeichnet, aber Freiheitsgluth, Vaterlandsliebe und der Ingrimm eines mißhandelten Volkes sind reichlich darin. Neben diesen Volksliedern standen die Kunstdichter Hooft,

Vondel und Cats, alle drei zwischen 1531 und 1587 geboren. Brederoo, der Amsterdamer aber, der im drei und dreißigsten Jahre 1618 starb, hat mehr Fantasie und Tiefe des Gefühls, wenigstens in seinen Liedern wie der Nachruf, des Schiffers Braut, über der Leiche der Geliebten, als diese drei Kunstdichter zusammen. In der Volksliedersammlung des Le Jeunes athmet und schlägt Herz des Volks, besonders in dem Scheidelied, aus dem siebenzehnten Jahrhundert. Zu Ende des achtzehnten Jahrhunderts kam der Geist der englischen und deutschen Poesie auch über Holland her, und Bilderdyk, Tollens, Kinker und andere fingen an in höherem Styl zu dichten: es scheint auch hier die Poesie endlich zu einer Eigenthümlichkeit kommen zu wollen.

In Scandinavien ahmte man die Franzosen nach, durchs ganze achtzehnte Jahrhundert: dann erst drang der Geist der alten Volkslieder und der neuen deutschen Poesie den schwedischen Dichtern neu belebend in Mark und Herz. Dänemark hatte seinen großen Ludwig Holberg, er war zu Bergen in Norwegen geboren, und starb im Jahr 1684, ein zweiter Moliere, der Schöpfer des dänischen Lustspiels, reich an Witz, Jronie, jeder Art der komischen Kraft, den glücklichsten historischen Erfindungen, voll großer Gesinnung und Adel des Charakters. Die Verkehrtheiten der bürgerlichen Gesellschaft, des Spießbürgerlichen besonders, hat Niemand so wohlthuend, so ganz und gar ergötzlich, so liebevoll humoristisch behandelt wie er: Holberg weiß einen lachen zu machen, daß es erquickt. Auch einen herrlichen ernsten Dichter hatte Dänemark an seinem Johanes Ewald, er starb 1781, und man hat ihn den dänischen Schiller genannt wegen des Glanzes seiner Bilder, des Reichthums an Gefühl und Fantasie und namentlich einer gewissen gewaltigen Kraft in seinen Gedichten. Die mächtige Wirkung der neuen deutschen

Dichtung war von da an durchgreifend groß im ganzen scandinavischen Norden.

Eben so war sie es auf die sehr zurückgebliebenen Völker der romanischen Sprachen. In Italien war der tiefere Geist aus der Dichtung ganz entwichen, und von Marino an war die Poesie bloße Form. Metastasio, der 1782 starb, gewann seinen Ruhm nicht durch den inneren Gehalt seiner Lieder, sondern durch das Musikalische derselben, ihr Inneres ist Prosa, oft fast ein Nichts, aber die äußere Form ist klar und zierlich, es ist musikalischer Klang, Hofmusik. Auch Goldoni, der 1707 geboren ist, war kein schöpferischer Geist, ob er gleich zweihundert Stücke schrieb, nicht einmal ein tiefer Charaktermaler in seinen Theaterstücken, und ging wie Chiari in den Fesseln der klassischen französischen Schule. Der Venezianer Gozzi, geboren 1781, war viel bedeutender mit seinen volksmäßigen, hingeworfenen, festen, fantastischen Feenmährchen, die er dramatisirte, und Alfieri, der berühmteste Tragiker der Italiener, der 1749 geboren wurde und 1803 starb, war ein edler männlicher Geist, frei und groß, aber mehr durch die Gesinnung seiner Stücke groß, als durch die Poesie darin. Auch er war noch in den französischen Einheiten befangen, und eine gewisse Kälte und Härte, ja Steife sind Schattenseiten aller seiner ein und zwanzig Trauerspiele. Selbst das Kälteste in Schillers Don Carlos ist noch so feurig als das Feurigste in Alfieris Don Carlos.

Auch Spanien ging im französischen Geschmacke fort und brachte es zu nichts als zu einer gewissen Zierlichkeit in der Sprache und zur Verachtung seiner alten nationalen Dichter. Dieses Volkes Loos ist in geistiger wie bürgerlicher Hinsicht vorerst ein trauriges.

Auch der slavische Stamm ging lange unter der Wolke, und es leuchteten ihm keine Sterne und keine Feuersäule. Die Polen trugen die meiste Schuld selbst. Die Nation blieb nicht sie selber, sie entkleidete sich ihrer volksthümlichen Eigenthümlichkeit, dachte und lebte sich ins Französische um, und kam so hinter sich, während sie zum Ueberfluß noch von so vielen äußern Feinden bedrängt und hinab gedrückt wurde. Naruschewicz der Pole und Derzawin der Russe, Lomonosow, Karamsin und andere Dichternamen tauchten hervor, während alles die französischen Classiker las, aber sie waren keine Dichter im wahren Sinne. Das Volk sang nicht mehr, und am Volksgesang konnte sich der Kunstdichter nicht mehr entzünden, aus der Nation war der Nationalgeist weg, in der Asche am Altare des Vaterlandes konnte der Dichter auch kein Feuer holen, und die Poesie dieser Slaven wurde eine gelehrte. Sie irrten zwar noch in den Hütten des elenden gedrückten Volks umher, die alten herrlichen Volksgesänge, aber als verscheuchte Flüchtlinge, als Geächtete, und jene Kunstdichter waren zu vornehm, so einem irren Flüchtling der zerstreuten Volkspoesie Gehör oder gar Herberge bei sich zu geben, die Kunstdichter auch unter den Slaven verachteten jetzt die Volkspoesie.

Wie viel wiegt gegen diese todten Geburten solcher gelehrten Poeten die Poesie der Wilden an den Küsten Afrika's und in den Wäldern Amerika's! Ein Wilder aus Peru singt an sein Mädchen: Schlummre, schlummr', o Mädchen, Sanft in meine Lieder, Mitternachts, o Mädchen, Weck' ich dich schon wieder. Diese vier Zeilen wiegen auf der Wage der Poesie schwerer als hundert Bände gelehrter Dichterei, für letztere ist die Goldwage der Poesie gar nicht anwendbar. Man lese in Herders Stimmen der Völker die rhythmischen Lieder, welche die Wilden auf der afrikanischen Insel Madagascar sangen, und zumal das dritte, sechste und achte Lied: die klassische französische Poesie hat im ganzen Bereich ihrer Lyrik nichts aufzuweisen, was in dem, was das Spezifische der Poesie ausmacht, dieser Naturpoesie gliche und sie aufwäge. Kein klassischer Franzose wird das verstehen, aber jeder Romantiker es zugeben.

Viel mehr als die gelehrten Poesien alle stehen diese Lieder der Wilden der Seele der Poesie nahe, welche aus Shakespeare, aus den alten schönen Volksliedern, und seit mehr als einem halben Jahrhundert aus Göthe's und Schillers kleineren und größeren Gedichten in alle Nationen, in die Britten, in die Franzosen, in die Italiener, in die Amerikaner, in die Polen und Russen elektrisirend einströmt. Seit den letzten sechzig Jahren, seit der Revolution hat die Poesie der Franzosen, zumal die Lyrik, köstliche Blumen und Früchte getrieben, die nicht welken und nicht vergehen werden, und mit dem Schönsten aller Völker wetteifern. Beranger, der heitere Sänger mit dem tiefen Weh in der Brust; der romantisch innige, zarte, geschmackvolle, melodische Lamartine; der manchmal und zwar sehr irrende und unharmonische, aber oft große, und immer kräftige und fantasiereiche V. Hugo; die geistvolle, naturbegeisterte, kräftig-zarte Sand; das sind Namen, welche als Bürgen dafür genügen, daß die französische Poesie ein neues, inneres, kräftiges Leben dem Auge zu erschließen angefangen hat, wenn auch noch Maaßloses und Brausendes bei den Letztern mitunterläuft, und das Glänzende des Rednerischen vorwiegt. Voran steht, tief poetisch, wenn auch in ungebundener Rede, Chateaubriand, mit der Melodie und Schönheit seiner dunkelblauen, majestätischen Sprachwogen, welche an der Völkerwelt dahin ziehen, und Aug und Ohr berauschen, während in ihnen die Tiefe eines Himmels sich spiegelt, dessen Sterne größte und schönste Gedanken sind. In England sind es die stolzen Namen Byron, Shelley, Campbell, Wordsworth, Moor, Crabbe, Coleridge, Rogers, Bailly, Howitt, Lamb, Scott, Bulwer, Dickens. In Amerika selbst, in dem Land der Geschäfte und des Erwerbes, des Geldes und der Langenweile, wo die Geschäftsstube die Natur, das arithmetische Handbuch die Aesthetik vertritt, und die Lebensfreude vor der Predigtstille sich verkriecht, glänzen die deutsch-englischen Dichter Irwing, Cooper, und vor allen diesen weit voran Seatfield. In Italien leuchten neue große poetische Kräfte auf. Die Polen haben Dichtergenies, wie ihren Niemcewicz, Mickiewicz und Zalewski, die Russen ihren herrlichen Puschkin; die Deutschen einen ganzen Wald von lyrischen Sängern, und darunter mehr als eine Nachtigall. Aber die Entwicklung des Einflusses der deutschen Poesie auf die aller dieser Völker und des Werdens der neusten Poesie überhaupt bedarf einer eigenen Abhandlung und der Verknüpfung mit andern Dingen: mit dem, was geschichtlich abgeschlossen vor uns liegt, sind wir hier zu Ende.

Gute und Böse liegen untereinander, wie im Hamlet, so auch in der Geschichte der Poesie. Sie zeigt, unter welchen Schmerzen das Schöne zur Welt kam, und wie selten das äußere Leben dem inneren des Genius entsprach, der oft keinen Himmel hatte, als den über sich, nicht einmal den in sich, bis ihm ein doppelter Himmel wurde durch den Tod, die höhere Welt, in die er zurückging, und ein Himmel in den schönsten Herzen seines Volkes, ja der Menschheit. Wie den Göttern und Heroen im alten Griechenland werden ihnen Opfer angezündet auf unsichtbaren geweihten Altären, Morgens und Abends und oft in der stillen, feierlichen Mitternacht, und ihr Bild wird bekränzt mit reinen Händen der Dankbarkeit. Das ist ihr Lohn dafür, daß sie sich selbst und ihr Leben dem Schönen und ihrem Volke zugleich zum Opfer gebracht und ihren Geist hingegeben haben zu einem Gemeingut Aller; dafür, daß sie auf Vieles der Gegenwart verzichteten, um der Nachwelt zu leben; dafür, daß sie, was groß und schön ist, was erfreut und tröstet, was erhebt und frei macht, geschaffen und gegeben haben. Um viel zu geben, haben die meisten viel gelitten. Die, deren Unsterblichkeit am sichersten ist, denen ward am wenigsten Ehre und Ruhm, Genuß und Wohlbehagen im Leben. Es gilt auch hier: Keinem wird die Palme, er kämpfe denn recht. Die Geschichte ist auch hier das Weltgericht. Vielen, die an Höfen glänzend lebten, wurde von Fürsten ein glänzendes Begräbniß und ein hoher Grabhügel. Die Geschichte geht mit ihrem Fuß darüber hin und ebnet ihn: sie sind vergessen. Sie sucht aber auf und zeigt der Welt den Winkel, wo vergessen, ohne Malzeichen, der Edle liegt, und läßt allda einen immergrünen Lorbeerbaum sprossen.

Die Poesie, wie alles Schöne, hat kurze Blüthezeiten, und selbst in diesen ihre schönen Tage, die, wie sie schnell vorübergehen, nur nach langen Unterbrechungen wiederkehren. Vollendet schöne Dichtungen sind Seltenheiten. Manches wird hervorgetrieben und verdorrt. Was der Genius auf der ewigen Grundlage der Menschheit arbeitet, das bleibt und lebt: was gut und schön ist, stirbt weder unter dem Frost der Zeitgenossen, noch unter dem Messer einer boshaften oder unverständigen Beurtheilung; es hat Lebenskraft in sich und ist unsterblich. Bei fast allen Völkern ist die Poesie gewesen, selbst da, wo die Natur zu erstarren anfängt, wo nie eine Rose geblüht, nie eine Nachtigall auf Zweigen gesungen hat. Die Geschichte zeigt uns mehr als einmal, wie in diesem und jenem Volke das Grün der Dichtkunst heimlich sich hervorhebt, wie sie dort die Knospe erschließen will und viel verheißt, aber die Schönheit kommt nicht zur Entfaltung, aus verschiedenen Ursachen: vor dem kirchlichen Fanatismus, vor dem Despotismus vom Throne her, vor der Unempfänglichkeit der Mitlebenden. Der Aberglaube der Einbildungskraft ist der Entfaltung der Poesie nur günstig, der Aberglaube des Gewissens ist ihr tödtlich. Mit dem ersten kann eine schön menschliche Sittlichkeit Hand in Hand gehen; eine heitere und edle Ansicht des Lebens; mit dem andern vermählt sich entweder eine finstere oder eine elende Moral. Alle Völker zeigen, daß das Volk aufhört poetisch zu seyn, wo die Luft von Glaubensnebeln getrübt wird, wo die Trockenheit der Theologie das Gemüth ohne Himmelsthau läßt und dogmatische und philosophische Spitzfindigkeiten es verkrüppeln. In des Himmels Licht und Weite, nicht in der Kirchhofsenge wiegen sich die Adler des Gesanges, und die Poesie schlägt ein Kreuz vor der Trübseligkeit der Puritanerstuben, eben darum, weil die wahre Poesie religiös ist, die wahre Religion aber heiter ist wie das Sonnenlicht, süß wie Thau und mild wie Himmelsluft.

Despotismus, in der morgenländischen wie in abendländischer Auffassung und Möglichkeit, drückt nieder und vernichtet; wo das Volksherz und der Volksmund verstummen muß, da findet kein Dichter die rechten Töne mehr; die Hofetikette höhlt aus, statt des Schönen gilt Schein und Glanz, das Aeußerliche, was Parade macht. Der Unglaube aber ist so hoffähig, als der finstere Aberglaube, und der Poesie gleich schädlich. Despotische Könige haben mit Gold und Ehren sich poetischen Weihrauch zu erkaufen bemüht, aber weder einen Dichter noch ein ächtes Gedicht je gemacht. Der Genius kann nicht gemacht noch ernannt werden, er wird geboren und hat seinen Adel von oben, so groß auch das Dunkel ist, das über seiner Wiege liegt, das Dunkel in jedem Sinne des Worts. Fördern aber kann, indem sie das Genie in glücklichere Lagen bringt, die Macht edler Fürsten die Poesie, eben so wie der Beifall einer Nation. Wo Freiheit war, blühte die Poesie schön und großartig im Fürstenstaat wie im Volksstaat, aber es gehörte dazu, daß sie Augen und Ohren für ihre Schönheit offen und geweiht fand; sie gedeiht nicht, selbst im volksfreien Staate nicht, wo Geld und Geschäfte und die politische

Maschine alle Gedanken allein für sich wegnehmen, nicht in Schreckenszeiten, nicht unter der Wucht und dem Getöse alles verschlingender Ereignisse; und an der Alltagswelt auch verblutet Genie und Kunst. Diese wohnen da am liebsten, wo sie Freiheit und Empfänglichkeit finden, und sind am fruchtbarsten und geben ihr Höchstes in den Begeisterungsstunden eines Volkes, wenn eine Nation sich aufrichtet und erhebt. Am ersprießlichsten aber für das ganze Wesen eines Volkes ist die Poesie immer da gewesen, wo sie in das Blut und Leben des Volks eindrang; wo sie, weil sie volksthümlich war, auch Volkseigenthum wurde.

Die englische, französische und deutsche Poesie versprechen erst noch Schönes und Großes. Die Zeit trägt eine bedeutende Zukunft unter dem Herzen. Es wird aber nicht zunächst eine neue große Poesie kommen. Ablaufen muß erst die Uebergangszeit; der Materialismus, der jetzt so geschäftig im Dienste des Weltgeistes sich hervorthut und rührt, muß ausgedient haben, die Eisenbahnen müssen erst fertig rollen, und die Gewerbe in Saft und Grün gekommen seyn. Ja es wird noch Ernsteres vorausgehen müssen. Vorher noch wird das Schicksal auf dem Boden Europa's ein Gedicht aufführen, vielleicht ein Heldengedicht, vielleicht ein Trauerspiel, eine Tragödie im großen Styl, im Weltstyl. Fallen wird Vieles, was noch glänzt und was seine Wurmstichigkeit hinter einem geweihten Anstrich und Glanz versteckt. Dann, wenn durch diese Schicksalstragödie die Leidenschaften gereinigt sind und die sittliche Kraft gestärkt ist; wenn ein neuer Himmel und eine neue Erde, und die Erde wie ein Stück vom Himmel seyn wird: dann wird auch die Poesie eine neue werden, sittlich schön, in hoher reiner Form. Ueber die Poesie wird eine Verklärung kommen, aber weder im Sinne der Rechtgläubigen, noch der Schwärmer, noch der Ungläubigen, eine Verklärung nicht in ein Jenseits, sondern in ein schöneres

Dießseits. Die Religion selbst wird dann nichts seyn, als was sie am Anfang war, Poesie, und die Poesie nichts Anderes, als Religion in der Gestalt der Schönheit. Wann kommt diese goldne Zeit? Wenn man von Religion und Poesie nicht mehr spricht, sondern beide lebt, wie in den schönsten Tagen Griechenlands.

Druck von J. Wachendorf.

www.ingramcontent.com/pod-product-compliance
Lightning Source LLC
Chambersburg PA
CBHW021155230426
43667CB00006B/412